中等职业教育市场营销专业创新型系列教材

# 商务沟通与谈判

## （第三版）

李雅乐　主编

王　艳　李宝庆　副主编

科学出版社

北京

# 内 容 简 介

本书是中等职业教育市场营销专业创新型系列教材,内容包括认识商务沟通、一般沟通工具、商务活动中的沟通工具、网络时代的沟通、商务谈判前的准备、商务谈判的过程及技巧、商务沟通新理念,共 7 章 23 个模块。每章都设有案例导入、体验活动、综合练习和实训项目等板块。

本书内容通俗易懂,图文并茂,可操作性强,既可以作为中、高职市场营销专业教材,也可作为金融、电子商务和文秘等商贸类专业的辅助教材,还可以作为企业培训参考用书。

图书在版编目(CIP)数据

商务沟通与谈判/李雅乐主编. — 3 版. — 北京:科学出版社,2020.6
(中等职业教育市场营销专业创新型系列教材)
ISBN 978-7-03-065201-0

Ⅰ. ①商… Ⅱ. ①李… Ⅲ. ①商务谈判-中等专业学校-教材
Ⅳ. ①F715.4

中国版本图书馆 CIP 数据核字(2020)第 086033 号

责任编辑:王鹤楠 / 责任校对:陶丽荣
责任印制:吕春珉 / 封面设计:东方人华平面设计部

科学出版社 出版
北京东黄城根北街 16 号
邮政编码:100717
http://www.sciencep.com

铭浩彩色印装有限公司 印刷
科学出版社发行  各地新华书店经销
*

2013 年 1 月第一版   2020 年 6 月第十五次印刷
2016 年 6 月第二版   开本:787×1092  1/16
2020 年 6 月第三版   印张:17 1/2
字数:400 000
定价:45.00 元
(如有印装质量问题,我社负责调换〈铭浩〉)
销售部电话 010-62136230  编辑部电话 010-62135763-2013

# 第三版前言

这是一个讲究沟通的时代，良好的沟通力能使人脱颖而出，沟通不善则会使人错失许多机遇。本书主要介绍商务沟通的基本原理、一般沟通工具（包括有效的口头表达、倾听、非语言沟通）、商务活动中的沟通工具（包括电话沟通、面谈沟通、组织内部沟通和会议沟通）、网络时代的沟通、商务谈判前的准备、商务谈判的过程及技巧、商务沟通新理念（主要介绍非暴力沟通）等内容。学生学习之后可更好地步入社会，适应职场的需要，迎接社会的挑战。

本书自出版发行以来，在教学实践中经受了检验，受到广大师生的好评。2013 年第一版为中等职业教育"十二五"规划教材，2016 年第二版为职业教育市场营销专业创新型系列教材之一。此次修订是在《国家职业教育改革实施方案》颁布的大背景下，为了进一步落实国家职业教育改革精神，在保留了第一版和第二版优点和特色的基础上，做了优化、改进和创新，具有以下特点：

1）增补了前沿知识。现代商务活动中，非暴力沟通方式越来越受到人们的青睐。本次修订特增加了商务沟通新理念，重点介绍了非暴力沟通概述、非暴力沟通的要素和非暴力沟通在商务活动中的应用，希望这种"爱的表达"能改善读者的人际关系和职场关系。

2）活页教材的尝试与创新。为了进一步落实《国家职业教育改革实施方案》精神，本次修订新增了活页教材新型学习资源，使学生进一步提高能力，教师进行分层教学。第一，设计了商务活动中的路演，希望学生在互联网＋大学生创新创业大赛中能应用、锻炼和提高，一则服务于学生比赛，二则服务于未来商务工作；第二，随着信息化的突飞猛进，企业产品推广大多采用线下线上相结合的方式，为此编者设计了微信公众号推广，并倡导线下推广与线上推广相结合，提升学生沟通能力；第三，为适应学生进一步发展，满足中、高职知识的衔接，结合热点问题开辟了危机沟通内容，希望为学生职业和学历发展续航。

3）丰富了线上教学资源。本书设置了 9 个微课、修订了课程标准和课程整体教学设计等，读者扫描二维码即可获取精心制作的内容。教学课件可通过 www.abook.cn 网站获取，相关的视频资料，如有需要请发邮件至 wanghn@abook.cn 索取。希望能给教学者提供方便，为学习者带来精粹的知识要点。

4）嵌入课程思政。编者修订了素质目标和 EQ 驿站，使学生树立正确的劳动观念和职业理念，更贴合职业教育发展的需要。这一思想在优化后的整体课程设计和课程标准中得到进一步的体现。同时，以期减少教师教案设计的工作量，有利于把时间和精力更多地倾注在学生职业素养的培养上。

5）更新和优化了内容。每章新增了实训项目。对第四章的陈旧案例和数据进行了更新；对第六章模块二的知识进行了优化，使知识和逻辑更顺畅。

6）在线课程为创新课堂教学助力。以本书为核心的教育教学改革持续努力和深化，2019 年 8 月，编者作为主持人带领团队完成的"沟通力就是竞争力"在线课程上线运行，在线课程大量结合了本书内容。如果教师需要开展混合式教学，进行翻转课堂，请联系李老师（QQ:1178611457）授予权限，教师可以共享课程资源。除了学习在线课程外，教师还可以结合自己的教学实际，进行课前预习、上课签到、学习进度检查、发布讨论、布置作业、章节测试、组织考试等多项活动，为教学活动积累翔实的数据和资料，为教学创新提供帮助。学习者在线课程选课步骤如下：打开浏览器，输入网址：www.xueyinonline.com，注册登录，搜索栏搜索"沟通力就是竞争力"或者李雅乐，即可找到本课程，选择加入课程即可。

本书第三版由陕西工商职业学院李雅乐担任主编，明确编写指导思想，负责全书的策划、统稿和定稿工作。具体编写、修订分工如下：第一章由李雅乐编写并修订；第二章由甘肃银行学校杨亚琴和陕西工商职业学院马静茹编写第一版，后由李雅乐修订；第三章模块一、二由李雅乐编写并修订，模块三、四由哈尔滨商业学校毕慧萍编写第一版，李雅乐进行修订；第四章由陕西工商职业学院王艳编写并修订；第五章由陕西工商职业学院董文珍和哈尔滨商业学校苏庆林编写第一版，后由王艳修订；第六章由李雅乐编写，王艳修订；第七章由王艳新编。同时，李雅乐还编写了每章的实训项目及教材活页一、三，录制了第七章微课；王艳编写了教材活页二，制作了各章的教学 PPT，录制了第四章微课；课程标准和课程整体设计由李雅乐编写，陕西工商职业学院高仪铎进行第三版修订；中国人民银行西安分行李宝庆提供了大量的企业（行业）理念和建议。

编者在编写本书的过程中还参阅了大量的网络资料、相关著作、教材，吸收和借鉴了同行的相关研究成果，在此谨向各位作者和相关人士表示衷心的感谢！由于编写水平有限，本书难免存在疏漏之处，恳请广大读者提出宝贵的意见，以便能更好地为广大师生服务。

编　者
2020 年 1 月

课程标准

课程整体教学设计

# 第一版前言

随着社会的发展，沟通能力越来越成为个人生活和工作中不可或缺的能力。尤其是在经济全球化、信息爆炸的今天，有效的商务沟通与谈判更是个人的必备技能之一。了解和掌握必要的商务沟通知识可以使我们更好地步入社会，适应职场的需要，迎接社会的挑战。

通过对中职学校毕业学生的回访和我们在建设国家级示范学校的企业调研中，许多企业都把沟通与谈判能力作为学生个人的重要素质之一。尤其是市场营销专业的学生，在走上工作岗位后，企业对其沟通能力就有着更高的要求。所以在中职院校中开设"商务沟通与谈判"课程十分必要，具有很强的现实意义。值得一提的是，不仅仅市场营销专业，其他专业也可以根据需要开设"商务沟通与谈判"课程。

本书贯彻以就业为导向的教育方针，本着以能力为本位的核心思想，坚持以提高职业能力为目标。在每一篇每一模块的设计中都以任务为驱动、项目为引领进行"教·学·做"一体化实用教学。在知识的选择中，以教学项目为载体，以职业素质要求为内容，旨在培养和提高学生的职业能力，树立良好的职业习惯。本书具有以下特点。

1）以先进的教学理念为指导，以学生为中心，具有较强的实践性。书中大量运用案例、拓展训练等，就是为了突出学生职业素养的培养，同时为教师的课程设计提供了方便。

2）实用性。在编写中注重商务沟通与谈判的实际能力的培养，注重结合社会和企业实际的案例、拓展训练，提倡学以致用。

3）适用性。本书的内容选择和训练贴近中职学生的特点，依据未来工作岗位的要求，从易到难、由浅入深、循序渐进依次设计，培养学生的职业习惯。在课程设计中融入了小游戏、活动体验等活动使学生学习不枯燥，方便教师教学，满足教与学的需要。本书适用于中职学校的管理类、经济类、财经商贸类各专业，具有广泛的适用性。

本书对教学内容进行了较为合理的设计，以减少教师教案设计的工作量，有利于教师把时间和精力更多地倾注在学生职业素养的培养上。

本书也是教学改革的成果，编者均为来自于教学一线的中职教师和业内人员，在编写过程中倾注了大量的精力。第一章由陕西银行学校李雅乐编写；第二章由甘肃银行学校杨雅琴老师和陕西银行学校马静茹老师编写；第三章模块一、二由李雅乐编写，模块三、四由哈尔滨商业学校毕慧萍老师编写；第四章由陕西银行学校董文珍老师和哈尔滨商业学校苏庆林老师编写，第五章由李雅乐编写。同时在编写中还得到了企业界人士的鼎力支持，北京银行西安分行经开区支行行长李金庆先生和西安希盟信仿真科技有限公司总经理毛亚鹏先生提供了大量的案例，并就课程体例设计给予了建设性建议。在此特对参编同志的辛苦付出表示衷心的感谢。在编写中我们参考了大量的书籍、文献资料和网络资料等，在此一并致谢。

由于编写时间仓促，书中难免有不足之处，恳请大家提出宝贵的意见。

编　者

2012 年 4 月

# 目　录

# 第一章
# 认识商务沟通

学习导航

我们工作和生活的每一天都会涉及沟通问题。生活中，在与他人聊天时，在接打电话时，阅读书籍或信件时，我们都在与人沟通。工作中，我们更离不开沟通。良好的商务沟通，意味着要以对同事、对合作伙伴、对客户有利的方式来共享信息。面对现代日益复杂的社会关系，每个人都希望在良好的环境中工作，获取和谐、融洽、真诚的人际关系；每一个团队成员都希望自己的团队能够上下齐心、精诚团结；每家企业都希望在客户、股东、社区、政府、媒体面前，塑造良好的形象。这种理想的状态由一系列要素构成，其中沟通是基础。

## 学习目标

**【知识目标】**

了解沟通的内涵，掌握沟通的环节，理解商务沟通的含义。

**【能力目标】**

1. 能根据商务沟通的目标完成基本的沟通任务。
2. 能根据个人情况制订提高沟通能力的计划，树立远大的职业目标。

**【素质目标】**

建立良好的沟通意识，培养商务沟通的职业素质。

## 学习索引

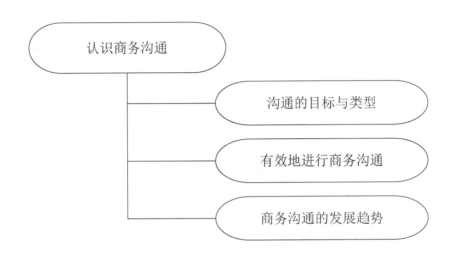

# 模块一　沟通的目标与类型

## 案例导入

### 错误的沟通

　　珍妮是一家医院的护理部主任，管理着一百多名护士。星期一早上她来到医院时，看到一大群护士正三三两两地聚在一起讨论着什么。当他们看到珍妮走进来时，立即停止了交谈。这种突然的沉默和冰冷的注视，使珍妮明白自己正是被谈论的主题。

　　珍妮来到办公室半分钟后，值班主管迪走了进来。迪直言不讳地说道："珍妮，上周发出的那些邮件对大家的打击太大了，它使每个人都心烦意乱。"

　　"发生了什么事情？"珍妮问道。"在主管会议上，大家一致同意，向每个人通报我们单位财务的困难及裁员的可能性。我们所做的不过是执行这项决议。"

　　"可你都说了些什么事？"迪很失望地说："我们需要为大家的生计着想。你应该直接找他们谈话，说明目前的困难，谨慎地透露这个坏消息，并允许他们提出疑问，那样的话可以在很大程度上减轻打击。而你却在星期五下班前发给他们邮件。他们收到邮件后，整个周末都处于极度焦虑中。他们有人告诉了家人，有人打电话告诉自己的朋友和同事，现在传言四起，人心惶惶，我们处于一种近乎崩溃的局势中，我从没有见过大家的士气如此低沉。"

（资料来源：http://www.360doc.com/content/10/0826/17/1260549_48970878.shtml.）

　　【分析】沟通是企业管理工作的一个重要方面。良好的组织沟通可以稳定员工情绪、降低离职率、提高员工满意度和企业归属感，在企业中能塑造团结和谐的组织氛围。珍妮选择邮件这种渠道来传递可能裁员的信息是不合适的。这一消息会使员工产生恐慌和不安的感觉。在这种情况下，珍妮传递信息的方法需要最大程度地保证清晰度，并能使团队的主管一起迅速处理潜在危机。最佳的方法是口头传达，而珍妮把这种未曾预料到的坏消息以邮件的方式发给员工，又选择在周末，无疑是一个极大的错误。

## ➡ EQ 驿站

### 真诚沟通，从心开始

张良是战国时期韩国的贵胄公子。有一天，张良到野外踏青，无意之间来到了圯（yí）桥之上。一位白发老翁在走路时，不小心将鞋掉到桥下，见张良走到身前，便用手指着桥下，要张良为他取鞋。张良见状，有些犹豫，但见老翁已是耄耋之年，他不忍心拒绝。于是，他到桥下将鞋子取回。老翁让张良为他穿上鞋，张良愣了一下，随之跪地为老翁将鞋穿上。老翁穿上鞋，也不言谢，扶杖下桥。张良怕老翁有什么闪失，又紧跟老翁身后。老翁这才开颜一笑："哈哈！孺子可教也！"

老翁告诫他，五日之后，在圯桥会面，届时会面授机宜。张良谨遵老翁之言，如期来到桥上，只见老翁已端坐在那里。老翁见到张良，便责备他不该迟到，约定五日之后再次相会。张良岂敢怠慢，又按期而至，只见老翁仍然早来桥上，张良急忙跪地请罪。老翁责怪张良年轻贪睡，心志不诚，约定五日之后为最后一次机会，仍在圯桥相会。张良这次不敢怠慢，约会日期一到，索性一夜未睡，早早就来到圯桥等候。

张良静静地坐等了几个时辰，才见老翁扶杖捧书前来。老翁将《太公兵法》相赠，嘱咐张良用心研读，日后必有大用。张良苦读《太公兵法》，韬略满胸，运筹帷幄，辅佐汉王刘邦统一天下，被后人誉为"汉初三杰"之一。

（故事源于《史记·留侯世家》）

【分析】人与人之间最宝贵的是真诚、信任和尊重，而这一切的桥梁就是沟通，因此沟通非常重要。与同事产生分歧，影响团队合作；领导交办的任务不知道从何下手；工作中的疑问自己百思不得其解；事情做了一次又一次，还是效果不理想……类似的经历或许很多人都经历过。如果缺乏真诚，心灵里会生长芥蒂与隔膜，人与人之间就无法沟通。在职场上，我们更应该通过自己的真诚和努力，赢得同事、领导、客户的信任，塑造自己良好的职业形象。那么，让我们的沟通从心开始吧！

## 📁 相关知识

### 一、沟通的定义

每个人在社会中扮演的角色不同，对沟通的理解不同，所以沟通的定义也就不同。

不同学科对沟通作出不同的定义。

管理学认为：沟通是为了一个设定的目标，把信息、思想和感情在个人或群体间传递，并且达成共同协议的过程。

传播学认为：沟通是用语言交流思想。

组织行为学认为：沟通是人们进行思想或情感的交流，以此取得彼此了解、信任并建立良好人际关系的活动；同时，沟通又是保证人们在共同活动中协调一致的基础。

每种定义都由于目的的不同而各有特色。管理者重视目标的完成，所以管理学把沟通与目标紧密联系；传播学强调的是思想的传播，所以认为沟通是一种交流；组织行为学则从人际关系的角度，强调了沟通与人际关系的紧密联系。

综合上述各种沟通的定义，我们把沟通界定为：发送者凭借一定的渠道，把信息发送给既定的对象（接收者），并寻求反馈以达到相互理解的过程。沟通的过程如图1-1所示。

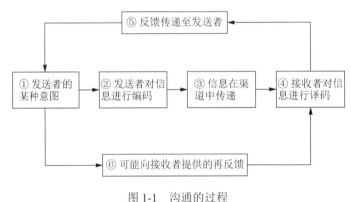

图 1-1　沟通的过程

当今的企业比以往任何一个时期都需要沟通。

——[美] 杰克·韦尔奇

一个人的成功，15%取决于专业知识和技能，85%取决于沟通。

——[美] 戴尔·卡耐基

## 二、沟通的基本要素

由图1-1可以看出，沟通是由信息的来源、编码、传递、接收、反馈所构成的有意义的互动过程。

一个完整的沟通过程一般由信息发送者、信息、信息接收者、途径、反馈和背景六个基本要素构成。

1）信息发送者。信息发送者是指发送信息的人，也称作信息的来源。沟通的过程通常由他们发起,沟通的对象和沟通的目的通常也由他们决定。

2)信息。信息是指信息发送者希望传达的思想、情感、意见和观点等。信息包括语言和非语言的行为,以及这些行为所传递的所有影响语言使用的音调、身体语言,如面部表情、姿势、手势、眼神等。

3)信息接收者。信息接收者是指信息传递的对象,即接收信息的人。

4)途径。途径是指信息由一个人传递到另一个人所通过的渠道,即信息传递的手段,如视觉、听觉、触觉等。这些途径既可以同时使用,也可以单独使用,但同时使用的效果更好。

5)反馈。沟通过程是一个交互作用的过程。沟通双方不断地将自己对所接收到的信息的反应提供给对方,使对方了解自己所发出的信息引起的作用,了解对方是否接收到了信息,是否理解了信息,他们接收信息后的心理状态是怎样的,从而根据对方的反应调整自己的信息发送过程,以便达到预期的沟通目的。有效、及时的反馈是极为重要的。所以,我们在交流时,要及时反馈,并把对方的反馈加以归纳、整理,再及时反馈回去。

6)背景。沟通背景主要是指沟通发生的情境。它是影响沟通过程的重要因素。在沟通过程中,背景可以提供许多信息,也可以改变或强化语词、非语词本身的意义,所以,在不同的沟通背景下,即使是完全相同的沟通信息,也可能产生截然不同的沟通效果。

另外,障碍是影响有效沟通的主要因素。在沟通过程中,障碍可能发生在任何一个环节,如信息发送者发送的信息可能是不明确、不可靠的,发送的信息没有被有效和准确地编码,发送信息时选错了渠道,接收者没有能够对信息做出信息发送者所期待的反应等。

### 三、商务沟通的定义和目标

(一)商务沟通的定义

商务沟通是指商务活动中的沟通与洽谈过程。国外学者曾将管理人员的工作定义为收集、传递信息+企业决策+增进团结。这一系列的工作内容都和沟通密不可分。在现代社会,管理人员对信息的收集、加工和处理能力已经成为决定职场竞争力的重要因素。优秀的商务人员必须具有良好的沟通能力。

(二)商务沟通的目标

商务沟通的目标如下。

1. 信息被传递

沟通首先是传递信息,如果信息和想法没有被传递到,则意味着沟通没有发生。也就是说,说话者没有听众或写作者没有读者都不能构成沟通。

2. 信息被充分理解

要想沟通成功,信息不仅需要被传递,还需要被理解。有效的沟通就是信息经过传递后，接收者感知到的信息与发送者发出的信息完全一致。

**情境任务 1-1**

春节快到了，由于今年公司生产量、销售量均创历史新高，领导很高兴，决定春节前给每个员工发年终奖 5000 元，并想把这一消息告知员工。请一名学生扮演部门领导，其他学生扮演员工在班级进行模拟。

**思考：**在这个情境中，需要传递的信息是什么？你认为通过哪种传递方式最合适？员工能正确理解领导的信息吗？员工做出反馈了吗？这次沟通的目的是什么？目的达到了吗？

_____

_____

_____

一个观念或一项信息并不能像有形物品一样由发送者直接传递给接收者。在沟通过程中，发送者与接收者之间沟通的媒介只是一些符号，而不是信息本身。语言、身体动作、表情等都是一种符号。发送者首先要把传递的信息"翻译"成符号，而接收者则进行相反的"解码"过程。由于每个人"信息-符号储存系统"各不相同，对同一符号常存在着不同的理解。在商务沟通中，如果忽略了不同成员之间"信息-符号存储系统"的差异，自认为自己的词汇、动作等符号会被对方还原成自己想表达的信息，则会产生不少的沟通问题。

3. 所传递的信息被对方接受

所传递的信息被对方接受是沟通目标的更高层次。但是信息被对方接受，这只是我们追求的目标，而不能成为判断沟通是否高效的标准。按照这一观点，如果有人与自己的意见不同，不少人认为此人未能完全领会自己的看法，但是这种理解不一定是正确的。因为很多时候由于其他原因的存在，对方可能非常明白我们的意思但不同意我们的看法。事实上，沟通双方能否达成一致，别人是否接受我们的观点，往往并不是由沟通良好与否这一个因素所决定的，它还会受到双方根本利益是否一致、价值观是否相同等其他关键因素的影响。

**情境任务 1-2**

盼望已久的"中国好声音"群星演唱会就要在本市举行了，欣欣激动地跑回家把这个消息告诉妈妈，并说自己想看。妈妈说："马上就要期末考试了，还看什么演唱会？况且你上私立学校本来花费就多……"欣欣说："难道因为期末考试，我就不吃饭？"……欣欣就这样和母亲针尖对麦芒地争辩起来。回到自己的房间后，欣欣拨通了好朋友悦悦的电话……

1）请学生分角色扮演欣欣的妈妈和欣欣，试试怎样沟通才能达到预期的效果。

_____

_____

2）请学生分角色扮演悦悦和欣欣，想想她们将怎样沟通。

_____

_____

_____

**4. 得到对方反馈**

如果对方在接收、理解、接受传递信息的基础上，能够改变行为或态度，那么沟通就可以产生预期的结果。

**情境任务 1-3**

1）撕纸游戏：请几位学生参与游戏，每人拿出一张 A4 纸。

要求：学生听老师说，然后做动作，但不能互相沟通，要各自完成。

老师：先将纸的一角撕去后对折，再撕去另一角，再对折，然后在一个角上撕去一个正方形，再对折……

相似的步骤反复数次后，老师让参加游戏的学生打开纸，学生们展示和对比一下各自的"作品"。

思考：为什么"作品"不一样？

_____

_____

2）选择一篇文章，老师按下面的要求朗读该文章，请学生把不同要求下理解的文章含义写在横线上。

要求：①学生不准问老师任何问题；②学生可以问老师一个问题；③学生可以随意问问题。

思考：三种要求下学生对文章含义的理解一样吗？为什么？

_____

_____

_____

### 四、商务沟通的类型

商务沟通的类型包括语言沟通和非语言沟通。语言沟通包括口头信息沟通和书面信息沟通。非语言沟通包括身体语言沟通、空间语言沟通等。

（一）语言沟通

语言沟通建立在语言文字的基础上，又可以分为口头信息沟通和书面信息沟通两种形式。

1. 口头信息沟通

人们之间最常见的沟通方式就是交谈，也就是口头信息沟通。这种沟通方式灵活多样，既包括演讲、正式讨论，也包括非正式的讨论和传话或小道消息传播等。

口头信息沟通的优点：快速传递和即时反馈。这种方式，信息可以在最短的时间内被传递，并在最短的时间内得到回复。如果收听者对信息有疑问，即时反馈可以使信息的发送者对不够明确的地方迅速进行改正。

口头信息沟通的缺点：信息在传递的过程中存在着巨大的失真的可能性。沟通过程中，每个人都以自己的偏好增减信息，或以自己的方式理解信息，当信息到达终点时，其内容往往与最初的含义存在着重大的偏差。

2. 书面信息沟通

书面信息沟通的形式包括信函、报告、备忘录等其他任何传递书面文字或符号的手段。书面信息具有可以展示、长期保存、充当法律依据等优点。如果对信息有疑问，事后可以查询。对于复杂或长期的沟通来说，这点很重要。在商务活动中，如某些计划需要几个月或者几年的时间完成，以书面信息的形式进行沟通，可以使整个活动的实施有依据。

书面信息沟通的优点：逻辑性强、条理清楚，在正式使用前可以反复修改；作者所表达的信息能够被充分、完整地表达出来，减少了信息产生歧义的可能；信息内容容易被复制、传播。

书面信息沟通的缺点：相对于口头信息而言，书面信息耗费时间较长。在相同的时间内，口头信息所传递的内容要多得多。当然，书面信息不能提供信息的反馈，结果不能保证所发出的信息能够被接收到，即使接收到，也无法确保接收者对信息的理解正好是发送者的本意。

（二）非语言沟通

非语言沟通指除了语言或文字之外的信息传递方式，包括身体语言、时间语言、空间语言和形象语言等。该内容会在第二章模块三进行专门讲解，在此不再赘述。

### 体验活动

**活动一：查找自己学校的网站**

你认为学校希望通过网站发布的信息与访问者沟通什么？这些信息与你已经知道的关于学校的信息有哪些不同？还有哪些信息可以展现？请提出自己的建议。

_____

_____

_____

_____

_____

**活动二：测一测你的沟通能力**

1）你是不是见了熟人，总觉得无话可说？

2）你是不是喜欢和别人争执？

3）你是不是常常说一些让别人忌讳的话？

4）在与别人交谈时，你是否觉得自己的话常常不被别人正确理解？

5）在与自己观点不同的人交流时，你是否会觉得对方的观点很怪异？

6）在一次会议中，有人反对你的观点，你认为那是针对你吗？

7）在通知别人一件事情时你喜欢用手机发短信代替打电话吗？

8）在和别人交流时，你会把自己的苦恼逢人就讲吗？

9）在和别人交流时，你说话的时间是不是比别人多？

10）在众人聚会的场合里，你喜欢把话题引到自己身上吗？

11）当你取得好成绩时，是否希望同学和好友知道？

12）你能不能把所要谈的问题用各种不同的方式来沟通，以适应不同的对象？

13）你说话的声调是不是不悦耳？

14）在与人谈话时，如果你对正确理解别人的观点没有把握，是否会请对方给出明确指示？

15）你在开会和听课的时候，是否能够专心听讲，尽量理解讲话者所说的内容？

16）你不同意一个人的谈话内容时，是否还会认真听下去？

请根据个人情况将答案填入表 1-1。说明：1）～11）题回答"是"得 0 分，回答"否"得 1 分；12）～16）题回答"是"得 1 分，回答"否"得 0 分。

任何不足都是有办法改进的，在清楚自己哪些方面存在问题后，就要努力改进，不论有多少困难，都不要灰心。

表 1-1　个人得分

| 题号 | 得分 | 题号 | 得分 | 题号 | 得分 | 题号 | 得分 |
| --- | --- | --- | --- | --- | --- | --- | --- |
| 1） | | 5） | | 9） | | 13） | |
| 2） | | 6） | | 10） | | 14） | |
| 3） | | 7） | | 11） | | 15） | |
| 4） | | 8） | | 12） | | 16） | |

注：得 10 分者，沟通能力基本合格；得 13 分及以上者，沟通能力较强。

### 世界上最伟大的推销员

35 岁以前的乔·吉拉德是一个失败者，他的朋友都弃他而去。除此之外，他还欠了一身的外债。他患有相当严重的言语障碍，在职场中换过 40 多个工作仍然一事无成。为了养家糊口，他步入推销生涯。刚刚接触推销时，他反复对自己说："你认为自己行就一定能行。"他相信自己一定能做得到，于是以极大的专注和热情投入推销工作。他抓住一切机会，只要碰到人，就把名片递过去，不管是在街上，还是在店铺。正是这种虚心学习、努力执着、以勤补拙的精神，使他被誉为"世界最伟大的推销员"。

# 模块二　有效地进行商务沟通

## 案例导入

### 认真倾听的经理

一家仓储服务公司的经理陪同一位有合作意向的客户参观公司的仓储库房。这位客户即将有一大批设备要暂存，她对该公司的存储设施也很满意。就在经理觉得大功告成之时，女客户突然说："我们要求将货物按不同生产日期分别堆放。"经理有些惊愕，因为无论根据技术要求还是取货的便利，都按货物型号、种类储存更好。但他随即回答："好的，我们会努力提供给客户一切便利。"女客户满意地点点头说："那就这么定了。非常感谢你们的理解，我已经联系过五个仓储公司，可他们无一例外地想劝说我们按货物型号分类，说这样可节省不少空间和时间。"

（资料来源：https://www.jinchutou.com/p-122324503.html.）

【分析】在商务场合中，重要的不一定是要有口若悬河的本领，有时洗耳恭听更重要。从倾听中发现、唤起、创造顾客对产品或服务的需求，有时更容易实现成功的销售。

相关知识

现代社会，沟通是商务组织管理的基础，能否有效地进行商务沟通对组织的运行与发展起着重要的作用。

## 一、商务沟通的衡量标准

（一）目的明确

人与人之间的沟通具有目的性，尤其是在商务活动中，只有带着明确目的实施有效沟通，才能达到预期效果。

### 有目的地进行沟通

以下是《爱丽丝漫游记》中的一段对话：

"请你告诉我，在这里我应该走哪条路？"爱丽丝问。

"这完全取决于你要到哪里去。"卡特说。

"我根本就不在乎到哪里去。"爱丽丝说。

"那你走哪条路都无所谓。"卡特说。

凡事首先要确定目标，正像爱丽丝应首先确定想要到达的目的地一样，做到有的放矢。如果你不知道走向哪里，你就永远到不了目的地。商务沟通中，没有目标的口头交谈叫聊天。沟通可以通过聊天这种形式来实现自己的目的，但聊天不是沟通。聊天多是一种盲目的、随意性极大的交谈活动。许多人在不清楚沟通目的的情况下就不知不觉地进行了交谈，最终一无所获。

（二）简单明了

沟通要以简明的语言进行，所用词汇对沟通双方来讲都应代表同一含义。复杂的内容要列出标题或采用分类的方法，使其简单明了。信息传递所要经过的中间环节越多，就越应该简单明了。例如，每天晚上中央电视台的《新闻联播》在开始时，播音员都会说："今天节目的主要内容有……"又如，晚报的版面有很多，但第一版往往是后面版面的摘要。

小知识

在商务沟通中，第一句话就要说出自己的目的：

我找你主要是想商量这么一件事……

我想和你谈谈关于……

我考虑过这个规划，有一些想法想和你交换一下……

我知道你在为销售上的一些数字担心。我这里有一些线索，也许能有帮助……

我召集这次会议，是想把××项目敲定下来……

（三）兼顾信息接收者的接收能力

沟通时必须因人而异，必须充分考虑信息接收者的心理特征与知识背景等状况，以此调整自己的谈话方式、措辞乃至仪态。要考虑信息接收者的接收能力，所传递的信息越容易被沟通者接收时，沟通成功的可能性就越大。

**情境任务 1-4**

1）请你给一位 20 岁左右的年轻人介绍一款手机。

_____

_____

2）请你给一位 60 岁左右的老人介绍一款手机。

_____

_____

（四）不强迫、不放弃

有些商务沟通是较难进行的，由于双方地位的不对等，或者由于对方是我们的客户，这就要求不能强迫对方进行沟通。孙子曰："以迂为直。"克劳塞维茨也说过："到达目标的捷径就是那条最曲折的路。"有时在正式场合不能解决的问题，通过私下沟通、拉近感情等方式更容易达到目的。所以，我们不要放弃任何沟通的机会，以求达到水到渠成的效果。

小故事

**乒乓外交**

1971 年 3 月 28 日～4 月 7 日，第 31 届世界乒乓球锦标赛在日本名古屋举行。4 月 4 日，美国运动员科恩误上了中国队的交通车，在 15 分钟的行程中，我国运动员庄则栋主动上前打招呼，赠送一幅绣有黄山风景图的杭州织锦给科恩，并合影留念；科恩后来回送庄则栋一件带有和平标志的运动衫。在中美关系尚未恢复的年代，这样的举动很快成为世界瞩目的焦点。各国记者纷纷拍照，进行图文并茂的报道。

中美关系"解冻"当时正需要一个契机。毛泽东和周恩来得知中美队员交往的事后十分重视，当即拍板，邀请美国乒乓球队访华。1971年4月10～17日美国乒乓球代表团访问了北京、上海、广州，受到周恩来的接见。这次活动巧妙地打破中美之间关系的僵局，正式揭开了两国改善关系的序幕，促使实现尼克松访华乃至中美建交。这是中国第一代领导集体在20世纪70年代的有效沟通的范例。这一事件就是历史上有名的"小球转动大球"的"乒乓外交"。

（五）认真倾听

尊重他人，不要轻易打断别人的话。认真倾听，并加以分析，准确地把握沟通内容等，有助于提高沟通的有效性。有时懂得倾听，不仅是关爱、理解，更是调节双方关系的润滑剂，每个人在烦恼和喜悦后都有一份渴望，那就是对人倾诉，希望倾听者能给予理解与赞同。

### 认真倾听的销售经理

以自动化控制系统、特种材料及交通和动力系统等产品闻名的世界500强企业霍尼韦尔（Honeywell）公司在台湾有一名杰出的销售经理。一次，他把目标锁定在了同为世界500强的荷兰帝斯曼（DSM）公司，参与其工程项目的招投标。竞争异常激烈，客户方的负责人是一位资深的留法化学博士，专业背景极其深厚，对供应商的挑选也十分谨慎、苛刻。几家候选供应商中，霍尼韦尔公司因其价格偏高，获胜机会已不大。

在同客户进餐时，那位留法化学博士无意中说起了一件事：最近女儿一直缠着他要麦当劳的儿童玩具，而想得到这种外面买不到的玩具，顾客就必须在麦当劳点一份儿童套餐，但每天配额有限，先到先得。博士说自己因为工作忙脱不开身，没法满足女儿的心愿。

一段寻常的家事在霍尼韦尔公司的销售经理耳中，却绝非寻常。当晚回到住所，他给自己团队的所有成员打电话，要他们明日一早到就近的各处麦当劳餐厅排队，买儿童套餐，拿玩具（当时促销活动已近尾声，不是每家店都有玩具赠送）。人员不够，还专门雇人排队。仅隔一天，霍尼韦尔公司的销售经理再次来到帝斯曼公司，亲手将排队得来的麦当劳玩具送到了前台转交，并没有惊动那位博士。

几天后，当这位销售经理有机会再次与客户见面时，博士主动走上前来，拍了拍他的肩膀，微笑地说了一句："谢谢你的玩具。"最终，霍尼韦尔公司拿到了这笔订单。

**（六）感情与理性并重**

不要因为一时的激动，伤害了双方的感情。在沟通过程中，要有强烈的感情，更要有高度的理性。沟通时尤其不能使用敌对的态度，包括眼神、肢体语言，理智是第一位的。

### 唐太宗和魏征

作为一代明君，唐太宗以自己的雄才大略开创了贞观盛世。而作为一代贤相，魏征在"贞观之治"中起着举足轻重的作用。没有唐太宗的贤明大度，就不会有魏征的忠直；而没有魏征的忠直，唐太宗就少了一面文治武功的镜鉴。二人相互衬托，相辅相成。魏征为唐太宗讲解了"水能载舟，亦能覆舟""兼听则明，偏信则暗"的治国道理，也常常犯颜直谏。当然，皇帝也是人，有时唐太宗回宫后发火，声言恨不得杀了这个"乡下佬"。但唐太宗不愧为一代贤明君主，火气过后又为有这样忠谏之臣感到欣慰，因此一次次原谅魏征的犯颜直谏。魏征死后，唐太宗极为伤感地对众臣说："以铜为鉴，可以正衣冠；以古为鉴，可以知兴替；以人为鉴，可以明得失。今魏征逝，一鉴亡矣。"

## 二、商务沟通的障碍分析

在沟通过程中，只有在接收者按照发送者的期望接收到信息，并正确地理解了所传递的信息时，沟通才算成功。而在沟通过程中，我们常因遭遇障碍而无法取得预期的效果。下面分析产生这些障碍的原因，以便在沟通中克服这些障碍，尽可能地减少其影响。

**（一）感觉差异**

人们对于词汇的理解在很大程度上取决于过去的经验。由于人们在年龄、文化、教育背景、职业、性别与个性等方面具有不同的背景，每种因素都可能引起感觉差异和对情景的不同认识。感觉差异往往是产生交流障碍的根源。

**情境任务 1-5**

　　上图在心理学中被称为"双歧图"，是指人在知觉客观世界时，总是有选择性地把少数事物当成知觉的对象，而把其他事物当成知觉的背景，以便更清晰地感知事物或对象。请观察 10 秒后，完成下面的任务。

　　1）你看到的图中的人物是少女还是老妇人？

_____

　　2）造成认识差异的原因有哪些？

_____

_____

　　3）对你的启示是什么？

_____

_____

（二）语意障碍

　　商务沟通中较常使用的工具是语言与文字，这两者在本质上是不容易被恰当使用的，因为人们在使用语言文字方面总是存在着各种差异。例如，在语言方面，乡音过重或者口齿不清、词不达意等；在文字方面，一词多义或用词不当，或者用了错别字，使用对方不懂的学术、技术上的专门术语等都会造成沟通中的障碍。

**情境任务 1-6**

　　1）看看下面词语中哪些字错了，并改正。

　　①甘败下风　　　　②自抱自弃　　　　③副射

④脉博　　　　　　⑤松驰　　　　　　⑥一愁莫展

⑦穿流不息　　　　⑧精萃　　　　　　⑨渡假村

2）请纠正生活中标牌上的错字。

①饭店门口："抄"饭。　　　　　　　②修车店门口：补胎"冲"气。

③零售店铺门口："另"售。　　　　　④家居店门口：家"俱"。

⑤装潢店门口：装"璜"。　　　　　　⑥家装公司门口："按"装。

⑦汽车店门口：洗车打"腊"。　　　　⑧饭店门口："合"饭。

⑨水果店门口："波"萝。　　　　　　⑩超市门口：鸡"旦"。

## （三）心理障碍

### 1. 知识、经验水平的差距

在信息沟通中，如果双方经验水平差距过大，就会产生沟通障碍。此外，个体经验差异对信息沟通也有影响。在现实生活中，人们往往会凭借经验办事。一个经验丰富的人往往会对信息沟通进行全盘考虑，谨慎处理信息；而一个初出茅庐的人往往会不知所措。人们往往偏重于观其所想看的和听其所想听的，而忽视其他方面的客观事实，因而容易得出以偏概全、以点带面的结论。

### 2. 个人的成见

成见，就是人们对某人某事的既成看法。这种看法一旦形成，便不易改变，日积月累，这堵"墙"就会越筑越高。人们对有冲突的人或事，会立刻把它扔到"墙外"，不予理睬，甚至嗤之以鼻、恶语相向；而对自己喜欢的人或事物，则会很快接受甚至有意夸大。这堵"墙"，就叫作"成见"。例如，你对某个人产生了某种不好的看法，当他和你说话时，你就不可能注意倾听。又如，你和某人之间由于某种原因产生了隔阂，如果他有什么异议，你就可能认为他所做的一切都是针对你的。无论他做什么解释，你都认为是借口。由此可见，成见会阻碍人的正常思维，继而阻碍我们获取正确信息。

### 3. 缺乏兴趣

信息接收者对信息发送者发送的信息不感兴趣也是沟通中需要克服的障碍之一。现实中，我们很可能认为别人和自己一样关心某事、对某事物感兴趣，所以应当注意这种阻碍的存在。尽管对方缺乏兴趣是不可避免的，但在沟通中应尽可能增强信息的吸引力，以引起接收者的共鸣。

## 情境任务 1-7

汽车销售大王乔·吉拉德向一位客户销售汽车，交易过程十分顺利。当客户正要付款时，另一位销售人员跟乔·吉拉德谈起了昨天的篮球赛。乔·吉拉德一边跟同伴津津有味地说笑，一边伸手去接车款，不料客户突然扭头就走，连车也不买了。乔·吉拉德冥思苦想了一天，不明白客户为什么突然放弃了已经挑选好的汽车。后来，他终于忍不住给客户打了一个电话，询问客户突然改变主意的理由。客户不高兴地在电话中告诉他："今天下午付款时，我同您谈到了我的小儿子，他刚考上了密歇根大学，是我们家的骄傲，可是您一点也没有听见，只顾跟您的同伴谈篮球赛。"

**思考：**为什么"销售大王"这次会失误？这对市场营销的从业人员有什么启示？

_____

_____

_____

### （四）地位障碍

由于员工在组织中的地位不一样，因此对问题的看法不一样，心态也不一样，容易在沟通的方法及沟通信息方面产生障碍。例如，主管不了解沟通的重要性，认为只要由上级直接下命令，下属照章执行办事即可，从而忽视沟通工作；有的主管存在自傲的心理，认为他的看法及做法一定比下属强，不屑于听取下属的意见。下属常常存在自卑自保的心理，对上级报喜不报忧，存在歪曲事实、蒙蔽真相的现象等。上下级因需要不一致、观念不同、地位有别等难以进行坦诚的沟通。

**小知识**

#### 商务沟通中应避免的语言和应该使用的表达技巧

在商务沟通中遇到异议之后，首先要在语言上尊重与认同对方，应了解对方的某些观点，然后找出其中对你有利的一点，再顺着这个观点发挥下去，最终说服对方。

1）应该避免使用的言语：

你好像不明白……

你肯定弄混了……

你搞错了……

我们公司规定……

我们从没……

我们不可能……

2）应该使用的表达技巧：

我感谢你的意见，同时也……

我尊重你的看法，同时也……

我同意你的观点，同时……

我尊重你的意图，同时……

（五）信息过量造成的信息接收障碍

信息并非越多越好，关键在于适当。信息过量，超过了接收者的接收和理解程度，对于接收者说，可能就会产生负重感，从而妨碍沟通。

### 三、采用有效的沟通手段进行商务沟通的基本特征

在商务沟通中，对于沟通的发起者来说，要确保每次谈话、每份备忘录、每个电话、每份方案或报告具有尽可能多的信息，并尽量使对方接受，其沟通应具备如下基本特征。

1. 清晰

信息接收者可以不用猜测就可以领会信息发送者的意图。

2. 完整

沟通的发起者可以回答信息接收者的问题，为信息接收者提供所传递信息中必须包含的相关内容。

3. 准确

信息表达准确无误，从标点、措辞到句子结构都没有错误。

4. 节省时间

无论是口头沟通还是书面沟通，都要言简意赅、表达准确、没有歧义。无论哪种形式的沟通，都能让对方理解并采取相应的行动。

5. 传达友善的信息

沟通者在沟通过程中要树立自己及其代表组织的良好形象和信誉，尊重对方，在沟通中建立友谊。

### 体验活动

**活动一：选择恰当的沟通渠道实施沟通**

【目的】通过分析相关案例，体会商务沟通的内容，加深对商务沟通原则的理解。

【要求】学生4～6人一组，按小组展开讨论，每个小组推荐一名表现较好的学生，然后在班上交流。

假设你所在的公司有某种产品、服务是专门为以下的客户群体设计的。请你思考：应选择怎样的沟通渠道来跟下列客户群体沟通？应该怎样控制沟通中的障碍？各自所采用的比较有效的沟通方式是什么？

1）大学生。

2）民工。

3）残疾人。

4）退休的老年人。

5）白领。

_____

_____

_____

**活动二：选择恰当的沟通方式**

王林是一位业绩出色的销售人员。根据近一段时间在推销工作中了解的信息，他认为如果公司继续按原价销售产品，销售额会有明显下降。他想，如果给他适当的降价权，就能提高销售额。王林向主管提出了这个请求，主管冷淡地回答说："这不可能。"王林感到很失望，工作热情大减，不久便离开了这家公司。

假如你是主管，你该如何回答王林的请求？

（答案可参考 17 页小知识：商务沟通中应避免的语言和应该使用的表达技巧）

_____

_____

_____

# 模块三　商务沟通的发展趋势

## 案例导入

### 云视频会议

随着新兴技术的发展，在众多视频行业中，云视频会议在全球范围内呈现高增长态势。云视频会议，是基于云计算技术的远程视频沟通协作应用，能够让企业以低成本、高效率的方式实现专业的视频会议沟通。在万物互联时代，云视频会议已成为拥有跨地域分支机构企业的必备沟通工具，将为企业传统视频会议应用向随时随地、协作无界转型提供新的路径。相较之下，传统会议室终端都比较昂贵，想要建立多个传统的会议室系统，其拓容成本十分高昂，一般的企业都无法承担如此高额的成本。但现实中企业又有这样的需求，想要面对面开会，需要付出大量的差旅和时间成本，设备连接操作过于烦琐，需要专门的人员来维护，增加人力成本。据统计，全球 500 强中有超过 80% 的企业正在使用云视频会议这种先进高效的通信方式。资料显示，云视频行业趋势越来越平民化，近两年整个视频会议市场中，政府办公已占全部市场份额的 46.6%。

（资料来源：https://www.sohu.com/a/158902728_533014.）

**【分析】**随着经济水平的不断进步，科学技术日新月异，人们的日常办公水平也得到了前所未有的提高，特别是会议系统数字化的发展，极大促进了视频会议系统的迅速发展，"世界近在咫尺"的感受让云视频会议系统进入了快速发展成长期，伴随着科技的不断进步及市场竞争的加剧，云视频会议系统也必将呈现出自身的发展趋势，丰富商务沟通内涵。

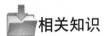 **相关知识**

随着商业竞争的日益加剧、经济全球化浪潮的深入发展及科学技术的持续进步，商务活动和商务沟通都在不断发生着变化。这些变化主要表现在以下几个方面。

### 一、对质量和客户要求的重视

向顾客提供高质量的产品和优质的服务是许多成功企业的生财之道。当今许多经营灵活、反应敏捷的公司都是通过关注顾客的需要进行重新定位而成长起来的。美国一家家具公司的总裁曾经说过："别想着我们该卖什么，问问顾客需要什么。我们来组织生产，满足他们。"现在，这家公司销售的产品和提供的服务范围甚至扩大到通过计算机辅助设计，为顾客设计办公室装修方案等。

注重质量和客户需要，关键在于沟通。集思广益和团结协作等工作方法通常能收到事半功倍的效果。好主意、好办法通过沟通可以在公司普遍传播，也能为大家所接受。要想真正了解顾客的需求，管理者既要聆听他们有声的意见，也要关注他们无声的表示。

### 二、现代信息技术在商务活动中的应用

信息技术领域的革命为商务活动提供了更多可供选择的沟通手段和平台。电子邮件、即时通信工具、视频会议等信息技术已经被广泛运用于商务活动中。现代信息技术的应用可以使企业的每位员工平等地获取信息，也可以帮助企业在节省资金的同时更好地为客户服务。例如，美国运通公司在开通了客户在个人终端上进行电子查询的业务以后，核查每件包裹投递状况的费用由以前的 5 美元锐减为 5 美分，仅此一项每年就能够节约近 200 万美元。现代信息技术的使用要求每位管理者都应该跟上时代前进的步伐，通过运用这些技术实现高效沟通。

### 三、商务沟通呈多元化趋势

商务活动已经变得越来越国际化，跨国公司的不断涌现使越来越多的管理者必须面临跨越国界的人际沟通问题。来自不同文化背景条件下的人很容易因为文化上的差异而产生沟通障碍，这对于管理者来说，是一个很大的挑战。因此，要求其更多地掌握跨文化沟通的知识，在尊重对方的基础上，灵活、机智地与不同文化背景的人沟通，并且帮助他们做到互相理解。

### 四、讲求团队精神与协作

团队精神是一个组织在文化和道德上的反映，是企业的灵魂。一个团队没有统一的价值观，就不会有统一的意志、统一的行动，也就不会有战斗力。在现代社会中，商场

如战场，企业的竞争力、战斗力决定了自身的生死存亡，一个企业没有良好的团队精神就不会成功。

 **小故事**

### 团结的蚂蚁

一位老农上山开荒。砍到一丛荆棘时，他发现荆条上有一个箩筐大的蚂蚁窝。荆条倒，蚁窝破，无数蚂蚁蜂拥窜出。老农想消灭这些蚂蚁，于是他立刻将砍下的荆棘围成一圈并将其点燃了。风吹火旺，蚂蚁四散逃命，但无论逃到哪里都被火墙挡住。蚂蚁占据的空间在火焰的吞噬下越缩越小，灭顶之灾即将到来。可是奇迹发生了，火墙中突然冒出一个黑球，先是拳头大小，不断有蚂蚁粘上去，渐渐地变得和篮球一样大，地上的蚂蚁已经全部抱成一团向烈火中滚去。外层的蚂蚁被烧焦烧爆，但缩小后的蚂蚁球竟越过火墙滚下山去，躲过了全体灰飞烟灭的灾难。老农深深地感动了。小小蚂蚁为了整体的生存竟有视死如归、勇于牺牲的勇气和强烈的团队精神，能不令人为之动容？弱小的蚂蚁，正是靠着牢不可破的团队精神，才得以生存不息。

## 体验活动

### 活动一：团队组建与展示

【目的】学生分组可以增强归属感，树立团队意识。

【要求】请各小组给自己的小组命名，设计出小组的 Logo（标志），写出 Logo 的释义，拟定小组的目标口号。各小组完成后在班级进行展示，并将评分填入表 1-2。

表 1-2　团队展示评分表

队名：

| 项目 | Logo 设计 | 精神面貌 | 团队目标口号 | 团队士气 | |
|---|---|---|---|---|---|
| 评分标准 | 新颖、贴切、简洁、原创、释义恰当 | 团队成员精神饱满，充满精神与活力 | 团队目标口号积极向上，呼喊整齐、响亮 | 士气高涨，团队成员积极参与 | 总分 |
| 组名 | 50 分 | 10 分 | 20 分 | 20 分 | |
| | | | | | |
| | | | | | |
| | | | | | |
| | | | | | |

### 活动二：团队精神体验

【目的】通过组织团队活动，增强团队凝聚力，体验团队精神。

【要求】按照游戏规则完成任务，各小组写出活动体验感想。

【游戏规则】每组各分五张报纸、一卷透明封箱胶带、一把剪刀，要求在 30 分钟内，利用分配给各组的纸和封箱胶带，尽可能建造高楼。当主持人宣布游戏结束时，所有参加游戏的人员必须离开高楼，使大楼独立耸立，不要有任何支撑。

【游戏总结】

1）各小组组长谈谈他们是如何构思、如何分工合作的，以及本次活动的体验和感受。

组长的感想：_____

_____

2）各小组推荐 1～2 人谈谈参加本活动的感受。

个人感想：_____

_____

_____

### 活动三：处理客户投诉的艺术

【目的】通过活动，学生可以理解如何进行恰当的商务沟通。

【要求】请学生模拟扮演不同的角色，看看谁的方案好，谁的方案能有效地解决问题。

【案例描述】胡女士在超市购买了某品牌的酸奶后，马上去一家餐馆吃饭。吃完饭，胡女士拿出酸奶让孩子喝，自己则在一边和朋友聊天。突然孩子大叫："妈妈，这里有苍蝇。"胡女士循声望去，看见孩子喝的酸奶盒里（当时酸奶盒已经被孩子用手撕开）有一只苍蝇。胡女士顿时火冒三丈，带着孩子来超市投诉。这时，一位刚参加工作的值班经理看见，便立即走了过来说："你既然说有问题，那就带孩子去医院吧，有问题我们负责！"胡女士听到后，更加火冒三丈，并说要去消费者协会投诉，引来了许多顾客的围观。该超市的马经理听到后马上前来处理，赶快让那位值班经理离开，又把顾客请到办公室，亲自处理这件事。

1）值班经理在解决顾客投诉的过程中存在什么问题？

_____

_____

2）如果你是超市的马经理，你会怎样处理这起投诉？

_____

_____

_____

# 本 章 总 结

沟通是人们在交往过程中，通过借助某种载体和渠道将信息由信息发送者传递给信息接收者，并获得理解的过程。在现代信息社会，市场营销人员对信息的采集、加工和处理能力已经成为决定其职场竞争力的关键因素。要成为一位优秀的营销人员，必须具备良好的沟通能力。

沟通过程包括信息发送者、信息、信息接收者、途径、反馈和背景六个方面的要素。由于感觉、语意、心理、地位及信息过量等会给商务沟通过程造成障碍，在商务沟通中沟通者应该通过分析，尽可能跨越这些障碍。

随着商务竞争的日益加剧及技术的不断进步，商务沟通在发生着变化。这些变化主要体现在对质量和客户需要的重视、现代信息技术的应用、多元化趋势及讲求团队精神等方面。

# 综 合 练 习

## 一、填空题

1. 商务沟通的类型包括_____和_____两大类。

2. 沟通是指发送者凭借一定的渠道，把信息发送给既定的对象（接收者），并寻求_____以达到_____的过程。

3. 沟通过程的六要素包括信息发送者、信息、_____、途径、_____和_____。

4. 高效沟通的标准有清晰、完整、_____、节省时间和_____。

5. 语言沟通包括口头信息沟通和_____。

6. 商务沟通是指商务活动中的沟通与_____的过程。

7. _____是人们对某人某事的既成看法。

8. 团队精神是一个组织在_____和道德上的反映。

9. 沟通发生的情境是指_____。

10. _____（举一例）是使用的语言沟通工具。

## 二、选择题

1. 沟通的基本要素包括信息发送者、信息、信息接收者、途径、反馈和（　　）。
   A. 时间　　　　　B. 目的性　　　　　C. 背景　　　　　D. 效率

2. 商务沟通的目标是信息被传递、信息被充分理解和（　　）。
   A. 沟通　　　　　　　　　　　B. 传播

C．准确　　　　　　　　　D．所传递的信息被对方接受

3．下列不属于有效的沟通手段进行商务沟通的基本特征的是（　　）。

A．目的　　　　B．准确　　　　C．节省时间　　　D．完整

4．下列属于语言沟通的有（　　）。

A．身体动作　　B．时间　　　　C．空间　　　　D．销售分析报告

5．从沟通的角度来讲，"眉目传情"是利用了沟通中的（　　）方式。

A．语言沟通　　B．非语言沟通　　C．手势沟通　　D．口头沟通

6．途径是指信息由一个人传递到另外一个人所通过的（　　）。

A．渠道　　　　B．通道　　　　C．编码　　　　D．空间

7．如果你是一个新上任的部门经理，你和公司的董事长一同走进了电梯，但董事长不认识你，此时，你该（　　）。

A．主动搭话

B．目光礼貌交流后互不打扰

C．主动自我介绍，向董事长汇报工作情况

D．不理睬，装作不认识

8．下列属于语言沟通的有（　　）。

A．电子邮件　　B．时间　　　　C．空间　　　　D．身体动作

9．下列不属于心理障碍的是（　　）。

A．个人的成见　　B．缺乏兴趣　　C．地位障碍　　D．语意障碍

三、简答题

1．商务沟通的类型有哪些？请各举一例说明。

2．联系社会实际，说说商务沟通的发展趋势。

四、案例分析题

情境一：

公司为了奖励市场部的员工，制订了一项海南旅游计划，名额限定为 10 人。可是 13 名员工都想去，部门经理需要再向上级领导申请三个名额，如果你是部门经理，你会如何与上级领导沟通呢？

部门经理向上级领导说："朱总，我们部门 13 个人都想去海南，可只有 10 个名额，剩余的三个人会有意见，能不能再给三个名额？"

朱总说："筛选一下不就完了吗？公司能拿出 10 个名额就花费不少了，你们怎么不多为公司考虑？你们呀，就是得寸进尺，不让你们去旅游就好了，谁也没意见。我看这样吧，你们三个做部门经理的，姿态高一点，明年再去，这不就解决了吗？"

情境二：

部门经理："朱总，大家今天听说去旅游，非常高兴，非常感兴趣，觉得公司越来越重视员工了。领导不忘员工，真是让员工感动。朱总，这事是你们突然给大家的惊喜，不知当时你们如何想出此妙意的？"

朱总："真的是想给大家一个惊喜，这一年公司效益不错，是大家的功劳。考虑到大家辛苦一年，年终了，第一，是该轻松轻松了；第二，放松后，才能更好地工作；第三，是增强公司的凝聚力。大家要高兴，我们的目的就达到了，就是让大家高兴的。"

部门经理："也许是计划太好了，大家都在争这 10 个名额。"

朱总："当时决定 10 个名额是因为觉得你们部门有几个人工作不够积极。你们评选一下，不够格的就不安排了，就算是对他们的提醒吧。"

部门经理："其实我也同意领导的想法，有几个人的态度与其他人比起来是不够积极，不过他们可能有一些生活中的原因，这与我们部门经理对他们缺乏了解，没有及时调整都有关系。责任在我，如果不让他们去，对他们打击会不会太大？如果这种消极因素传播开来，影响不好吧。公司花了这么多钱，要是因为这三个名额降低了效果太可惜了。我知道公司每一笔开支都要精打细算，如果公司能拿出三个名额的费用，让他们有所感悟，促进他们来年改进，那么他们多给公司带来的利益要远远大于这部分支出的费用，不知道我说的有没有道理。公司如果能再考虑一下，让他们去，我会尽力与其他两位部门经理沟通好，在这次旅途中每个人带一个，帮助他们放下包袱，树立有益公司的积极工作态度，朱总您能不能考虑一下我的建议。"

结合案例分析情境一和情境二中部门经理的表现，你有何感受？请结合本章知识说说商务沟通的重要性。

# 实 训 项 目

1. 项目名称

在班级中模拟一次产品推介活动。

2. 实训目标

通过对熟悉产品的宣传推广，学生可增强对商务沟通的认识。

3. 实训内容

结合对本章商务沟通内容的理解，在班级中模拟一次产品推介活动。

4. 实训要求

1）指导教师将本班学生分为 4~5 组，每组指定组长。

2）组员分工协作，查找感兴趣的某种产品的资料，把该产品的特点、功能、用途及与同类产品的区别等制作成幻灯片（或微视频）等。

3）各小组准备好后，在班级中举行一次产品推广活动。

5. 实训步骤

1）学生自主选择产品。

2）小组成员分工协作完成，借助多媒体手段。

3）由各组推荐代表在班级进行路演。

4）小组进行互评，给出对其他小组的评价和建议。

5）教师进行指导点评。

6. 考核形式

学生提交产品推介 PPT（或视频）等并进行路演。

# 第二章
# 一般沟通工具

现代职场，信息流、资金流、人才流汹涌澎湃，这就愈发加剧了职场的复杂性，人与人之间的沟通与交流也变得更加现实和紧迫。我们在职场中的成功与否，在一定程度上取决于自身的沟通能力，特别是口头语言沟通能力。作为现代人，沟通能力较低显然会极大地降低自身的竞争力。

对于从事市场营销、产品管理、电子商务、现代物流与服务等工作的职场人士来讲，口头语言或非语言沟通能力的高低直接关乎他与同事、客户之间能否有良好的、融洽的人际关系，从而影响自己的工作和事业。

没有规矩，不成方圆。语言沟通有着自身的规律和规则，只有掌握了语言沟通的原则和技巧，在遇到职场的人际问题时才可能处理得恰到好处，解决商务活动中遇到的棘手问题时才会游刃有余。

## 👤 学习目标

【知识目标】

理解语言沟通和非语言沟通的内涵，掌握一般沟通的环节。

【能力目标】

1. 能运用口头表达技巧完成一般沟通任务。
2. 能在商务活动中进行有效的倾听。
3. 改正个人不恰当的非语言习惯，能借助非语言手段增加沟通魅力。

【素质目标】

提升表达能力，增强职业魅力。

**学习索引**

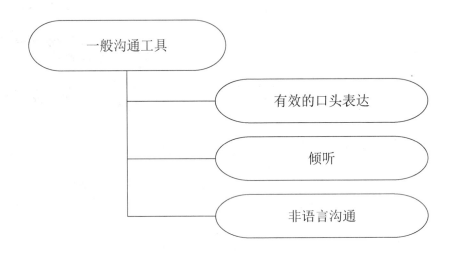

# 模块一　有效的口头表达

**案例导入**

### 聘 用 标 准

某大型合资企业在招聘中层以上管理人员时，专门针对表达能力规定了若干不予录用的内部控制标准：

1）应聘者声音不洪亮者，不予录用。

2）说话没有抑扬顿挫者，不予录用。

3）交谈时不得要领者，不予录用。

4）交谈时不能干脆利落地回答问题者，不予录用。

5）说话无生气者，不予录用。

6）说话颠三倒四、不知所云者，不予录用。

（资料来源：http://www.doc88.com/p-4167046295895.html.）

【分析】口头表达是指用口头语言来表达自己的思想、情感，以达到与人交流的目的。它是一种非常重要的沟通方式，包括面对面的谈话、讨论、打电话、开会、演讲等多种形式。有效的口头表达对个人和企业至关重要。一个脸红心急、张口结舌、言不尽意的人，是不可能领导自己团队完成任务的。

营销人员在向客户和消费者介绍企业情况、推销产品时，需要有出色的口头表达能力和良好的沟通能力，只有让自己的语言既有艺术性又有逻辑性，才能打动客户的心，引发客户的兴趣和好感。乔·吉拉德连续 12 年荣登销售第一的宝座。他也是全球极受欢迎的演讲大师之一，曾向众多企业中的营销精英传授他的宝贵经验。来自世界各地数以百万计的人被他的演讲所感动，被他的事迹所激励，他被誉为世界上伟大的推销员。

### EQ 驿站

#### 商务沟通中的一把钥匙——3A 法则

美国学者布吉林教授提出：在人际交往中必须遵守 3A 法则，即 Accept（接受）、Appreciate（欣赏）、Admire（赞美）。其基本含义是在人际交往中要成为受欢迎的人，就必须注意要以礼待人，向交往对象表达我们的尊重、友善之意。

【分析】3A 法则对我们成为受欢迎的人是大有裨益的。在人际交往中，有效沟通将使我们更好地被交往对象所接受，成为更加受欢迎的人。你赞美别人，实际上换一个角度来讲你是在赞美自己，说明你虚心、宽容，善于向别人取长补短。在任何情况下，我们都要表达自己对他人的尊重、友善，从而为商务交往奠定良好的基础，最终开启成功之门。

 **相关知识**

### 一、口头表达的特点

口头表达是用口头语言来表达自己的思想、情感，以达到与人交流的目的的一种能力。口头语言比书面语言更直接，应用更广泛。其特点表现为以下几个方面。

（一）准确

如果对方发现你提供的信息有误，就会认为你有误导之嫌，对你产生警觉，使你陷入被动。如果对方认为你提供的信息不够充分，就会暂时搁置或不会产生你期待的回应，就会使你的愿望落空。所以，准确是口头表达的首要条件。

### 情境任务 2-1

《超级演说家》是安徽卫视联合北京能量影视传播股份有限公司推出的中国首档原创新锐语言竞技真人秀节目。其在音乐类选秀混战、各种竞技真人秀节目洪流中脱颖而出。2013 年 8 月开播以来，该节目多次拿下全国收视冠军，堪称在选秀混战局面下的一匹黑马，为国内电视节目注入了一股新鲜的血液，打破了当年国内大部分火爆节目都由国外引进的尴尬局面。

　　说话是一种本能，更是一种技能，《超级演说家》以挑选中国最会说话的人为目的，也希望让观众感受到说话的魅力，搭建起一个让国人学会如何表达的舞台。在节目中，选手们的演讲主题是随机抽取的，有一些主题是时下热议的话题，这样既考验选手的灵活变通能力及创作能力，又给予选手表达对时事的独特见解和看法的平台，留给观众反省、思考的空间，让思想的交锋碰撞出火花。例如，第二季第八期的《老有所依》、第十期的《时间都去哪了》、第十一期的《念念不忘，必有回响》等。

　　《超级演说家》提供了一个平台，让有思想、有想法的人讲出自己的心声，受众也会从演讲中了解很多不同的人生观、价值观、世界观，从而感悟人生、反省自身、引发共鸣并传递更多的正能量。

　　请利用课余时间观看一期节目，写出自己的感想：

_____

_____

_____

### （二）清晰

　　现代社会对人的口头表达能力提出了越来越高的要求。口头表达能力包括清晰的表达、严谨的逻辑、优美的语言、深刻的思想，这四个方面是递进关系，其中清晰的表达是最基本的要求。

### （三）简洁

　　良好的商务沟通要在清晰的基础上追求简洁，以少量的语言传递大量的信息。无论是与领导沟通，还是与客户、一般员工沟通，简洁都是一个基本点。每个人的时间都是有限的、有价值的，没有人喜欢不必要的、烦琐的沟通。简洁不是指在形式上采用短句子，也不是指在内容上省略重要信息，而是指"字字有力"，乃至于"字字千斤"。

#### 啰唆的唐僧

　　"哎呀，悟空你也真调皮呀，我叫你不要乱扔东西呀！哎，乱扔东西是不对的……哎呀，我还没把话说完，你怎么把棍子也给扔掉了？月光宝盒是宝物，乱扔它会污染环境。哎，砸到小朋友怎么办？就算砸不到小朋友，砸到花花草草也不好嘛！"

　　这是电影《大话西游》里唐僧的话，听到这些，你可能会忍俊不禁。口头表达能力往往是一个人事业成败的分水岭，如果你真的有梦想，想要改变自己成就一番事业，那么你就必须加强学习，取长补短。要知道，作为商务人员，必须要学会口头表达。成功，没有捷径。

### 二、口头表达的目标

（一）交流信息

口头表达的基本目标是沟通双方互相传递各自要表达的信息，以表达自己的需求，了解对方的需求。在商务沟通过程中，以信息传播为目的而进行的新闻发布会、记者招待会、讲演会、研讨会、洽谈会、学术讨论会等以口头表达形式为主体的商务活动，语言的简洁、专业要求、组织能力直接关系到商务活动的沟通效果。

（二）提高人际交往水平

现代社会是多元化、开放的社会，人际交往是一个人终身要面对的。而人际关系成功与否在很大程度上取决于一个人的语言沟通能力，特别是口头表达能力。语言永远是人生的重要利器，具有双刃剑的效果。俗语说"话有三说"，同样的意思，有的人表达出来很容易让别人接受，但有的人说出来令人反感不已。

（三）保证组织进行有效的管理

没有信息的沟通与传播，组织就会处于与世隔绝的封闭状态。而信息的沟通和传播的手段主要是语言，特别是口头传播的效应非常明显。管理学认为，在组织内部及组织与外界的信息沟通当中，语言沟通仍然是最重要的沟通方式。利用口头信息交流方式可以迅速、充分地交换意见，当面提出问题和回答问题，而且使双方都有直接向对方反映意见的机会。通过语调、表情、手势可以增加信息交流的效果，并且具有其他交流方式所不具备的优势，使人感到亲切、直接。

**情境任务 2-2**

你是某公司人力资源部门的工作人员，现在向大家宣布一项规定：上班接听个人电话超过 1 分钟，每次扣罚 50 元。

学生模拟，并请老师和其他同学进行评价。

1）老师对你的评价和建议：

_____

_____

2）同学对你的评价和建议：

_____

_____

_____

3）请制订一份提高个人口头表达能力的训练计划：

_____

_____

_____

## 三、口头表达的技巧

### （一）充分了解对象

"射箭要看靶子，弹琴要看听众"，语言表达也要看交际对象，要受对象的身份、职业、经历、文化修养、思想、性格、兴趣、处境及心情等多种因素的制约。

### （二）确定交谈目的

在交谈前，必须先了解这次谈话的主题是什么，主要想与对方谈什么。如果事前不了解自己要交谈的主题，那么接下来的交谈必然达不到预期的效果。

**迂腐的秀才**

古代有一个迂腐的秀才，一天，他在睡梦中被蝎子蜇了，疼痛难忍。他急忙喊醒妻子，说："吾之贤妻，速燃烛台！视汝夫吾其为毒虫所噬乎？"他妻子听不懂他在说什么。秀才疼痛难忍，大叫道："老婆子，快点灯！看看我是不是被蝎子蜇着了！"他妻子马上明白了他的话。这个故事说明，人们只有针对沟通对象的文化水平，选择能让对方接受的语言表达形式，才能取得满意的沟通效果。

### （三）创造良好氛围

#### 1. 找准沟通的最佳时机

在各种场合中，时机是极其重要的。一句话什么时候讲最起作用，是大有讲究的。这好比足球比赛中的"临门一脚"，只有恰到时机，才能射门而入。如果在不适当的时间与对方进行交流，对方很可能会认为自己的事情受到了打扰。商务沟通中根据交谈的情势，把握必要的时机适时推出谈话主题是一个重要的技巧。所谓"酒逢知己千杯少，话不投机半句多"，实际上就是说明了语言交流中时机的重要性。《三国演义》中的诸葛亮在与周瑜初次见面的时候，故意以曹植的《铜雀台赋》中的"揽二乔于东南兮，乐朝夕之与共"诗句来激怒周瑜，促使其出兵抗曹。周瑜的本意是让诸葛亮从求助者的角度说话，逼出其求援之语，但事实结果刚好相反。

2. 利用有利环境促进沟通

沟通地点的选择对于沟通能否顺利开展同样具有重要意义。沟通者应根据不同交谈对象的特点和沟通内容，选择令人感到放松和愉悦的地点。例如，领导者找下属谈工作，应当把下属叫到办公室里来。办公室表现了领导者的职责，能使谈话更具工作性质。但如果领导者为开导某个下属，则可以到下属家里去，这可体现领导者放下架子、平等待人的作风。在下属家里，更有利于拉家常，使谈话气氛轻松，彼此的心贴得更紧。

同一席话，在这个场合讲可能赢得满堂喝彩，但在另一种场合则可能适得其反。沟通者要善于抓住各种不同的场合，从而使自己的话发挥最大的效力。

**不同表达，不同结果**

传说朱元璋做了皇帝后，他的旧友常来看他。一天，来了一个旧友，他见面说："我主万岁！当年微臣随驾扫荡芦州府，打破罐州城，汤元帅在逃，拿住豆将军，红孩子当关，多亏菜将军。"朱元璋听了很高兴，立刻封他做了御林军总管。这事被另一个旧友听说了，该人心想，同是朋友，他去了既然有官做，我去了当然也未尝不可。见到朱元璋后，他便直通通地说，"我主万岁！还记得吗？从前我们都替人家看牛，有一天，在芦花荡里，我们把偷来的豆子放在瓦罐里煮，还没煮熟，大家就抢着吃，把罐子都打破了，撒了一地豆子，汤都泼在泥地里，你只顾从地上抓豆子吃，却不小心连红草叶子也送进嘴里，叶子卡在喉咙口，苦得你哭笑不得，还是我出主意，叫你用青菜叶子放在手上一拍吞下去，才把红草叶子咽下去。"朱元璋听他这么一说，气得大叫："推出去斩了！"

（四）声情并茂，风度适宜

1. 词汇丰富

口头语言要力求运用描绘性的、富有表现力的、准确而生动的词汇，娴熟使用专业词汇、成语、俗语，这样才能激发公众的热情，唤起公众的想象，并得到公众的信赖。

2. 句式丰富

为了加强口头语言表述效果，应注意句式的变化，可用单句，也可用复句；可用陈述句，也可用感叹句；可长短句交错，也可倒装、前置。句式丰富，听起来才自然和谐。

3. 修辞丰富

要熟练掌握和运用各种修辞方法，增强口头语言的形象性。贴切的比喻能启发别人的联想，精心的设问、反问能制造悬念，气势流畅的排比句能激发公众感情的波澜，适时的反复和强调能加深他人的印象。

**4. 节奏丰富**

抑扬顿挫、高低起伏的语音，能给公众以美的享受。我们在与公众对话或发表演讲时，应当注意音量、音质、音色的变化，有时舒缓，有时高亢，有时停顿间歇，有时一泻千里，这样才能牵动公众思绪，扣住他人心弦。

**情境任务 2-3**

1）试着读下面这一句话，对下列加点的字或词加重读音，体会一下因重音不同而带来的不同意思。

我相信你愿意学好。（他不信，我信）

我相信你愿意学好。（我没有怀疑过你）

我相信你愿意学好。（别人我可不敢说）

我相信你愿意学好。（是自愿，不是被迫）

我相信你愿意学好。（你明白是非，不愿学坏）

2）念出下面的文字并且加入自己的感情。

这是 100 万元？（啊！好惊人啊）——吃惊

这是 100 万元？（别吓人了！）——轻蔑

这是 100 万元？（好高兴！）——喜悦

这是 100 万元？（真稀奇！）——好奇心

这是 100 万元？（开玩笑）——疑问

（五）语言交流中的风度

**1. 自然大方**

说话的时候，表情应该随着所讲内容自然变化。例如，谈到轻松的话题时，小语声声、神采飞扬；涉及严肃的内容时，庄重深沉、语调缓慢；谈到美好事物的时候，声情并茂、抑扬顿挫；说起丑恶的事物时，声色俱厉、慷慨激昂。只要表情流露的适度、协调，都会收到良好的效果。说话时应防止无动于衷、模棱两可、畏畏缩缩。

**2. 声音适度**

声音适度就是说话的声响要轻重适度、强弱得当。一般男子说话要铿锵有力，但不可旁若无人；女子说话应该轻柔动听，但不能喃喃自语。声音的强度也表达了一个人的修养，在公共场所要十分注意。

**3. 语速适中**

口齿清楚、快慢合理的语音总是让人听起来心情舒畅；连珠炮似的含混词语会让人感觉神经紧张，喘不上气来；过于缓慢的语速会让人感觉气氛沉闷、心烦意乱。所以，语速要掌握好。

**4. 语调明确**

语言要干净利落，切忌欲言又止、吞吞吐吐。"啊""这个""那个""对不对""行不行"等口头语言令人感觉拖泥带水，让人厌烦。

（六）说话要围绕中心

一般语言沟通都有一个话题。较正规的说话，如做报告、演说、介绍情况、陈述意见等，更要求有中心议题。在这点上，说话很像写文章，写文章首先要确定要写的主题，然后根据主题布局章节、遣词造句。说话也要提出话题，然后围绕话题，铺开思路，畅所欲言。有所不同的是，写文章可以想好了再写，写了还可以再修改。说话则是随想随说，说了就无法收回。有的人说起话来毫无目的，而是兴致所至、滔滔不绝，其结果是废话连篇，听者不知所云。说话要做到既集中又连贯，有条不紊，其关键是要将思路理清楚。思路由话题而来，说明话题的逻辑发展顺序。一般说话之前要先根据逻辑发展线索清理出一个轮廓，然后根据这个轮廓调动自己的知识储备，旁征博引，一语点中要害。

（七）说话要得体

所谓说话要得体，就是话要适时、适人、适地，符合传统习惯。语言沟通的影响范围是非常宽泛的，上至各级领导，下至群众，要把话说得适当、得体是很不容易的。只有因人而异，对不同的对象说不同的话，才能得体。一般需要注意以下方面。

1）看性别说话。"女人怕说老，男人怕说小"，就是女性喜欢别人把自己说年轻一些，而男性喜欢别人把自己说成熟一些。

2）看性格说话。古代的孔子就很懂因性格说话。他的学生子路、冉有向他问同一个问题，他因为二人性格差异较大，做出了完全不同的回答。子路问孔子："听到好的言行，就照做吗？"孔子立刻阻止他说："不行，有父亲兄长在，应先听听他们的意见，怎么能自说自话呢？"过了几天，冉有问了相同的问题，孔子却很赞成，并鼓励他马上着做起来。公西华不解，问孔子为什么同样一个问题，对两人的回答却完全相反呢。孔子说："冉有平常胆小怕事，我要鼓励他勇往直前。子路勇敢，但有点鲁莽，所以，我就叫他冷静一些，注意适当退缩，多听长辈意见。"孔子如此有的放矢，效果当然很好。

3）因年龄而言。不同年龄层次的人，由于阅历、经历不同，在性格上有较大的差别。例如，年轻人热情、奔放，对新鲜事物有很强的敏感性，也比较容易冲动，说话容易带有倾向性，很少考虑后果。但一个人进入中年以后，开始趋于沉稳、务实，说话较含蓄、婉转，他们更多的话题是工作、收入、家庭和孩子。如果谈话从这些方面入手，容易形成协调的气氛。老年人一般深沉、老练又保守，他们一般会逐渐拓宽业余爱好，并喜欢回忆。与老年人交谈，一般从业余爱好上入手容易打开其心扉。同时，尊重老人是赢得老人信任的法宝。

**情境任务 2-4**

以"智能手机对我们的影响"为主题，请每位学生准备5分钟，然后上讲台阐述自己的观点。

评分标准及要求：①口齿清晰（25分）；②逻辑严谨（25分）；③语言优美（25分）；④思想深刻（15分）；⑤整体印象好（10分）。

1）你的发言提纲：

_____

_____

2）你的得分及需要改进的方面：

_____

_____

_____

## 体验活动

**活动一：培养领袖素质，提高自己的口头表达能力**

【目的】通过活动体验，学生可提高口头表达能力，加深对口头表达技巧的理解。

【要求】每个学生参加1～2项学校、班级或者小组活动，努力使自己成为该项活动的主角。特别是集体性项目，如篮球赛、足球赛、排球赛等，学生参加多人活动有助于学会与他人沟通和协作，同时在心理素质、意志品格方面得到锻炼和提高。

活动过程记录：_____

_____

_____

_____

_____

活动的收获与感想：_____

_____

_____

_____

_____

**活动二：提高口头表达技巧，完成沟通目标**

【目的】通过活动体验，学生可提高口头表达能力，加深对口头表达技巧的理解。

【要求】完成要求内容，并在实践中体验一下效果如何。

假如你打算去拜访甲，托他办一件事情，而甲是乙在不久以前介绍你认识的。这时候，你首先应该将事情告诉乙，这样是有利无害的，说不定乙还会鼎力相助。不过，你还应该准备好一些事项：

1）了解对方的个性，若对方是熟悉的朋友，这事固然不在话下；如果不十分熟悉，更应该加深了解。

2）接近对方的方法。

3）预先计划好要谈的话题。

4）关于时间和地点的事项，应征求对方的同意。

5）实行沟通计划。没有经过准备的沟通，成功率往往很低，而且会遭遇到很多障碍。

除上述事项以外，你认为还有哪些注意事项？请好好想一想，并且将自己的想法以文字的形式列出来。

_____

_____

_____

_____

_____

# 模块二 倾 听

**案例导入**

## 少 说 多 听

托尔斯泰说："犹太民族的智慧包含了一些永不消逝的温情与魅力的伟大，就像玫瑰色的晨星闪耀在寂寞的早晨，那是对于人类灵魂永恒秘密的充满激情的探索。"

犹太人在文学、艺术、科技、商业、金融等方面取得了举世瞩目的成就，在这些辉煌的创造背后，支撑他们的就是这些千百年来流传下来的生存智慧。特别是在金融、工商业活动中，他们有着令全世界难以忽视的建树。犹太人在社交场合和谈判桌前能够做到随机应变、口若悬河、对答如流、风度翩翩，这不能不说与他们那种注重学习、注重自身沟通能力是直接有关的。尽管这样，他们仍然认为在商务活动中倾听是第一位的。

【分析】在商务场合中，善于言辞的人首先还应善于倾听，能够通过对方的言语表达把握住他的心理活动的变化。通过倾听领会谈话对方的真实意图，理解对方情绪、态度及话语背后隐含的意思，在商务活动中是非常必要的。只有这样，才能及时抓住交谈过程中出现的契机，不失时机地达成交易，将客户的潜在需求变成公司现实的销售，从而达到最佳的谈话效果。

## 📁 相关知识

人们在商务社交活动中，时时刻刻都在与别人沟通，沟通的重要性已经被世人接受。但是，沟通中除了谈话的技巧及肢体语言外，还有另一个方式——倾听。

古希腊先哲苏格拉底说："上天赐予人两耳两目，但只有一口，欲使其多闻、多见而少言。"寥寥数语，形象而深刻地说明了"听"的重要性。

### 情境任务 2-5

游戏步骤与规则如下。

1）学生围坐成一圈。

2）任选一位学生开始，依次往下报数，每位学生坐着说出自己的数字，但在轮到数字有 7（7、17、27、37…）或是数字为 7 的倍数时（7、14、21、28…），该学生必须站起来拍手且不可说出此数字。

3）数错的学生表演一个节目。

**思考**：这个游戏对我们有什么启示？

_____

_____

_____

## 一、倾听的重要意义

（一）倾听可获取重要的信息

毫无疑问，倾听是获取信息的重要途径。俗话说"听君一席话，胜读十年书"。交谈中有很多有价值的消息，有时是说话人的无心之语，却给善于倾听者以重要启发，进而获得机遇，走向成功之路。

现代心理学的研究表明，听觉的瞬时记忆时间较长。心理学家布罗本特认为，短时间记忆的信息来自听觉通道。记忆中的信息经过加工进入长时记忆系统。在实践当中，我们对于其他公司、其他部门的有关信息的掌握，以及对于他人经验、观点的学习无一不是主要通过倾听来完成的，因此，学会倾听是一个人进入职场的必备生存技巧。

（二）倾听可以与别人建立良好的人际关系

清朝康熙年间，秀才李毓秀根据古籍《论语·学而篇》编辑的《弟子规》"信"篇中有"话说多，不如少，惟其是，勿佞巧"的观点，同时认为"凡出言，信为先，诈与妄，奚可焉"。中国古代先贤的思想及民间对于子弟的启蒙教育，都认为多言不如多听，而且认为取得对方信任必须是在自己诚实守信的前提之下，也就是在社交场合的倾听会自然而然地显露出自身品德修养的高低。不论如何，取得他人的信任首先需要给予对方情感、语言、思想释放的空间，而这一点就需要耐心地去倾听。特别是对于那些语言表达能力欠缺的人来说，多听少说还可以掩盖自己社交方面的劣势。当然与他人建立良好的人际关系，需要自己拿出谦逊、有礼的态度去倾听对方，必要时以婉转、温和的口气表达自己的不同意见。

（三）倾听是抓住谈话主题的关键

与人交谈的过程中领会对方谈话的主题，甚至抓住对方语言之外的隐含意思十分必要，但其前提是必须认真倾听。西方心理学家弗洛伊德认为：人的心理中有一个潜意识层，潜意识是人的行为的主要动因。潜意识可以以种种假象骗过"自我"检查去支配行为、语言。人际交往中，语言往往曲折地反映出真实的潜意识。所以，倾听必须集中注意力，三心二意、东张西望不仅不能充分理解对方的谈话主旨，反而会引起对方的反感。

（四）良好的倾听态度是个人修养水平的集中体现

行为科学的理论认为，人的品德是一种重要的社会交际素质。如果一个人对他人持有包容、尊重、礼让、诚信的态度，待人热情、诚恳、彬彬有礼，在社交场合就能够获得他人的好感。同时，具有良好个人修养和社交礼仪的人，在与他人交际的过程中比较善于倾听他人，而不是气势凌人、强词夺理、斤斤计较，随意打断别人的谈话。

**情境任务 2-6**

　　你是否善于倾听别人讲话？别人讲话的时候，你是不是喜欢插话或打断别人讲话？以某一天为观察期，自己留心一下在一天的学习、生活中与哪些人有过交谈，以及交谈的过程中自己是否耐心听完了别人的谈话。尝试着自己做一个记录，再去想一想，有哪些情形自己不应该"多嘴多舌"，自己今天有几次"多嘴多舌"，以后对类似情形如何应对。

　　如果你不是一位口才很好的人，学会倾听就显得更为重要。例如，在别人讲话的时候，可以多一些沉默，但不可一言不发；要带着诚恳的态度向对方时不时投以友好的微笑或以目光注视对方，鼓励对方多说；始终做出积极正面的反应。当然，适当的插话也很重要，否则，对方以为你无视自己的存在，反而会引起其反感。

　　**思考：**请把自己的观察与体验记录下来。

_____

_____

_____

## 二、倾听的主要环节

倾听的主要环节如图 2-1 所示。

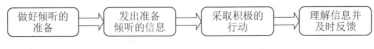

图 2-1　倾听的主要环节

（一）做好倾听的准备

好的倾听者要精力充沛，具有抗干扰、排除噪声的能力。所以，当准备倾听时要消除外在和内在的干扰，尽量选择安静、平和的环境，放下手中正在做的事情，深呼吸，放松情绪，静下心来，做好倾听的准备。

（二）发出准备倾听的信息

1）开放的姿态：身体面对着讲话的人，身体略向前倾，手臂不要交叉。

2）眼神：目光柔和而专注地注视对方的眼睛，但是不要长时间地盯着对方看，否则会给对方造成误解。

3）言语：可以以"您请讲……""请你谈谈……""现在说说你的看法……"等语言向对方发出准备倾听的信息。

（三）采取积极的行动

在倾听的过程中要使用简单的语句，如"呃""噢""我明白""是的""有意思"等，来认同对方的陈述。通过说"说来听听""请接着讲……""我们讨论讨论""我想听听你的想法""我对你所说的很感兴趣"等，来鼓励说话者谈论更多内容。这样一方面可以使沟通对象感觉得到重视，另一方面可以让对方把话说透彻。

A 对 B 说："我昨天看中一套房子，决定把它买下来。"B 说："哦，是吗？在哪儿呢？恭喜你呀。"A 看中了房子，想买下来，这是一个事实，B 问房子在那，这是对事实的关注，"恭喜你"就是对 A 的情感关注。

A 把事实告诉 B，是因为他渴望 B 与他共同分享他的喜悦和欢乐，而作为 B，应对这种情感加以肯定。对于倾听者而言，要善于运用倾听的技巧，通过面部表情、肢体语言，给予对方恰当、及时的回应。

（四）理解信息并及时反馈

倾听的过程中也要有来有往，即在不打断对方谈话的原则下，适时地表达自己的意见。这样做可以让对方感受到你始终都在注意倾听，而且理解了谈话的内容。这样做还可以避免你走神或疲惫。

**情境任务 2-7**

小陈刚刚担任某公司的总经理秘书不久，他的上司张总工作能力很强，对下属非常严厉。张总是南方人，说话带有浓重的地方口音，常常"黄""王"不分。偏偏公司销售部经理姓黄，售后服务部经理姓王。由于"黄""王"经常听混，小陈一直很苦恼。一天，张总让小陈"请黄经理到我办公室来一趟"。到底是让黄经理还是让王经理过来？小陈又一次没有听清张总的吩咐。面对这种情况，小陈应当怎样处理？

A. 再问张总一次："对不起，张总，我刚才没听清楚，您是找销售部的黄经理还是找售后服务部的王经理？"

B. 小陈想了想，觉得张总肯定找的是黄经理，因为王经理刚从张总办公室出去没多久，张总不会再找他了。

C. 担心张总说自己注意力不集中，所以先回到自己的办公室，向熟悉张总的老员工询问如何区分张总的"黄"和"王"。

D. 小陈觉得为了便于以后工作顺利，有必要提醒："张总，您能不能把'黄'和'王'说得清楚一点？"

**思考：** 如果你是小陈，你会怎么选择？为什么？

_____

_____

_____

### 三、倾听的技巧

我们先看看"听"字的繁体写法（图 2-2）。

因此，倾听不仅是耳朵听到相应的声音的过程，而且是一种情感活动，需要通过面部表情、肢体语言和话语的回应，向对方传递一种信息：我很想听你说话，我尊重和关怀你。有效的倾听要求倾听者做好以下几个方面。

（一）善于听出对方的真正意图

人的语言有隐性和显性两种意思。隐性的意思是从特定的语境中引申出来的一种特殊语义。隐性的语义超出了语句、词语本身的定义范围，听者主要靠经验和事务的背景听出对方的意图。显性语义就是语句、词语本身表达出来的含义，简明扼要，明显易懂。

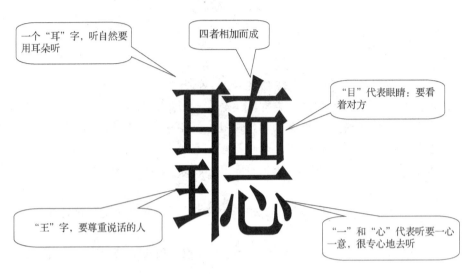

图 2-2 "听"字的繁体写法

**你用心听了吗**

在一家公司的会议室里，大约有 100 名求职者前来应聘这家知名企业营销人员的职位，考官对大家说，在接下来的 5 分钟内，他要给他们讲讲公司的历史，介绍公司的产品。他让大家注意听，然后开始讲了起来。

两三分钟后，一个人走进房间，他走到前面，在一张空桌旁停下，这张桌子在角落里，正对着考官。这个陌生人不看考官一眼，也不说一句话，就开始往桌子上放盘子。这名考官不理会陌生人，无视他的存在，继续讲，好像什么也没有发生。这时，陌生人取出一罐刮胡膏，使劲摇晃，然后往盘子上抹。有些应聘者感到有些不自在，甚至感到好笑。当所有的盘子抹完后，陌生人离开了房间，还是一句话不说。考官又继续讲了半分钟，然后让大家就他刚才讲过的话，回答几个简单的问题。绝大多数应聘者回答不上来，因为他们刚才没有听考官在讲什么，他们的注意力都被陌生人所吸引。而那些能够回答考官问题的人，被认为具备专业推销员的素质，被留下来进入招聘的下一个环节。

有效的推销关系是建立在双向交流的基础上的。虽然推销员必须以雄辩的口才介绍产品，但是营销工作绝不是"喋喋不休"或"高谈阔论"，而是善于倾听客户的需求、渴望和理想，善于听取和收集有助于成交的相关信息。

（二）善于听出对方的难言之隐

有的人说话直言直语，毫无掩饰，与这样的人交谈只要注意其所用言词即可。有的人说话拐弯抹角、吞吞吐吐、顾虑重重，这样的谈话对象往往会令对方以为他有某种难言之隐。有的人平时说话很爽利，可是却突然变得东拉西扯，说话不着边际，这也可能是有难言之隐。因此，倾听者必须掌握对方的语言变化，以便很好地应对。

 小故事

### 错失良机的杜晓

杜晓是北京某公司的员工，进市场部虽然才一年，但工作诚恳踏实，业绩十分突出。市场部副经理很快就要回家休产假了，经理经常有意无意暗示杜晓，将来这个位置是她的。杜晓很感激经理的赏识，也觉得这个位置非己莫属。这天，经理找杜晓谈话，说公司机构准备大调整，由杜晓的同事小刘出任市场部副经理。听经理这么说，杜晓非常气愤，但她装作平静地说："我准备辞职。"经理非常吃惊，杜晓说："有家不错的公司让我去他们那里上班。"经理有些惋惜地说："既然你有更好的选择，那我们要尊重你。这次老板点名要你去总裁办公室当副经理呀。现在的李经理还有一年就退休了，总经理想让李经理带带你，然后让你接他的班。"从经理办公室出来后她跑到洗手间痛哭了一场。

（三）含蓄委婉

在很多情况下，考虑到谈话双方的关系或者所表达的目的不同，人们往往不便直陈其意，而是迂回曲折，用与本意相关和相近的语言来暗示对方自己真正的含意。表达一种意思可以有不同的表现方式，心直口快、直言不讳在很多情况下会为人所理解，但是和风细雨式的间接表达却会使倾听者回味无穷，达到一种出乎意料的效果，这样既不会使对方反感，又表达了自己的真正意图。

 小故事

### 顺利交稿的作家

一位作家在年轻的时候默默无闻，一家人住在一间小房子里。一天，有一位杂志编辑来约稿，跟作家说明来意后就告辞。出门的时候，该编辑在楼道里大声地又补充了一句："这篇稿子就全看你的了，好好准备呀！"声音大得街坊邻居都听得非常清楚。结果，该作家非常重视这篇文稿的写作，准备得很充分，当然顺利交稿。后来，这位作家变得很有名气，其稿件都需要特别约稿。

（四）注意观察对方非语言的信息所透露的含义和暗示

谈话时对方的语气、面部表情的变化、语速的快慢、动作的运用（包括下意识的体态和一些细微的动作），这些都可能真实地流露出谈话人的内心世界。

（五）及时归纳总结，适时提问

倾听别人的谈话要注意信息反馈，及时查证自己是否了解对方意图。归纳和总结，一方面可以向对方传达你一直在认真倾听的信息，另一方面，也有助于保证你没有误解或歪曲发言人的意见，从而使你更有效地找到解决问题的方法。不妨这样："不知我是否了解你的话，你的意思是……"一旦确定自己了解了他的意图，就要进行积极实际的帮助和建议。

**善于倾听客户回答的乔·库尔曼**

乔·库尔曼是美国金牌寿险推销员，也是第一位连任三届美国百万圆桌俱乐部主席的推销员。他成功的秘诀之一就是擅长激励式提问。例如，客户说："你们这个产品的价格太贵了。"他会问："为什么这样说呢？""还有呢？""然后呢？""除此之外呢？"提问之后马上闭嘴，然后倾听客户回答。

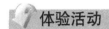 **体验活动**

活动一：倾听的体验活动

【目的】通过游戏体验，学生可有效提高倾听能力。

【要求】学生 4～6 人一组，按小组展开讨论，然后在班上交流游戏感想。

【形式】集体参与。

【道具】白纸若干。

【过程】

1）请大家在白纸上由上至下标出 1～8 八个数字。

2）由一个人提出一系列问题，每个问题都用很简短的文字来回答，其余人将答案写在纸上，每题只念一遍。

3）问答题如下。

① 我国法律是否规定成年男子不得娶其遗孀的姐妹为妻？

② 如果你晚上 8:00 上床睡觉，设定闹钟 9:00 将你吵醒，你能睡几个小时？

③ 在我国，每年都庆祝 10 月 1 日国庆节；在英国，是否也有 10 月 1 日？

④ 如果你只有一根火柴，当你走进一间冰冷的房间的时候，发现里面有一盏灯、一个燃油取暖器、一个火炉，你会先点燃哪一个来获得最多的热量？

⑤ 平均一个男子一生可以有几次生日？平均一个女子一生可以有几次生日？

⑥ 根据国际法规定，如果有一架飞机在两个国家的边境坠落失事，那些身份不明的幸存者应当被安葬在他们准备坐飞机去的国家还是出发的国家？

⑦ 一位考古学家声称发现了一枚标有公元前48年的钱币（上面写BC48），这可能吗？

⑧ 有人造了一幢普通的有四堵墙的房子，只是每面墙上都开着一个面向南的窗子。这时有一只熊来敲门，猜猜这只熊是什么颜色？

4）做完后，检查自己的答案。

5）由念题的人重新念一遍，并说出答案。

我的活动感想：_____

_____

_____

**活动二：案例分析**

【目的】通过讨论，体验倾听，加深对知识的理解。

【要求】学生4～6人一组，按小组展开讨论，然后在班上进行陈述。

情境一：

上课时，陈兵找后面的同学借东西，被老师误以为是找同学讲话，当众批评了他。放学了，陈兵到办公室去找老师说明原因。可是，他刚说了一句："老师，刚才上课……"老师就打断他："你怎么回事？上课开始讲话了？你要努力啊，现在是初三了……天不早了，你快点回家吧！今天作业不多，你再多做点课外练习，篮球不能再打了。"就这样，陈兵被老师语重心长地教育一顿后"赶"了出来。

情境二：

回家的路上，陈兵满肚子的委屈想跟好友崔浩说，可是崔浩一只耳朵听着音乐，还不时地和其他同学打招呼。最后，崔浩匆匆说了一句"别生气了"，就跳上公交车走了……

情境三：

陈兵更加郁闷了，后来他又碰到了林峰。陈兵上前去诉苦："我真是郁闷哦！"林峰一听，急忙插嘴："怎么啦？你郁闷什么？"陈兵说："我被老师叫到办公室……"林峰又插嘴说："作业又没有交了吗？不会做吗？还是你没有听课吧？"陈兵解释道："不是……"林峰继续插嘴自说自话："是不是考试作弊被老师抓了，还是你老爸不让你玩游戏又把你的游戏机给收了？"……陈兵看着林峰一股脑地说了一大串话，自己就是插不上嘴，更郁闷了，只能唉声叹气地走了。

情境四：

王晓宇看到陈兵一副无精打采的样子，主动询问："你有什么事吗？"陈兵："我心里烦死了！"王晓宇："愿意说给我听听吗？"陈兵："昨天我被老师训了一顿，回家和我爸爸说，又被爸爸训了一顿。"王晓宇："那可真够烦的。"陈兵："而且又不是我的错。"

"是吗？""我又没有找同学讲话，而且我向我爸解释，他还不听，平时他也是这样，根本不听我的解释……"（王晓宇边听边点头。）

1）分析在案例中陈兵遇到的倾听者，出现了哪些问题？王晓宇的表现又怎么样？

_____

_____

2）如果是你，你会怎么做？请学生分别扮演陈兵和王晓宇，看看哪位同学能解决陈兵的烦恼。

_____

_____

_____

# 模块三　非语言沟通

**案例导入** ////

## 学 会 倾 听

在一次"沟通培训班"上，一位男士分享了一段他的亲身经历：现如今，我可能是最令人羡慕的男士了。为什么这样说呢？大学毕业后，我顺利考取了公务员，如愿以偿地进入了某市驻京办事处。30岁刚出头就晋升为办公室主任，到适婚年龄时，又适时认识了刚从空姐岗位上退下来被外资公司高薪聘请为人力资源经理的妻子。结婚后，在单位的福利补贴下，在北京东三环南段买了一套150平方米的住房。婚后一年，增添了活泼可爱的儿子，随后又以一次性付款的方式，购买了一辆小轿车。

说到这儿，大家会以为我聪明，其实不是。不过，我有一段经历，在这儿与大家分享一下。记得我刚参加工作时，无意中看了一本有关体态语言方面的书，里面有一段话提醒了我。这段话是这样说的："人在职场，要想尽快让领导发现你，提拔你，重用你，除必要的专业基础基本功和综合素质外，还要学会倾听。"

书中说，在倾听别人谈话时，应坐在前排，侧耳细听，与其有目光交流，适当点头，拿笔记录。

当时正逢我在参加岗前培训，上上下下的领导轮番给我们训话。我按书中所说的要点去做。果不其然，培训结束，我被分配在办公室工作，以后个人发展也很顺利。

（资料来源：https://www.taodocs.com/p-43756882.html.）

**【分析】**在社会交往和人际沟通当中，一个人的举止、仪表、服饰、风度等起着潜移默化的作用，这些因素会通过人的感官作用于人的心理活动，形成肯定或否定的判断，并由此产生愉快或厌恶的情感活动。心理学上将这种感觉称为"第一印象"。本案例中的男士所说的"坐在前排，侧耳细听，与其有目光交流，适当点头，拿笔记录"等都是交往中的非语言沟通，表达了个人积极、认真的工作态度，给他人留下了良好的第一印象。我们在人际沟通时，掌握恰当的非语言沟通非常必要。

## 相关知识

### 一、非语言沟通的定义

非语言沟通是指运用表情、体态、动作、服饰等非语言的交际手段进行社会交往。运用非语言的沟通方式是为了充实语言沟通的内容。在某种情形下，我们甚至可以通过非语言沟通独立地达到沟通的目的。从交往的手段来划分，非语言沟通主要用于传递鼓励性的信息，而较少用于传递评价性的信息。

### 二、非语言沟通的手段

非语言沟通的手段有哪些呢？心理学家的研究结果表明，仅仅是一个人的面部就可能做出大约 250 000 种不同的表情，非语言沟通的手段在人际沟通过程中的作用不可小看。非语言沟通经常是伴随或者辅助语言沟通，而不是代替语言沟通。学者们对于非语言沟通的手段意见不一，但是，大体上可以从是否有声音的角度分为三类：动态无声的、静态无声的、有声的。因此，在这里我们将其区分为表情、体态、动作、服饰。

（一）表情

非语言沟通的手段中最重要的是表情，表情包括眼神、眼眉、嘴巴等部位的动作变化。"眼睛是心灵的窗户"，一般认为，眼睛可以表现明确的感情。当两个人谈话的时候，讲话者在说话快结束时，往往看着倾听者，这是请倾听者说话的信号。在人际沟通中出现交谈者一方皱眉、嘴巴紧闭的情况，一般也就说明，沟通中有什么不愉快的内容或者是对对方没有好感的表现。

（二）体态

即使一个人处于静止和无声的状态，身体本身也会以不同的方式来"说话"。例如，一个人的站、坐、蹲或倚的姿势就在向别人传递着无声的信息。一个人坐姿端正、姿态大方，说明他自信，接受过良好的礼仪教育。相反，如果一个人坐姿、站姿不雅，不分场合地跷着二郎腿，说明他个人修养差，对他人缺乏尊重。

**情境任务 2-8**

张扬性格开朗、健谈，学习成绩良好。临近毕业，一家著名企业来学校招聘，他报名去面试。他穿着整洁、得体，还打上了领带，形象光彩照人。在面试过程中，他表现得沉着冷静，应答自如，面试考官也非常满意。在即将结束面试的时候，他抬起胳膊，看了一眼腕上手表的时间。

当天晚上公布面试的结果，他面试没有通过。他百思不得其解。后来，他与班主任聊起此事。班主任无意中发现他胳膊上有文身，就和他分析了问题所在，他这才恍然大悟。

　　**思考：**你能帮助该同学分析没有通过面试的原因吗？

_____

_____

## （三）动作

　　心理学家认为，在不同的社会里，同一个交际动作可能表示不同的含义，姿势和动作及其所表达的思想都是一个人在自己成长的文化环境中学会的。例如，有的国家和地区，如果竖起中指表示说话的人抱有傲慢、厌恶的态度。又如，聋哑人的手势语言、潜水员的手势都在表示特定的含义。在说话的过程中，谈话者将手臂用力一挥，表示对所讲内容的强调和重视。

 **EQ 驿站**

### 五种建立融洽关系的非语言行为

1）微笑（图 2-3）。
2）触摸。
3）肯定地点头。
4）及时行动。
5）目光注视。

**【分析】**非语言行为是伴随语言行为发生的，是生动的、持续的，可更直观形象地表达语言行为所表达的意思，比语言行为更接近事实。在人际交往中的非语言行为具有特定的意义，它能够稳定对方的情绪，改善对方不良的心理状态，增强对方的信心，使交流的氛围更和谐，使对方得到关爱、体贴，更多一份理解和同情。以上的五种非语言行为无论在日常交往中，还是在商务工作中都值得借鉴，有助于我们扩大交际范围，获得他人认同，增强彼此感情，获取领导的赏识等。

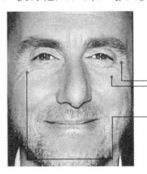

真实的笑容永远会有：
① 眼角皱纹
② 脸颊鼓起
③ 眼睛周围肌肉运动

图 2-3　笑容辨别技巧

（四）服饰

"人靠衣服，马靠鞍。"一个人的衣着服饰，不仅是其生活中的要素，还是其个人修养、性格、心理状态的无声表露。例如，服饰在人际沟通中的作用不只限于"第一印象"的作用，还有向周围的人传达自己潜意识的作用。在商务谈判的过程中，谈判者可以根据服饰判断对方的态度（如是否重视这次谈判、对自己的态度）。因此，在职场或商务领域，各民族和国家的人们非常重视服饰因素在人际沟通中的重要作用。

## 三、非语言沟通的方法

（一）表情

面部表情和姿态表情对于语言具有很强的修饰作用。所以，应该适当地运用面部表情和姿态表情，使自己的表情与语言的表达做到一致，从而使语言沟通更为生动有效。切忌矫揉造作、姿态扭捏，或者横眉冷目、恶声恶气，或者面无表情、目光呆滞，毫无生机，令对方不愉快。目光、嘴巴、面部肌肉都应该与语言配合。

日本的很多公司中都有这样的规定，要求员工在自己的工作台前上方悬挂一面镜子，当他们抬起头来的时候，刚好能看见自己的微笑。在日本，还有一些专门的微笑培训学校，教人们如何保持自信、大方的笑容。微笑是人们最动人的表情，也是员工最美丽的形象。如果每一个员工都能面带微笑地投入工作、接待顾客，那么肯定能很好地打动顾客。

### 情境任务 2-9

1）微笑表情练习：找到一面镜子，对着镜子，深呼吸，然后慢慢地吐气，并将嘴角两侧对称往耳根提起，发出"一""七""钱"，也可以发出"茄子""田七"。这些字、词的口型，正是练习微笑的最佳口型。做出微笑表情后，保持几分钟，放松一下，然后重复同一个内容，直到疲倦为止。

2）连续训练一个月后，问周围的同学自己的表情有无变化，他们是否适应这种变化，这种变化是否使他人愉快。

3）如果可能的话，教师在课堂上可以统一要求全体学生做这个游戏。试着要求大家互相观察，看看微笑训练以后大家的人际关系是否更为融洽。

你的活动记录及启示：＿＿＿＿＿＿＿＿＿＿＿＿＿＿＿＿＿＿＿＿＿＿

＿＿＿＿＿＿＿＿＿＿＿＿＿＿＿＿＿＿＿＿＿＿＿＿＿＿＿＿＿＿＿＿＿＿

＿＿＿＿＿＿＿＿＿＿＿＿＿＿＿＿＿＿＿＿＿＿＿＿＿＿＿＿＿＿＿＿＿＿

（二）动作和体态

一个人良好的姿态、从容潇洒的动作必须经过有意识地培养才能养成。习惯成自然，从一开始就严格要求自己遵守规范，戒除不良习惯，长期坚持必然会做到落落大方、姿态优美。例如，对于坐姿的要求，入座时动作要轻稳，坐下后姿态要端正、大方、自然，上身应该挺直并且略微向前倾，手应该放在腿或扶手上。站姿要求挺胸、收腹、抬头，两眼平视。在与人交谈的过程中，切忌手臂乱挥，或者出现抠鼻掏耳、唾沫飞溅等不雅的举止。

### （三）服饰

服饰是一种无声的语言，同时是一个人精神世界的表露。服饰体现了一个人的性格、审美倾向与着装风格。服饰潮流变化很快，但是有一些原则是需要共同遵循的。一般来讲，服装造型以简洁大方为主，色调应该根据个人肤色、性格、体形、着装场合的不同需要来决定。例如，体型偏胖比较适合穿紧身式和曲腰式服装，避免穿大花纹、横条纹、大花格等花色的服装，而体型偏瘦的人就可以忽略这些因素。身高较矮的人服装款式应该简洁少装饰，身高较高的人则不需要顾虑这些因素。

## 四、提高自身综合素质

你是否在面试之前感到手足无措，没有信心？你见到陌生人能够做到轻松自然吗？当参加社交活动的时候，其他人聊得热火朝天，你是否尴尬地独坐一角，生怕有人会请你谈谈看法？让你去办一件事情，你的沟通能力不强，使你常常感到力不从心？如果回答是肯定的，那就说明你需要提高自身的素质。

### （一）学习人文知识

人文知识包括历史、地理、文学、哲学、心理学等。不学习历史，一个人就不可能了解几千年以来社会变革、文化发展、科学技术进步的过程。学习历史就是要了解人类社会进步的进程，并且对于历史上一些著名外交、军事、政治事例的分析有助于我们提高社交能力。掌握地理知识，对任何从事商务或其他事务的人士都是不可或缺的，如各地风土人情、气候、自然环境条件的掌握在商务、营销工作中非常有意义。掌握文学、哲学、心理学知识，会使一个人在人际沟通中更加自如。文学素养与一个人的语言能力直接有关联，哲学思维的培养与一个人思辨能力和理性思维水平直接相关。

### （二）了解常用的科普知识

今天的社会，每一个人的衣食住行都离不开现代科学知识，特别是信息技术和互联网的发展使科学技术的发展更为迅速。社会上的很多工作岗位都需要"智力型""知识型"的从业人员。作为从事商务或营销事务的人员，更需要掌握充足的现代科学知识，以提高工作效率，更好地搜集信息，打开工作局面。

### （三）培养艺术欣赏水平

通过艺术欣赏，我们不仅能够充分体验生活中的美，还可以养成一种归纳生活经验、评价生活态度的思想方法。提高艺术欣赏水平是一个从事商务沟通和营销等工作的人员提高自身素质的重要途径之一。欣赏并且理解那些思想情绪积极向上的诗歌、绘画、摄影、音乐等艺术作品能够提高一个人的审美水平，丰富他的精神世界，激发他对于真、善、美的热情。

（四）养成良好的读书学习习惯

我们常说"开卷有益"，只要坚持读书就必然终有所获。自我完善的过程就是学习、提高的过程，要学习就必须有读书的习惯。"工欲善其事，必先利其器"，一个人想要更好地在自己的岗位立足，并且有更好的发展前景，就必须养成合理的读书学习习惯。在读书过程中，一定要注意精读和泛读，循序渐进，以及掌握读书的系统性、目的性、针对性。当然还应该注意合理地安排读书的时间。

## 体验活动

**活动一：非语言沟通体验活动**

【目的】学会如何避开误区，顺利沟通；学会客观地认识自己。

【准备】准备一件西服。

【形式】以班级为单位集体参与。

【过程】

1）挑选两名志愿者（甲和乙），甲扮演教师，乙扮演学生。甲的任务就是在最短的时间内教会乙怎样穿西服（假设乙对西服一无所知，更不知穿着要领）。

2）乙要充分表现出学习能力弱的时候教师的低效率。甲让他抓住衣服的领口，他却抓了别的位置；让他系扣子，他却将扣子系错了地方。

3）可以让全班同学辅助甲来帮助乙穿衣服，但只能做口头的指示，任何人不能给乙以行动上的支持。

4）甲对乙进行指导的经典四步培训法：①解释应该怎么做；②演示应该怎么做；③向乙提问，让他解释应该怎么做；④请乙自己做一遍。

【讨论】

1）对于甲来说，为什么在活动一开始总是很恼火？

2）甲与乙怎样做才能获得更好地沟通？

**活动二：观看电影《杜拉拉升职记》《穿普拉达的女王》等反映职场工作的电影**

【目的】使学生对职场着装、交往、沟通等有一定的了解，培养学生良好的职业素养以及对事物的正确判断和甄别能力。

【准备】组织班级利用课余时间观看。

【讨论分析】

1）学生观影后完成观后感："《杜拉拉升职记》（或其他电影）中的职场非语言沟通对我的启示"。

2）教师选择完成的好作品，在班级进行交流分享。

# 本 章 总 结

有效的口头表达是沟通的基础，务必要做到准确、清晰和简洁。在正式场合，口齿清晰、逻辑严谨、语言优美、思想深刻是一个优秀的营销人员必备的职业素养。

学会倾听，理解他人的表达，理解客户的意图，才会使沟通有的放矢。

非语言沟通包括表情、体态、动作、服饰等，这些不是语言胜似语言。在商务沟通中，把握非语言的技巧可以给他人留下良好的"第一印象"，为职业发展插上翅膀。

# 综 合 练 习

## 一、填空题

1．有效的口头表达的特点是_____、_____、_____。

2．口头表达的目标包括_____、_____、保证组织进行有效的管理。

3．五种建立融洽关系的非语言行为包括微笑、触摸、_____、_____和目光注视。

4．非语言沟通是指运用表情、_____、_____、服饰等非语言的沟通手段进行社会交往。

5．语言交流中的风度包括自然大方、_____、_____和语调明确。

6．非语言沟通经常是为了充实语言沟通的内容，而不能代替_____。

7．为了提高沟通能力，必须学习的人文知识包括_____、_____、文学、哲学、心理学等。

8．服饰是一种_____的语言，同时是一个人精神世界的表露。服饰体现了一个人的性格、审美倾向与着装风格。

9．非语言沟通的手段可以分为三类：动态无声的、_____、有声的。

10．在微笑训练中，一些字的发音都是微笑练习的最佳口型，如_____、_____和_____等。

## 二、请把以下手势（姿势）与所隐含的意思进行连线

| | |
|---|---|
| 双腿呈僵硬的姿势 | 轻松、无拘束 |
| 脚和脚尖点地 | 紧张、焦虑 |
| 坐着时腿来回摆动 | 气愤或兴奋 |
| 跺脚 | 表示注意 |
| 头朝对方略微侧转 | 轻松或悠闲 |
| 单手或双手抱头 | 表示沉思、沮丧或懊恼 |

### 三、选择题

1. 口头表达技巧要求说话要得体，说话得体是指说话要看对方（　　）。（多选题）

  A. 性别    B. 性格    C. 年龄    D. 身高

2. 有效倾听的主要环节有：做好倾听的准备、发出准备倾听的信息、（　　）、理解信息并及时反馈。

  A. 沟通信息       B. 传播信息

  C. 采取积极的行动     D. 被对方接受

3. 服饰，不仅是生活的要素，而且是一个人修养、性格、（　　）的无声表露。

  A. 爱好    B. 品位    C. 习惯    D. 心理状态

4. 在倾听他人说话时，正确的做法是（　　）。

  A. 力求听对方讲话的实质而不仅仅是他的字面意义

  B. 以全身的姿势表达你在入神地听对方讲话

  C. 会一边听一边考虑自己的事情

  D. 别人讲话时不急于插话，不打断对方的话

5. 在工作中，如果同事有事情和你沟通，你会（　　）。

  A. 对方说话太慢，不时看看手机的微信

  B. 我在忙，一边在给别人发电子邮件，一边听他说话

  C. 放下手边的工作，面向对方，与对方保持适度的目光注视

  D. 对方表达时，不急躁，积极引导对方把思想表达出来

6. 如果要表达"别人可能去"这个意思，重音正确的一句是（　　）。

  A.（明天）我不去听报告    B. 明天（我）不去听报告

  C. 明天我（不去）听报告    D. 明天我不去（听报告）

7. 下列各项不属于非语言沟通的是（　　）。

  A. 面露微笑  B. 咳嗽  C. 眉头紧蹙  D. 打电话

8. 要提高自身综合素质，培养良好的读书学习习惯是非常必要的。读书时一定要注意精读和泛读，循序渐进，以及掌握读书的系统性、目的性、针对性。当然还应该注意（　　）。

  A. 读书的内容     B. 合理地安排读书时间

  C. 阅读速度      D. 读书的层次

9. 以下各项人们对沟通的认识中错误的是（　　）。

  A. 沟通并不容易，它是一门技巧性颇强的艺术

  B. 沟通是人们传递知识、信息和情感的双向过程

  C. 当我想沟通时，才会有沟通

  D. 现在互联网时代，沟通仍然很重要

## 四、简答题

1. 倾听的重要性有哪些？请举一例说明。
2. 常用的非语言沟通的手段有哪些？

## 五、案例分析题

小张是一家公司人力资源部的主管。他所在公司需要招聘一名文员，要求是英语专业的女性。作为一家全国知名公司，招聘消息在网上发布后没多久，就接到了大量的求职信。

经过层层考核，留下了三个实力相当的应征者。小张让这三个人写一篇800字以内的中文作文，不仅要考查她们的文字表达能力，更重要的是他要通过分析笔迹来判断谁最合适这个岗位。

A小姐：英语水准和中文表达能力都极其出色，而且由于她看过很多书，谈吐非常得体。在面试时，小张对她的印象很好，已经把她作为第一考虑人选。但通过仔细研究她的笔迹后小张发现，她的字体非常大、棱角过于突出，经常有一些竖笔画写到下一行的现象。通篇有一种不可一世、压倒一切的霸气。经过分析，小张认为她是个很有才气同时又很有野心的女孩，她不会安心于终日做一些琐碎日常的工作。而且由于自信心极强，她也不可能很随和地与部门的人相处。作为经理，会很难领导这样的下属。有这样字体的女孩子更适合做行销、业务等能带来高度挑战感的工作。所以，小张决定放弃她。

B小姐：人长得非常漂亮，口齿伶俐，在面试时反应机灵而敏捷。她的英语口语非常出色。但小张在研究她的笔迹后发现，她的字体非常小而粘连，弱弱娇娇，字没有一点骨架，有讨好别人的味道。小张强烈地感觉她是个心胸很小、吃不了一点苦、有着极强虚荣心的人。

C小姐：表面上看她没有任何优势，她是通过自学考试拿到的本科文凭，无法与其他人光鲜的大学背景相比。虽然通过考试发现她的英语口语和写作都不错，但由于人长得不起眼，而且说话很少、声音很轻，面试时她没给小张留下什么印象。恰恰是她的字让小张立刻注意了她。她的字写得娟秀清爽整齐，笔压很轻，通篇干干净净，字的大小非常均匀，而且适度的棱角让字体很有个性，但又没有咄咄逼人的压迫之气。从她的字可以判断出她做事非常认真仔细，自律意识很强，且能安心从事琐碎的工作。她有自己独立的见解但又不至于没有团队精神。

在笔迹分析的帮助下，小张选择了C小姐做部门文员。半年过去了，事实证明她的性格与小张当初的判断完全相符：她敬业且高效，严谨且认真，她将部门的日常工作处理得非常好。

看完案例后你有何感受？请结合本篇知识说说在校我们应该怎样塑造个人良好素质，以迎接社会的挑战。

# 实 训 项 目

**1. 项目名称**

在班级模拟一次商务接待活动。

**2. 实训目标**

通过模拟活动，学生可掌握一般沟通工具的运用方法，树立良好的职业形象。

**3. 背景资料**

西安瑞德公司是一家中型食品生产企业。张力是销售经理，他想把公司生产的某品牌饼干打入本市大型的连锁超市众乐公司进行销售。在电话预约后，张力和公司业务员王辉到众乐超市的采购部进行初次洽谈。

**4. 实训要求**

1）将学生分成 4 个小组，两组扮演西安瑞德公司人员，两组扮演众乐超市的人员，要求着正装。

2）各小组准备好后，在班级举行一次商务接待活动。

**5. 实训步骤**

1）张力和王辉今天到众乐超市。

2）众乐超市派出一名人员迎接张力和王辉，把两人领到会议室并请两人落座。

3）张力和王辉注意行进次序，接待人员注意引领礼仪等非语言。

4）双方互相介绍认识。

**6. 考核形式**

学生进行模拟活动，教师根据口头表达的有效性、倾听和非语言沟通等表现进行打分评价。

# 第三章
# 商务活动中的沟通工具

📖 **学习导航**

　　商务活动中，我们每天都会面临大量的工作问题，如接打电话、与他人的面谈沟通、恰当地处理工作中的人际关系、合理高效地组织会议等。这些工作的处理既是一门艺术，也有一定的技巧。如果处理不好，常常会影响沟通目的的实现，给自己的工作带来一些麻烦，甚至会直接影响整个企业的对外形象。因此，掌握一些商务沟通的技巧，让对方感受到热情友好，给对方留下诚实可信的良好印象，对企业、对工作都是极为重要的。所以，掌握商务工作中的问题处理方法很有必要，可以为自己的工作奠定良好的基础，创造良好的环境。

📖 **学习目标**

**【知识目标】**

　　理解商务工作中的沟通方法，掌握商务工作中的沟通技巧。

**【能力目标】**

1. 能处理商务电话。
2. 能进行面对面的沟通。
3. 能处理好工作中与上级、同事和下级的关系。
4. 熟悉商务会议的组织、流程、礼仪等。

**【素质目标】**

　　树立良好心态，为未来工作建立良好的关系奠定基础。

**学习索引**

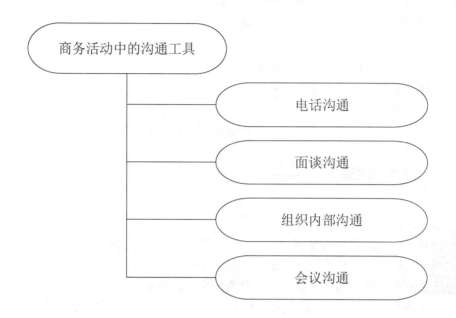

# 模块一　电话沟通

**案例导入**

### 新入职的小杨

近几年来，××公司从各院校招聘了一批优秀毕业生充实公司各个部门。北京某大学电子商务专业毕业的小杨在导师的推荐下，被招聘到该公司××部，部内科班出身的王工带她学习业务。

小杨的学习成绩一直很好，成长道路比较顺利，性格开朗，喜欢把自己的想法告诉大家。她认为，经过四年的学习自己掌握了扎实的专业基础，而之所以选择这份工作也是因为该公司规模适中，发展速度较快，她觉得自己在这里施展能力的空间较大。但到公司实习一星期后，小杨就陷入了困境，她感觉带她学习业务的王工不是很愿意和她说话，这让她产生了进退两难的困惑，是继续在公司工作还是准备辞职。

王工到部门主管张经理那儿汇报工作，将小杨的这些情况告诉经理，并希望他找小杨谈话从而帮助她进步。"小杨啊，你在跟王工学习业务中有些浮躁，语气不太谦和，态度不行啊。"部门主管找到小杨说。"是吗？哎，有这个问题啊？难怪王工最近不愿意跟我说话，感觉她不愿意带我呢！""小杨，你上进心很强，工作也很认真，在公司今后发展中会有所作为的，但是王工觉得你性子有点急，说话交流有时候不太注意方式，尤其对前辈感觉不够礼貌。这让她很担心你啊，所以为了以后你能够很好地处理同事关系，她才建议我和你谈谈，希望你可以改善一些。""嗯，好的，经理，我会尽快地适应公司工作，学会为人处事，和同事们搞好关系，积极向王工学习！"这次张经理找小杨谈话，让她进一步思考作为一名新入职员工应该如何做好人际沟通。

（资源来源：https://www.taodocs.com/p-192876980.html.）

【分析】对于企业来说，刚毕业的大学生是企业人才招聘的主要来源之一，新进员工与其直接上级间的沟通直接影响着他们的去留及今后的工作态度。本案例中上级主管及时找小杨谈话并要求她学会角色转换，成功做到了上下级间良好的沟通，而且会使小杨在公司中更好地发展，实现个人发展和企业发展的双赢。

## EQ 驿站

### 阳光的心态

漫画家蔡志忠在中央电视台《开讲啦》栏目中说："如果拿橘子来比喻人生，一种橘子大而酸，一种橘子小而甜，一些人拿到大的就会抱怨酸，拿到甜的又会抱怨小，而我拿到了小橘子会庆幸它是甜的，拿到酸橘子会感谢它是大的。"

拿破仑曾说过："人与人之间只有很小的差异，但是这种很小的差异造成了巨大的差别！很小的差异就是所具备的心态是积极的还是消极的，巨大的差别就是成功和失败。"

【分析】生活需要阳光，心态更需要阳光。阳光心态是一种乐观、宽容、给予、感恩和工作并快乐着的心态，是一种健康的心态。在生活和工作中，把积极的思维播种下去，收获的是一个积极的心态；把一个积极的心态播种下去，收获的是一个积极的行动；把一个积极的行动播种下去，收获的是一个积极的人生。不一样的心态造就不一样的人生。

## 相关知识

### 一、电话沟通的基本要求

电话沟通是双方不见面的一种沟通形式，它是通过声音来传递信息的，语言成为唯一的载体，所以语言的轻重缓急、抑扬顿挫等都会影响信息传递的有效性。

例如，在商务销售活动中，销售就是传递信心、热情的过程。如果你的信心、热情能打动和感染对方，那么销售工作也是一件轻而易举的事情。

在电话沟通中，你无法通过肢体语言来传递信息和情绪，唯有在声音的细节上下功夫才能够获得成功，这也是电话沟通中的最主要的要求。

## 二、电话沟通基本技巧

**小知识**

### 你会打电话吗

下面这些情况发生时，你会怎么做呢？

**接听电话时：**

1）电话铃响得令人不耐烦才拿起听筒。

2）对着话筒大声地说："喂，找谁啊？"

3）一边接电话一边嚼口香糖。

4）一边和同事说笑一边接电话。

5）遇到需要记录某些重要数据时，才手忙脚乱地找纸和笔。

**拨打电话时：**

1）抓起话筒却不知从何说起，语无伦次。

2）会不会使用超级简化语，如："我是三院的李××。"

3）挂完电话后才发现还有问题没提到。

4）抓起电话粗声粗气地对对方说："喂，找一下刘经理。"

**转达电话时：**

1）抓起话筒向着整个办公室吆喝："小王，你的电话！"

2）态度冷淡地说："陈科长不在！"然后顺手挂断电话。

3）让对方稍等，就自此不再过问他（她）。

4）答应替对方转达某事却未告诉对方你的姓名。

**遇到突发事件时：**

1）对对方说："这事儿不归我管。"然后挂断电话。

2）接到客户索赔的电话，态度冷淡或千方百计为公司产品辩解。

3）接到打错了的电话很不高兴地说："打错了！"然后就粗暴地挂断电话。

4）电话受噪声干扰时，大声地说："喂，喂，喂……"然后挂断电话。

【分析】社会发展到今天，各种高科技手段缩短了人与人之间的距离，即使远在天涯，现代通信技术也可以让人们"天涯若比邻"。在日常的联系中，用得最多的就是电话。电话使人们的联系更为方便快捷，随时随地，随需随用。所以，学习和掌握基本的电话沟通技巧和办公室电话礼仪很有必要。

**情境任务 3-1**

在我们日常所打的电话中，是不是每一次电话都以我们想要的结果结束呢？会不会出现我们想不到的结果？假如你给一位教师打电话，选择什么时候合适呢？如果要和会计师谈一件重要的事情，选择什么时间比较合适？如果选择了月末决算的时间，会出现什么样的情形？

设想一下，在不合适的时间、不合适的地点给一个人打电话，又用不合适的声调讲莫明其妙的内容，会是一个什么样的结果？在打电话前应该做好哪些准备？

_____

_____

_____

### （一）打电话的准备工作

如果进行电话沟通前不做任何了解和准备，其结果一般没有胜算的把握。在电话沟通前要考虑好"5W1H"六个方面的因素，即 when（什么时间打电话）、where（合适的通话地点）、who（通话对象）、what（说哪些内容）、why（通话目的）和 how（怎么做）。

#### 1. 通话时间的选择

选择打电话的时间是电话沟通中的要素之一，也是取得成功的前提。打电话之前一定要了解清楚客户的工作性质、作息时间、喜好等，根据所了解的这些信息判断对方什么时间会比较有空，或者什么时间客户比较轻松，从而选择有利于通话的时间。如果时间选择不当，引起对方反感，便会难以达到预期目标。所以，选择合适的通话时间在电话沟通中起着重要的作用。选择通话时间时要注意以下两点。

1）要尽量为客户着想，考虑客户喜欢和方便的时间。

2）应根据谈话目的确定见面时间。注意客户的作息时间与上下班规律，避免在客户最繁忙的时间打电话。

**小知识**

#### 不同行业的工作人员适合通话的时段

1. 以职业来划分

会计师：避开月初和月末，月初和月末是财务部门最繁忙的时间。

零售商：避开周末，一般来说，周末是最忙的时间，而且一天内中午时间较清闲。

医生：11:00 以后和 14:00 以前，最好是下雨天。

推销员：10:00 以前或者 16:00 以后或极端天气。

行政人员：10:00 以前或者 15:00 以后。

股票行业：避开开市时间。

银行业：10:00 以前或 16:00 以后。

公务员：工作时间内，切勿在午饭前和下班前。

饮食业：避开用餐时间，最好是在 15:00～16:00。

2. 按星期来分

星期一：是假期刚结束上班的第一天，客户肯定会有很多事情要处理，一般公司都在星期一开晨会或安排工作，所以较忙。所以如果要洽谈业务，尽量避开这一天。

星期二到星期四：这三天是电话沟通、行销最合适的时间。

星期五：一般上班族都准备休息了，不会再想着谈新的业务，但可进行预约的工作。

3. 按一天来分

8:00～10:00：这段时间大多数人会忙于事务，不宜打搅。

10:00～11:00：工作人员基本忙完事务，是行销沟通的最佳时间。

11:30～14:00：午饭时间，不要轻易打电话。

14:00～15:00：这段时间人会感觉烦躁，不宜打电话。

15:00～18:00：人的精力已恢复，是打电话的好时间，容易成功。

2. 通话地点的选择

在与客户的接触过程中，选择一个恰当的约见地点十分重要。良好的环境能使人安静，如果在一个嘈杂的环境下，谈话的声音不但会变调，对方可能还听不清楚，这会使对方尽快结束谈话或直接挂掉电话。所以打电话时最好能选择一个较安静的地方，如果谈话涉及商业秘密，那就更应选择一个较为私人的空间进行。就日常生活的大量实践来看，可供约见的地点有客户的家庭、办公室、公共场所、社交场合等。约见地点各异，对打电话的结果也会产生不同的影响。为了提高成功率，一般推销人员应学会选择效果最佳的地点约见客户，即从"方便客户，利于推销"的原则出发选择约见的合适场所。

3. 通话对象的选择

在打电话前一定要明确给谁打电话，并在打电话前了解清楚对方的基本情况，如通话对象的职业、职务、姓名等，这样就不会出现打错电话的情况。这里应注意以下三点：①应尽量直接打给决策人；②应尊重接电话的人（办事人员或秘书），不能因为对方没有决策权就不予尊重；③准备好通话对象的资料，打通电话后可准确地称呼对方，明确对方的需要。

**情境任务 3-2**

小曹："江先生您好！我是南山人寿保险的小曹。"
客户："哦，你好，有事吗？"

小曹："我们南山人寿最近新推出了一套针对小孩子的寿险计划，非常划算，您看您什么时候有空，我给您计算一下投资和回报？"

客户："对不起，我们还没有小孩。"

**思考：** 你认为上面的通话存在什么问题？如果是你，你会怎么做呢？

_____

_____

_____

### 4. 通话内容的选择

拿起电话还不知该如何说起，或者电话打通了自己突然不知道要说什么，又或者当电话接通后支支吾吾、前言不搭后语……这样的通话能达到预想的目的吗？显然是不可能的。通话前，一定要清楚打这个电话想要说的内容，想问什么问题、什么事情，是询问、咨询、请教、请假还是商谈某件事情，而且要做好充分的准备，这样才能有效地进行电话沟通。

### 5. 明确打电话的目的

打电话前一定要明确打电话的目的，根据什么事由要打这个电话。在商务活动中，每次行动都应该明白自己的目的，并在通话中准确地表达电话事由。否则，毫无目的地一味闲聊不但会浪费自己的时间，也浪费对方的时间，结果只能是失败。商务活动中的电话访问理由大概有以下几种：认识新朋友、市场调查、电话推销、联络感情、礼仪拜访、代传口信等。切记在电话中不要问不该问的问题，不要让对方猜自己是谁，要简单明了地在适当的时间表明打电话的目的。

### 情境任务 3-3

推销员："张总您好！好久没给您打电话了。"

客户："你好，不好意思，请问你是哪位啊？"

推销员："张总您真是贵人多忘事，怎么连我的声音都听不出来啦？我是小柳啊？"

客户："哪个小柳啊？"

推销员："培训公司的，上次在我们公司举办的公开课上我们见过。"

客户："哦，有事吗？"（感觉心不在焉，很着急的样子）

推销员："也没什么事啦，好久没和您联系了，想和您聊聊而已，您明天有空吗？"

客户："明天没空，要开会。"

推销员："那后天呢？"

客户："后天要出差了，估计得忙上一阵子，就这样吧，我还有一个长途电话

要接。"（客户没给推销员机会就已经把电话挂了）

推销员："这人怎么这样!"

说说推销员的电话有哪些不妥之处。

_____

_____

_____

### 6. 你应该怎么做

打电话前的准备工作做完后，下边就是如何去打的问题。在电话沟通中，虽然双方互相看不见对方，但通过声音完全可以感受到对方的态度和情绪，所以，还应注意打电话时的音量、语速、呼吸、发音、措辞、术语和行话、礼貌用语等。

首先，注意打电话的礼仪，包括说话的声调、语速，还有打电话的措辞和礼貌用语等，这些都会影响打电话的效果。其次，设想打电话的情景，想象电话打出去后，对方会有什么样的反应，对方会提出什么样的问题，最好能预知一下对方的战术，先得到信息才能先发制人；自己又应该如何应对，并尽可能充分地准备好应对的话语，这样就不容易被对方几句话问住，能在打电话的过程中始终掌控主动权，也就能更有效地达到自己的目的。

### （二）打电话的技巧

如果在商务活动中不具备一定的打电话技巧，就会走很多弯路。作为职场人员，要事事做到有所准备。在打电话时也是如此，只有在打电话的过程中能让对方保持愉快的心情，让对方认为这个电话给他带来了快乐或利益，从而得到吸引和兴趣，这才是一个成功的电话。

**小贴士**

不管在任何地方、任何时间、任何情况下，也不管你的心情有多么坏，你都不能将这种消极的情绪传递给电话另一端的人。因为你无权这样做，更重要的是你代表着整个公司。

你不可能有第二次机会来重建你的第一印象。

——[美] 戴尔·卡耐基

### 1. 了解客户的基本资料

兵家之言："知己知彼，百战不殆。"怎样才能做到知己知彼呢，这就要提前了解客户的有关资料，包括客户或决策人的姓名。一是客户的姓名，人们对姓名很敏感，如果能称呼对方的姓名和职务，将是一个很好的开端。二是客户的年龄，适当的时候可以对年轻有为的客户进行赞赏。三是客户的籍贯，必要时可以老乡关系拉近同客户的距离。四是了解客户的经历和家庭，这样可增加同客户谈话的资料。五是客户的兴趣爱好，了解客户的兴趣爱好，便于投其所好地进行沟通和交流，这样容易获得对方的好感。六是一定要善于学习，丰富自己的兴趣和爱好，拓宽自己的知识面。只有知识丰富了，才能培养自己的幽默感，使工作顺利进行。

**2. 整理电话内容**

研究表明：即使人们用心去记住一件事，经过九小时，遗忘率也会高达 70%，日常琐事遗忘得更快。因此，每次打电话前都把打电话的目的一一列在纸上，打电话时就不会遗漏事前想说的内容，就能有效地达成打电话的目的。另外为保险起见，也可把了解到的客户的基本资料简明扼要地写在纸上，以备需要时用。

**3. 好的开场白，为职场形象加分**

有人认为，电波只是传递声音，打电话时完全可以不注意姿势、表情，这种看法是错误的。打电话时我们要保持良好的心情，这样即使对方看不见你，也可以从你欢快的语调中受到感染，给对方留下极佳的印象。由于面部表情会影响声音的变化，所以即使在电话中，也要抱着"对方看着我"的心态去应对。双方的诚实恳切，都包含于说话的声音之中。"言为心声"，态度的好坏、喜怒的情绪都能在声音中表现出来。

**小知识**

### 微笑是可以"听"得见的

在面对面的沟通中，身体语言起到的作用占 55%，声音仅占 38%，用语占 7%；而在电话沟通中，声音起到的作用占到 82%。所以，在通话中我们要力争用声音架起一座与客户沟通的桥梁。让对方"听"见你的微笑，感受到你的热情、真诚。管理好自己的声音，是确保通话质量的重要元素。

**4. 端正的姿态与清晰明朗的声音**

在打电话过程中绝对不能吸烟、喝茶、吃零食，即使是一个懒散的姿势对方也能够"听"得出来。如果你打电话的时候，弯着腰躺在椅子上，对方听起来声音就是懒散的、无精打采的；若坐姿端正，身体挺直，所发出的声音也会亲切悦耳、充满活力。因此，打电话时即使看不见对方，也要当作对方就在眼前，尽可能注意自己的姿势。

在表达时，嘴巴与话筒间应保持适当距离，适度控制音量，以免听不清楚，滋生误会，或因声音粗大，让人误解为盛气凌人。

**5. 注意适当的语速和语调**

急性子的人听慢话，会觉得断断续续，有气无力，颇为难受；慢吞吞的人听快语，会感到焦躁心烦；年龄大的长辈，听到快言快语，难以充分理解其意。因此，讲话速度应视对方情况，灵活掌握语速，随机应变。

打电话时，适当地提高声调显得富有朝气、明快清脆。人们在看不到对方的情况下，大多凭第一听觉形成初步印象。因此，讲话时有意识地提高声调，会格外悦耳优美。

**小知识**

### 打电话的礼貌用语——称呼对方多用"您"

您好！请问是××单位吗？

我是××公司，请问怎么称呼您？

请您帮我找一下××先生，谢谢！

（若打错电话）对不起，打扰您了。

6. 不要使用简略语、专用语

在电话交流时，最好不要使用自己内部使用的一些简称。例如，将"业务三科"简称为"三科"这种企业内部的习惯用语，其他人往往无法理解。同样，专用语也仅限于行业内使用，普通顾客不一定知道。有的人不以为意地乱用简称、术语，给对方留下了很不友善的印象。有人还认为一些外来语高雅、体面，显得有档次，这样用的结果也往往是自作聪明，对方或许觉得你是在卖弄，不但毫无意义，有时甚至会发生误会，无疑是自找麻烦。

7. 养成复述的习惯

为了防止听错电话内容，一定要当场复述。特别是同音不同义的词语及日期、时间、电话号码等数字内容，务必养成听后立刻复述、予以确认的良好习惯。对容易混淆、难以分辨的词语要加倍注意，放慢速度，逐字清晰地发音，如1和7、11和17等。当说到日期时，不妨加上"星期×"三字，以保证准确无误。

复述的重要信息：对方的电话号码，双方约定的时间、地点；双方谈妥的产品数量、种类，对方确定的解决方案，双方认同及仍然存在分歧的地方，以及其他重要的事项等。

复述要点的好处：不至于因为信息传递不一致而导致双方误解；避免因为口误或者听错而造成不必要的损失；便于打电话者整理电话记录。

打完电话后，要对重要电话内容进行整理，及时记录对方的需求信息、需求数量、需要时间等，以便日后及时联系和成交业务。记录下电话沟通中客户有意无意间介绍到的新客户，尽量了解更多信息，以便日后联系。

### 打电话的技巧

情境一：略施小计，绕过前台接线员（未接来电技巧）

王华：请问你是哪里？

接线员：我是哪里？是你打给我，还问我是哪里？

王华：不好意思，刚才电话没带在身上，我看到有一个未接来电就回过来了。

接线员：哦，我是飞翔商贸，你认识谁吗？我这里是总机。

王华："飞翔……商贸？哦……想起来了！梁老板！肯定是他找我，麻烦帮我转过去吧！"

接线员："好的，请稍等。"

情境二：先打其他部门，再想办法索取想要的电话

王华先拨通了总机号码，试着拨了一个008，电话里说："您拨的号码有误，请查证后再拨。"

王华又试着拨了个108，"嘟……嘟……"，"你好！业务部，请问您找谁？"王华一听有人接听，心中一阵怦怦乱跳，立刻强压住兴奋，说："你好，我有事找刘成功刘总。"

电话那头："找刘总怎么打到我们这来了，我们这里是业务部。"

王华："不好意思，我记错分机号了，那请帮我转一下吧。"

只听对方咕哝一声，就把电话转走了，"嘟……嘟……你好！"

王华赶紧深吸一口气，平缓了一下情绪："您好，请问是刘总吗……"？

（三）接电话的技巧

在商务活动中，有些顾客图省力方便，可能会用电话直接联系，其中不乏订货电话或想要了解公司或产品的电话，当然也可能是投诉电话。电话接听者绝对不能一无所知，或敷衍推诿，更不能用不耐烦的口气、态度来对待每一位打电话的客户。

1. 迅速接听，自报家门

现代工作人员业务繁忙，听到电话铃声，应准确迅速地拿起听筒，最好在响三声之内接听。如果长时间无人接听，一般情况下人们就会感到急躁："糟糕，人不在。"因此，铃响三声之内，就应接听电话。如果电话铃响了五声才拿起话筒，应该先向对方道歉，并简单说明原因，否则会给对方留下不好的印象，并影响业务或单位的形象。

电话接通后，接电话者要自报家门，如"您好！××公司业务部"或者"您好！××公司，很高兴为您服务"。最好不要抓起电话就问："喂，你找谁？你是谁呀？"这样会让公司的形象大打折扣。

2. 清楚记录，重点重复

接电话时，一定要随时准备记录有关重要内容。拿起电话，介绍完单位后，询问对方的问题，并迅速记录来电者姓名、地址、单位名称或联系方式等个人背景情况信息。问姓名时可用"请问先生/小姐怎么称呼？"，这样会令对方觉得自己很重要，问清楚后迅速记录下来。在听重要的内容时，切记要仔细，在记录的过程中，对没听清楚的问题要进行重复，以便让对方确认你的复述是否正确，以免出现记录错误的情况。

3. 态度热情，有效沟通

上班时间打来的电话大多与工作有关，公司的每个电话都十分重要，不可敷衍。即使对方要找的人不在，切忌简单答复"他不在"即将电话挂断。接电话时要让对方听起来舒服，也要尽可能问清事由，避免误事。对方查询本单位其他部门电话号码时，也应立即查告，不能说不知道等。

1）应注意接电话的礼仪，接电话时虽然看不见人的表情和行为，但对方可以通过声音感受到我方的状态，所以，接电话时要坐姿端正、面带笑容、发音清楚、精神奕奕、语气温和。

2）应确认对方身份，委婉地了解对方来电的目的。如自己无法处理，也应认真记录下来，这样可以不误事而且赢得对方的好感，为进一步沟通交流打下基础。

3）对对方提出的问题应耐心倾听，以表示理解与同意。表达意见时，应该激励对方畅所欲言，除非不得已，否则不要插嘴。其间可以通过提问来探究对方的需求与问题。在听的过程中，应时不时地轻声说些"嗯""是""对""好"之类的简短话语，以示理解与肯定。抱有同情心、建立亲和的氛围是有效电话沟通的关键。

4）接到责难或批评性的电话时，应委婉解释，并向其表示歉意或谢意，不可与对方争辩。在商务活动中，任何的争辩都不可能给企业带来利润，争辩的结果只可能是赢了争论，输了业务。

5）电话交谈的事项，应注意有准备并准确地将事项完整地交代清楚，以增加对方认同度，不可敷衍了事。这样不但可以给对方留下好的印象，而且对业务的发展也极为重要。

6）如遇到需要查寻数据或另行联系的情况，应先估计可能耗用时间的长短，最好不让对方久候。若耗用时间较长，应改用另行回话的方式，并尽早回话。以电话索取数字时，应立即记录数字，并重复数字以确保准确性。

4. 通话结束，礼貌挂断

要结束电话交谈时，一般应当由打电话的一方提出，然后彼此客气地道别。道别时应有明确的结束语，说一声"谢谢""再见"，再轻轻挂上电话，切不可只管自己讲完就挂断电话。

通话结束后，通常是打电话一方先放电话，但对于职员来说，如果对方是领导或客户，就应让对方先放电话。待对方说完"再见"后，等待1～3秒钟再轻轻挂断电话。

### 成功的电话营销观念

1）你所接听或拨出的每个电话都是最重要的。

2）对方都是你生命中的贵人或你将成为他生命中的贵人。

3）我喜欢打电话的对方也喜欢我打电话的声音。

4）我一定要很好地利用电话这种通信工具。

5）我打电话可以达成我想要的结果。

6）我下一个电话比上一个电话有进步。

7）因为我想给他人带去利益，所以我给他打电话。

8）我充满激情，我会感动自己。一个感动自己的人，才能感动别人。

9）我会成为电话营销的高手。

10）没有人会拒绝我，所谓的拒绝只是表明他不够了解我，或者我说话的角度还不是最好的，我要想办法改变。

## 三、工作电话处理技巧

在日常的工作中，巧用电话会给自己带来意想不到的好处，会更好地维系自己与同事和领导之间的关系，为工作带来更多便利。

（一）迟到、请假自己打电话

在工作中，如果因事让别人代请假，显然是不礼貌的，也是不负责任的。因为在单位，每个员工都承担着不同的工作，而且自己的工作情况只有员工自己最清楚，如果员工迟到或缺班，单位一天的工作计划或进度，就要有所变更，严重时会影响整个单位工作的正常运行。所以，员工应当亲自打电话告诉领导因事不能上班，对自己的工作情况也要有一个安排或交代，同时在请假时还应告诉单位自己何时能到单位或何时能上班。当然，如果是特别紧急确实不能亲自打电话的除外。

（二）外出办事，随时与单位联系

员工外出办事，如果时间不长，而且事情办得还顺利的话，可在事情办完后给领导报告好消息，让领导放心。如果一离开单位就"将在外，不由帅"，再不和单位联系，遇到问题也我行我素，就可能会给自己带来一些不必要的麻烦。尤其是在外办事，原定计划和安排有所变化时，一定要及时给单位说明，让单位了解事情的进展或让单位出面解决问题。

（三）延误拜访时间时应事先与对方联络

在和客户约好时间的情况下，一定要按时到达，这不仅代表一个人的时间观念和责任心，也代表一个公司的形象。如果因为交通或者其他方面的原因造成迟到，就一定要先向对方道歉。不管什么原因，只要是自己出现了问题，那就是自己的错。可能的话再向对方解释，求得对方谅解。如果对方表示当天已没有时间，可约下一次约见时间，且要以对方的时间为主。

**（四）用传真机传送文件后，以电话联络**

传真机在现代社会的应用越来越广，它传输文件不仅速度快，而且直观。在用传真机传输文件后，为了保证文件准确无误地传送给接收人，工作人员应该在传送文件后，用电话确认一下文件是否收到。这样做，一是确保对方收到文件，二是交代所传送文件的大概内容，方便接收人查看。

**（五）外出时，告知去处及电话**

在工作时间，如果外出办事，一定要告知上司或下属自己的去向并留下联系方式，方便他们及时和自己取得联系。如果不留下联系方式，一些突发事件就无法得到及时联系和解决。

**（六）与外出的上司联络，力求简洁**

当上司外出办事或出差，你又临时有急事必须与上司取得联系时，在拨打上司手机后，应该尽量用简单明了的语言说话，也避免让外出的上司说得太多。如果可能的话，最好让上司回答"是"与"不是"来解决问题。不要问一些上司难以回答的问题，造成不便。

---

**情境任务 3-4**

情境一：

员工：张经理，我今天有事，想请半天假，下午我就去上班。

张经理：噢，有啥事，需要帮忙不？

员工：不了，谢谢！我爱人昨晚高烧不退，我带她去医院。

张经理：噢，好吧，看病要紧。

员工：我手里的资料放在桌子第二个小抽屉里，如果需要的话，可在那儿取。

张经理：知道了，先看病要紧。

情境二：

丈夫：张经理，我妻子病了，今天请假半天。

张经理：病了？严重吗？

丈夫：就是发烧，吃了点药，现在睡了。

张经理：噢，那她手头的工作咋安排的？

丈夫：我不清楚，要不等她醒了我问问。

张经理：行。

分析以上对话，你认为哪个员工会给经理留下较好的印象。

_____

_____

_____

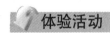 **体验活动**

### 活动一：电话沟通实训

【目的】通过情境模拟，体会打电话沟通的礼仪，加深对 5W1H 打电话沟通技巧的掌握。

【要求】学生 4～6 人一组，按小组模拟不同的公司，其中 2～3 组学生扮演某公司的客服中心人员，另外 2～3 组学生扮演顾客。首先小组讨论，然后推荐一人扮演某公司客服中心人员，一组扮演顾客。

你是某公司客服中心的工作人员，请你对本公司已销售的产品及工作人员的服务对客户进行回访。

1）活动过程记录：＿＿＿＿＿＿＿＿＿＿＿＿＿＿＿＿＿＿＿＿＿＿＿＿＿＿＿＿＿
＿＿＿＿＿＿＿＿＿＿＿＿＿＿＿＿＿＿＿＿＿＿＿＿＿＿＿＿＿＿＿＿＿＿＿＿＿＿＿＿
＿＿＿＿＿＿＿＿＿＿＿＿＿＿＿＿＿＿＿＿＿＿＿＿＿＿＿＿＿＿＿＿＿＿＿＿＿＿＿＿
＿＿＿＿＿＿＿＿＿＿＿＿＿＿＿＿＿＿＿＿＿＿＿＿＿＿＿＿＿＿＿＿＿＿＿＿＿＿＿＿
＿＿＿＿＿＿＿＿＿＿＿＿＿＿＿＿＿＿＿＿＿＿＿＿＿＿＿＿＿＿＿＿＿＿＿＿＿＿＿＿

2）请对同学的表现进行评价，填列表 3-1。

表 3-1　学生实训记录表

| 姓名 | | 班级 | | 时间 | |
|---|---|---|---|---|---|
| 评分项目 | 分值（请在相应项目处划上 √） | | | | |
| 仪容、仪表、精神、态度、 | 极佳 | 佳 | 平实 | 略差 | 极差 |
| | | | | | |
| 领悟、反应 | 特强 | 优秀 | 平平 | 稍差 | 极劣 |
| | | | | | |
| 对工作的了解程度 | 充分了解 | 很了解 | 尚了解 | 部分了解 | 极少了解 |
| | | | | | |
| 沟通能力 | 特强 | 优秀 | 平平 | 尚可 | 极差 |
| | | | | | |
| 总体评价与建议 | | | | | |

### 活动二：处理顾客投诉

客户：是长飞公司吗？我姓王，我购买的你们公司的电视机有些问题需要处理一下！

接线员：你好，王先生，我可以帮您什么？

客户：我使用你们的电视机已经快一年了，最近发现电视机的边框开裂了。因为你们的电视机是 3 年保修，所以想看看如何解决？

接线员：你是指电视机的边框开裂了？

客户：是的。

接线员：我们的这款电视机从来没有出现过类似的问题。您最近是不是搬动摔裂了？

客户：我最近没搬动，也不可能摔过它。它是自动裂开的。

接线员：不可能，我们的电视机在出厂前都经过严格的检测。

客户：它确实是自己开裂了。

接线员：那很对不起，开裂问题不在我们的保修范围之内。我们保修的范围在协议上写得很清楚。

客户：那我的电视机就白开裂了？

接线员：那很抱歉，我不能帮到您。请问还有什么问题吗？

客户：我要投诉你们！

1）接线员是否弄清楚了客户打电话的目的？

_____

2）如果你是该公司的接线员，你认为应该怎么做？

_____

_____

_____

# 模块二　面 谈 沟 通

## 案例导入

### 与代课老师沟通

　　开学两周了，市场营销专业的许多学生对本学期一位代课老师的教学感到不太满意。学生们把许多意见反映给了学习委员王华。大家决定由王华和另外一位学生去与代课老师私下谈谈，希望他能改进教学方法，以提高大家的学习兴趣。于是，王华开始思考如何向老师提出并通过面谈解决问题。

　　【分析】在生活和工作中，面谈是最经常发生的沟通方式，如面谈求职应聘，通过面谈收集信息完成工作；与客户进行面谈沟通；主管领导和下属面谈检查工作并给予建议和指导等。面谈的成功与否对个人和工作的影响很大。

## 相关知识

### 一、面谈概述

（一）面谈的概念

面谈是指任何有计划的和受控制的、在两个人（或多人）之间进行的，参与者中至少有一个是有目的的，并且在进行过程中互有听和说的谈话。

（二）面谈的分类

1）结构式——标准化：由主谈者控制面谈全部过程，面谈内容范围窄且有限制。

2）非结构式——非标准化：由被面谈者自己决定谈话的方向，面谈内容广泛且无限制。

## 二、面谈的基本要素

（一）目的性

参与面谈的一方或多方有明确的目的。例如，推销面谈时，推销员一方就有明确的推销产品或服务的目的；招聘面谈时，主要是招聘方的目的性更强些，是为了了解应聘者更多的情况。如果是为某一具体事件达成一致意见的面谈，双方都有明确的目的。

（二）计划性

计划性即谈什么（what）、在哪里谈（where）、何时谈（when）、与谁谈（who）、如何谈（how）等，都要有预先计划。尤其是有目的的一方在面谈前，一定要进行充分的准备和计划，才能确保面谈的成功；否则，将是一次无计划的面谈，面临的结果很可能是失败。

（三）控制性

面谈时，至少有一方处在控制地位，或者由双方共同控制局面。一般来说，有目的的一方，希望能控制面谈的局面，但如果准备不足，亦可能失去对局面的控制权，面谈的目的就不一定能实现。

（四）双向性

面谈必须是相互的，而不是单向的教训和批评。面谈是双方在公平公正的基础上进行的沟通交流，所以说是双向的。如果是一方对另一方的说教，那就不能称其为面谈。

（五）即时性

面谈一般要求沟通双方即时对沟通信息做出反应。一般在面谈过程中，双方都能将信息和态度很明确地表达出来，结果是随即见分晓。

在面谈的以上基本要素中，目的性是最基本的特性，其他的特性都是为实现目的性而服务的。有目的，就要为实现目的而努力，就要有切实可行的计划。没有计划的工作是盲目的，成功的可能性是茫然的，所以要想获得成功就必须要有详尽的计划。我们在电视上看到的面谈，一般很自然、放松，似乎是自然而然做到的，而实际上他们常常事先有过有意识的分析和计划，并在面谈过程中对所发生的一切小心加以控制。

### 三、面谈应注意的问题

首先，面谈对人的应变能力有更高的要求。因为面谈的即时性特点，需要面谈者快速地应变，并能灵活地处理面谈时出现的任何问题，风趣、幽默地化解可能出现的尴尬等。其次，要抓好面谈的每一个环节，确保面谈的成功。最后，要掌握好面谈技巧。

**情境任务 3-5**

　　人事部经理：你是新上任的人事部经理，到任已经有三个星期了，你准备会见一个员工——卢先生，他已经受过三次惩处。根据卢先生上司的建议，你打算解雇他。卢先生的上司说，卢先生的工作效率低、业绩低。他的工作时间应该是从 8:30 到 16:30，而且他也知道，但他公然违反公司规定，一周内三次在 15:30 下班。如果允许他在公司继续工作下去，将会影响其他员工。他的第一次惩处是因为工作效率低且早退。在第一次惩处后，他的上司就针对这个问题找他谈过话，但是他没有改进。由于他的行为依然如故，所以受到了第二次惩处。他的上司在给你的报告中说，他想立即解雇卢先生，但没有提出确切的解雇时间。

　　卢先生：你将被叫到张经理的办公室进行一次面谈。你的上司刚刚对你进行了第三次惩处，这意味着你将被解雇。你很难理解惩处你的理由。你的上司非常重视你的天资与能力，对你的工作绩效给予很高的评价。你是一个工具和模具工人，还是车间的设备检修员，因为你的手工作业是其他工人所不能及的。你在现在的工作岗位上已经 5 年，而且一直坚持在夜大学习机械工程学。由于你的不断的自我培养，使你有能力为一个项目设计出一套检测装置。为此，你收到了一封设计部门的感谢信，感谢你为他们纠正了设计中的错误。这封感谢信被送到你的前任上司手里。你的家不在这座城市，每天 7:30 提早上班，每周你必须有三天早下班一个小时，以便准时赶到夜大上课。你每周的工作时间是 46 小时，你的前任上司准许你去学习，并说要通知人事部。

　　当你接到惩处通知时，你曾试图向你的现任上司解释原因，尤其是上任上司同意你外出学习的事情，同时说明你的工作难度高。然而每次你的上司都说他太忙了，没有时间同你交谈，只告诉你不许早退和工作快一点。你觉得你的新任上司太难相处，而你又羞于说出你的困难，现在你来到了人事部张经理的办公室。

　　1）如果你是卢先生，你将怎样与张经理沟通？

_____

_____

　　2）如果你是张经理，你将怎么办？

_____

_____

## 四、面谈前的准备

古人常说："凡事预则立，不预则废。"预，实际就是事先做好充分的准备。充分的准备是沟通成功的前提条件。

（一）面谈前先计划

要想成功地进行某个面谈，就需要制订面谈计划。制订详细的面谈计划，可用5W1H技巧。

1. 为什么——面谈的目标是什么

在确定面谈之前，首先要明确为什么要与对方谈，面谈时要和对方谈什么问题，接着才能安排面谈的时间、地点、策略和如何谈等问题。

面谈目的的范围广泛而具体，可概括如下：信息的传播→寻求信念或行为的改变→解决问题和寻找对策→探求与发现新信息。

例如：

1）你究竟希望实现什么？

2）你需要寻求解决问题还是传递信息？

3）是什么样的信息？

4）该面谈寻求观念或行为的改变吗？

5）需要解决的问题的性质是什么？

6）如果无法说服对方，有无让你满意的其他选择或方式？

2. 与谁谈——面谈对象是谁，清楚面谈对象的基本情况

他的职位如何？他与你是上下级关系还是平级？他是否对你存有偏见？他的个人情况和家庭情况如何？他与你面谈的可能反应是什么？他参与面谈的能力如何？

3. 何时谈——面谈时间的确定

一定要选择一个适合面谈的时间。面谈在一天的什么时间进行？面谈前是否给予自己和对方足够的准备时间？面谈前后可能发生的事情是什么？面谈是在办公室还是在其他场所进行？面谈的场所是否会受干扰？

4. 在哪儿谈——面谈地点的选择

例如，面谈地点是正式场合还是非正式场合，是严肃的场合还是轻松的场合等。

5. 谈什么——确定要谈的主题和提问的内容及可能出现的其他问题

面谈的主题是什么？向对方介绍事情的全貌，还是只需略做提示？是否需要通报最新情况？需要提问的问题有哪些？对方可能提及的问题有哪些？你对面谈内容的控制程度如何？

6. 如何谈——谈话的方式

"如何谈"包括怎样开场，如何提问题，从一般到具体还是直接从具体开始，如何布置环境，如何避免打搅等。你的穿着打扮、言行举止想给对方以什么印象？你应如何注意措辞？你将营造一个什么样的面谈氛围？是以友好的方式开始，还是开门见山、直奔主题？你应如何注意倾听和反馈？你对提问顺序的考虑如何？等等。

如果能训练自己每次面谈都能从上面 5W1H 上做准备，就可以避免面谈时的盲目性、恐惧性和无所适从的尴尬，从而达到有效交流信息的目的。

（二）面谈问题巧设计

"问题"是任何面谈时都可能出现的，但会出现哪类问题却不很具体。这就要根据面谈的目的，应用 5W1H 原理设计可能会出现的问题。问题设计是为达到面谈目的服务和搭桥的。那么设计问题都包括哪些方面呢？

首先，综合运用开放式问题和封闭式问题，获取各具特点的信息。

1. 开放式问题

开放式问题就是所提的能让对方回答时透露更多信息的问题。它的特点是允许被访者自由谈论他们的想法和感受，给被访者更大的自由发挥的空间，畅所欲言，既可以引出一般性的信息，也可以让被访者无拘无束。开放式问题有利于发展沟通双方之间的关系。开放式问题的缺点是比较耗时，使用过多会很难控制面谈进程。

请看下面开放式提问：

1）你为什么要应聘这个岗位？当初为什么选择这个专业？

2）请举一个具体的例子，说明你是如何计划并完成它的。

3）请举例说明你在学校的一项活动中，是怎样努力并最终很好地完成的。

4）请你描述一种情形，在这种情形中你必须去寻找相关的信息，发现关键的问题，并且自己决定依照一些步骤来获得期望的结果。

5）请举一个例子，说明你是怎样通过沟通来使他人达成一致意见的。

6）请举一个例子，说明在完成一项重要任务时，你是怎样和他人进行有效合作的。

7）请举一个例子，说明你的一个有创意的建议曾经对一项计划的成功起到了重要的作用。

**情境任务 3-6**

请你举一个具体的例子，说明你是怎样学习一门技术并将它用于实际工作中的。

_____

_____

_____

### 2. 封闭式问题

封闭式问题类似于判断题或多项选择题，回答只需要一两个词。封闭式问题的特点有助于引出需要的特定信息，但限定了被访者可能的其他回答。它适用于时间有限或想要弄清开放式问题的某一点信息的情形。例如："请问您今天来还是明天来？""请问您知道我们的品牌吗？"

首先，明确开放式问题和封闭式问题的使用场合，具体建议见表 3-2。

表 3-2　何时使用开放式和封闭式问题的建议

| 开放式问题适用场合 | 封闭式问题适用场合 |
| --- | --- |
| 了解被访者优先考虑的事情<br>让被访者无拘无束地发表自己的看法<br>明确被访者的知识深度<br>清楚被访者的表述能力 | 节省时间、精力<br>维持、控制面谈的形势<br>从被访者处获取非常特定的信息<br>鼓励腼腆的人交谈<br>避免被访者泛泛而谈 |

其次，确定问题的结构或问题的顺序，见表 3-3。

表 3-3　安排面谈结构

| 漏斗型：从一般到特殊 | 倒漏斗型：从特殊到一般 |
| --- | --- |
| 有关在大楼内吸烟的规章，你认为怎么样？这些规章公平吗？这些规章是否限制了员工的抽烟，实施状况如何？ | 这些规章怎样限制了员工的抽烟状况？这些规章公平吗？对于有关在大楼内吸烟的规章，你认为究竟怎么样？ |
| 使用漏斗型顺序的背景：<br>● 试图发现被访者的总体看法<br>● 避免诱导被访者<br>● 想竭尽所能探求问题<br>● 被访者愿意讨论这个话题 | 使用倒漏斗型顺序的背景：<br>● 在总体反应之前了解<br>● 想鼓励一个不愿开口的被访者<br>● 想唤起被访者的记忆 |

（三）面谈环境的安排

面谈地点和气氛会对面谈的结果产生较大影响。如果在办公室或单位会议室进行面谈，就会创造一种正式的氛围。如果在一个非正式的场合，如餐厅、酒店、茶馆等，就会产生一种较为轻松的氛围。环境的选择取决于面谈的目标，应当根据面谈目标选择一个有助于实现交流、达成目标的环境进行面谈。

## 五、面谈的实施

面谈的实施过程主要包括：面谈开始→营造氛围→阐明目的→交流信息→结束面谈→结果。

实施面谈的过程要坚持两条原则：一是尽量开诚布公；二是建立良好的会谈气氛。真诚的心加上和谐轻松的谈话氛围会让面谈双方感到轻松愉悦，在轻松愉悦的氛围中面谈就很容易成功，面谈的目标也就很容易实现。

面谈的实施可分为开始、展开和结束三个阶段。

（一）开始面谈

我们做任何事情都要有一个很好的开场，面谈也不例外。不论面谈的目的如何，也不论何种类型的面谈，精心安排面谈开场是非常必要的，最初建立的关系对面谈的成功至关重要。因此，一定要尽可能地留下最美好的第一印象，建立一个良好的开端。

那么，怎样开场才是最好的面谈开始呢？这不像数学题，可以有一个公式来套用，而要根据具体面谈的对象、面谈的事件、面谈的内容来确定，也要以时间、地点、条件为转移，但是，我们可以借鉴一些常用的开始方式作为参考。

**小知识**

### 好的面谈开场方式

- 概述被访者要面对的问题，让被访者清楚本次面谈的主题。
- 开诚布公、开门见山地就某些问题征求意见或寻求帮助。
- 说明你是如何发现问题的，建议被访者与你讨论问题，寻找共同的目标答案。
- 以引人注目的事件或问题开始，引起被访者的重视。
- 提及被访者曾经的看法。被访者此前可能就某一问题已发表过自己的看法，要求你提出建议。这种方法用在被访者可能强烈反对你的想法时最有效。
- 不谈问题本身只谈问题背景、原因和起因等。这种方法用在被访者可能抱有敌意且对问题又较熟悉时。
- 从说出派你与被访者面谈的人的名字开始。当被访者不认识你时，这种方式相当于"介绍信"。
- 说出你代表的组织、公司或团体。
- 请求占用对方十分钟或半小时时间。这种方法针对那些忙碌、急躁或不耐烦的被访者比较有效。

需要切记的是，面谈开始不能占用太多的时间，不能在寒暄中占去太多时间而回不到真正的面谈中来。如果在一个30分钟的面谈中，开场以占用2分钟左右的时间为宜；如果谈话时间较长，开场也可以稍稍长一些，但不可过长。

在面谈中，应尽可能让自己处在更加重要的主导地位，尽可能地左右局面，这样有利于面谈目的的达成。如何主导局面，这就需要访问者用自己平时积累的知识，机智地选择开始的方式。

（二）展开面谈

简单轻松的开场结束后，就要进入面谈的展开阶段，也就是实质性的面谈阶段。在这个阶段，应继续维护、增进良好的氛围，开始真诚地面谈。

在这个阶段中，访问者要注意控制时间，维护和创造良好的气氛。

1. 时间控制

有时候访问者是没有办法或不能预先准备和设计面谈进程的，如在一些劝告性面谈、调解性面谈中，被访者多有个人情绪、抱怨或不满。这时就可以让被访者成为面谈的主导者，主要由被访者来尽可能地发泄情绪，由他们来控制时间，访问者只需整体掌握和适时调控即可。

2. 提问

在面谈中，提问也是有技巧的，可根据不同的目的、不同的对象，使所提问的问题的特点、范围等也不尽相同。提问的方式有以下几种。

（1）限定性提问

限定性提问几乎没有给被访者更多的自由度，答案基本上只有一个。被访者只要给出一个明确的答案即可，如"你是什么时候参加工作的？""你叫什么名字？"等。这种问题在了解被访者个人情况，或者某个事情时常常使用，更常用于招聘面试中，如"你带简历了吗？""你希望的薪水是多少？""你上一个工作的薪水是多少？""你为什么要换工作？"等。

### 情境任务 3-7

请你举两个限定性提问的例子。

例 1: _____

例 2: _____

（2）是非式提问

是非式提问是给出被访者两个相反答案的问题，要求被访者做出选择。这种提问能让访问者更快、更好地得到准确的信息。但由于这种提问对答案做了极大的限制，被访者又只能在两者之间进行选择，有时候选择的结果并不能代表被访者的真实思想。

（3）引导式提问

引导式提问是给出一个提问，而且问题的答案是访问者希望的，也是肯定的一种提问方式。例如，"你不觉得近来的天气不好吗？""你不认为这是一个好主意吗？"

如果一个推销员能用这种方式准备一系列问题，他就能引导客户回答问题，而且得到希望得到的答案，让客户很自然地接受他们的想法或产品。这种技巧已被推销员广泛使用，尤其当访问者的目的是说服对方时，巧妙地运用这处引导式提问十分有效。

### 情境任务 3-8

请举两个引导式提问的例子。

例 1: _____

例 2: _____

（4）无限制提问

无限制提问又称开放式提问，这种提问允许被访者在回答提问时有最大限度的自由，让被访者可以充分地回答问题，表明态度。这类问题能让被访者道出更多的关于个人的信息，如信念、修养、价值观等。这类问题也能更好地让被访者展示个人的语言表达能力、思维能力及自信心。

这种提问虽然能更多地了解被访者的个人信息，但应对没有价值的回答及时进行选择或引导，不然会浪费很多时间。

（5）重复性提问

重复性提问就是对已经谈过的话题，重复提起、询问，要求再次给出答案的一种提问方法。例如，"按你的观点，你是理解这个事件的发生了？""如果我没听错的话，你是喜欢这款产品的，对吗？"。

这种强调式的提问，是为了确定被访者是否很好地表达了真实意思，也是保证沟通继续进行的方法之一。它在面谈进行中给被访者一个检查自己回答或对某事理解的对与错的机会。它的优点是避免面谈中听错的可能，有助于增加双方的信任，活跃面谈气氛。

（6）想象式提问

想象式提问又称情景式提问或假设式提问，即假设一个情景让对方想象，以达到面谈的目的。当然，这个假设一定是有利于面谈效果或目的的达成的。也可以假设一个不好的情景，引导对方如果不这样的话，会是一个不好的或更坏的情况，以让对方向访问者的目的靠近。例如，"假设生前他买了保险，那么他的家人现在的生活应该会好得多""想象一下，如果你开上这辆车去环山兜风"。

## 情境任务 3-9

### 应该怎样提问

电话销售人员：您好，李总，我是××财务软件公司的小王，很高兴，你能接听这个电话。

李总：有什么事吗？

电话销售员：是这样，我们公司最近新代理一种能够提高库存的财务方面的管理软件。听说你们公司目前还没有使用这方面的软件，是吧？（营业厅销售课程）

李总：你听谁说的，我们偌大的公司怎么可能不使用财务管理软件，你搞错了吧。

电话销售员：是吗，您使用的是什么品牌的财务软件呢？

嘟、嘟……（对方已经挂断电话了）

1）请你对销售员的提问进行评价。

_____

_____

_____

2）如果你是销售员，应该怎样提问以达到目的？请和同学分角色演绎一下。

_____

_____

_____

**3. 回答问题**

回答问题应围绕着面谈的目的，为目的服务，促进目的的实现。不能偏离面谈目的，做无谓的回答，更不能答非所问。

**4. 维护良好的面谈气氛**

访问者不仅要控制好面谈的时间和进程，也要维护好面谈的氛围。良好的氛围不仅能创造一种宽松愉悦的环境，更能让访问者有一个轻松的心情，而好的心情有助于面谈目的的实现。

**（三）结束面谈**

结束面谈应把握恰当的时机，创造良好的氛围，为以后的交往创造良好的条件。

**1. 适时结束**

当时间已到，或已设法说服对方接受你的建议，或购买了产品，或已经得到解决，或还有更多的信息需要同其他人面谈，这时就可以结束面谈。

**2. 结束前要做的事情**

第一，明确表明面谈即将结束。例如，"好吧，我的问题就这些"或"您的介绍给我们以很大的启发"等。第二，对对方的谈话要点进行简单的总结或重复，以检查得到的信息的准确性。第三，让对方知道下一步将做什么，如是不是下次还要见面，对方将完成什么任务等。第四，对占用对方时间和仔细回答表示感谢，确保继续建立良好的关系。

**3. 整理信息，为成功做好准备**

面谈结束后，要及时检查自己是否记录了所有重要的信息，尽管你可能很好地计划了这次面谈，但也不可能记住面谈中的所有信息。如果仅凭记忆，重要信息有可能遗忘。尤其是业务面谈，初次的接触会有大量的信息，能为以后的工作提供方向或奠定良好的基础。所以，一定要按照面谈对象本来的意思对信息进行记录、整理和总结，作为以后工作的基础。

**体验活动**

【目的】通过模拟活动，体会面谈前的准备、提问及应对技巧以达到面谈沟通的目的。
【要求】学生分组讨论，选派代表完成模拟任务，教师根据各组完成情况进行评价。

活动一：各组准备一种商品，并进行模拟推销的面谈

小组活动记录：_____

_____

_____

_____

_____

_____

活动二：设计面谈问题

背景资料：

赵女士现年40岁，女儿在上初一，家境富裕，因为近期股市低迷，为了保险起见，她想把证券资金退出股市存入银行。而她的一名亲戚在中国农业银行工作，请赵女士帮他完成揽存任务。于是赵女士来到中国建设银行办理转账业务，要求将其股市中的200万元证券资金转出后开具银行本票。200万元可不是小数目，中国建设银行接待赵女士的柜员小朱听说客户要转走200万元，心理不觉"咯噔"了一下。良好的职业心理素质和丰富的临柜经验使小朱迅速镇定下来，一边有条不紊地为赵女士处理业务，一边谋划着如何留下这笔大额存款。因为办理大额业务需双人授权复核办理，小朱灵机一动，马上招呼主任前来授权。在授权的过程，小朱向主任报告了这一情况，主任心领神会。

请分组，一人扮演小朱，一人扮演主任，一人扮演赵女士进行面谈。如何留住这笔资金和这位大客户？

小组活动记录：_____

_____

_____

_____

_____

_____

# 模块三　组织内部沟通

## 案例导入

### 忽视沟通的梁经理

研发部的梁经理才进公司不到一年，工作表现颇受主管赞赏，不管是专业能力还是管理绩效，都获得了大家的肯定。在他的缜密规划之下，研发部一些延迟已久的项目，都在积极推行当中。

部门主管李副总发现，梁经理到研发部以来，几乎天天加班。他经常看到梁经理电子邮件的发送时间是前一天晚上十点多，甚至看到当天早上七点多发送的另一封邮件。这个部门下班时总是梁经理最晚离开，上班第一个到。但是，即使在工作量吃紧的时候，其他同事几乎都准时走，很少跟着他留下来。平常也难得见到梁经理和他的部属或者同级主管进行沟通。

李副总对梁经理怎么和其他同事、部属沟通工作觉得好奇，开始观察他的沟通方式。原来，梁经理总是以电子邮件交代和部署工作。他的属下除非必要，也都是以电子邮件回复工作进度及提出问题，很少找他当面报告或讨论。梁经理对其他同事也是如此。电子邮件似乎被梁经理当作和同仁合作的最佳沟通工具。

但是，最近大家似乎开始对梁经理这样的沟通方式反应不佳。李副总发觉，梁经理的部下对部门逐渐没有向心力，除了不配合加班，还只执行交办的工作，不太主动提出企划或问题。与梁经理办公室紧挨着的陈经理也反映梁经理似乎希望用电话讨论工作，而不是当面沟通。陈经理曾试着要在梁经理房间谈，而不是电话沟通。梁经理不是以最短的时间结束谈话，就是眼睛还一直盯着电脑屏幕，让他不得不赶紧离开。

了解了这些情形后，李副总找到了梁经理谈话。梁经理觉得，效率应该是最需要追求的目标，所以他希望用最节省时间的方式，达到工作要求。

（资料来源：https://max.book118.com/html/2016/0428/41574130.shtm.）

【分析】在组织内部，良好的沟通绝对会让工作顺畅许多。许多管理者忽视了沟通的重要性，而是一味地强调工作效率。实际上，面对面沟通所花的些许时间成本，可以增进上下级关系，增强员工情感和企业的凝聚力。良好的组织内部沟通能力，可使工作成功与个人幸福的获得率达到85%以上。忽视沟通，工作效率势必下降，也会成为组织前行路上的绊脚石。

## 相关知识

美国著名未来学家约翰·奈斯比特曾指出："未来竞争是管理的竞争，竞争的焦点在于每个社会组织内部成员之间及其外部组织的有效沟通上。"

### 一、组织内部沟通的含义和作用

（一）组织内部沟通的含义和特点

组织内部沟通就是在组织结构环境下的知识、信息及情感的交流活动。组织内部沟通与一般意义上的沟通是有一定区别的，主要在于组织内部沟通特定的情境是工作场所，所以它既具备一般人际沟通的特点，同时又是工作任务和要求的体现。因此，组织内部沟通具有明确的目的，通过影响组织中每个人、每个部门的行为，使之与实现组织的整体目标相一致，并最终实现组织目标。组织内部沟通是按照预先设定的方式，沿着既定的轨道、方向、顺序进行，并作为管理的一种日常活动而发生的。由于组织内部沟通是管理的日常功能，因此组织对信息传递者具有一定的约束和规范。

（二）组织内部沟通的作用

组织内部沟通的目的是促进组织行动，即按有利于组织的方向控制组织的行为。组织内部沟通的作用主要表现在下述四个方面。

1. 传递组织信息，控制内部成员行为

组织需要为组织内部成员采取合理的行动提供必要的情报。组织成员对自己的工作和工作环境掌握得越多，就能工作得越多。在组织运行过程中，组织会根据不断变化的外部环境，随时变更和调整企业的目标、任务。组织通过内部沟通使成员随时了解到每一步变化，以便员工更好地完成组织交给的任务。

2. 征求员工意见，促进决策合理有效

信息由基层逐级向上传递，上一级把收到的信息进行总结消化，并在职权范围内采取行动，最终传递到最高主管部门。最高主管部门对收到的信息进行总结归纳，并用来进行决策。同时，组织在决策过程中和制定决策后，还必须进一步与组织成员进行沟通，征求成员的意见，让成员参与决策并对决策提出建议，从而使组织的决策更加合理有效。

**小知识**

### 鼓励员工参与企业决策

很多企业认为：一群聪明能干的人的表现往往要比一群水平参差不齐的人好很多。但这种想法是错误的。佩奇在密歇根大学做了一个试验后发现，当面对一个难题时，由聪明能干的人组成的小组表现还不如那些能力参差不齐的人组成的小组。水平上的差异能够促使人们去考虑那些本来可能会被忽略的因素。同理，员工参加企业管理与决策，不仅利于发现被忽视的问题，吸收合理化建议，更可以引发员工对企业的投入感和责任心。正所谓：三个臭皮匠，顶个诸葛亮。

3. 统一组织行动，激励成员改善绩效

组织内部沟通可以使组织成员了解组织的内部政策、习惯做法、规章制度，并遵守这些要求，从而保持组织的统一性。在绩效考评方面，上级评价下级对组织所做的贡献，并将此评价传达给下级是十分重要的。它有利于下级了解自己的地位，了解上级对他们完成任务的看法，了解他们如何改进对组织的贡献，以及了解他们的未来前途。这将极大地激发组织成员的士气，使其工作更有成效。组织内部沟通还可以促进组织成员交流感情，分享成功和失败的经验，引导组织成员强化正向行为，避免错误的行为，改进员工工作方法，促进组织成功。

4. 逐步沉淀积累，塑造企业独特文化

组织通过内部不断沟通，逐渐积累经验，形成组织独特的沟通文化，进而积淀为组织文化，形成组织的沟通内涵，如组织间乐于共享的心态、对他人的尊重、开放的沟通网络等。这些资源作为企业文化的重要内容，能够为组织的发展增加活力。

（三）组织内部沟通的环境

从管理沟通的角度看，由于沟通对象是非常聪明的人，而人所存在的直接环境是组织。分析组织内部的沟通环境，可以帮助我们采取针对性的沟通策略。组织内部的沟通环境可以从内部组织结构、组织文化和内部技术环境三个方面来考查。

内部组织结构反映了组织成员的权利关系、信息沟通渠道和业务流程等，它在本质上反映的是组织内部人与人之间的关系。

组织文化是组织成员需要遵守的行为规范、思维方式、意识形态、风俗习惯等，组织文化的本质是组织内部的价值观。

内部技术环境也深刻地影响着组织内部的沟通，它一方面使组织内部信息交换在空间上不断扩展，组织虚拟化生存成为可能；另一方面，组织管理从刚性的制度和规则管理走向个性化、柔性化管理，组织内部成员日益从"社会人"变为"文化人"，也促使了组织内部沟通模式发生渐变。事实上，随着互联网、局域网的普遍采用，组织的沟通模式正在从根本上发生改变。

## 华为公司的企业文化

2005年华为公司（以下简称华为）海外市场收入首次超过国内市场收入。2012年华为销售收入和净利润均超过了爱立信，成为全球电信和网络领导者。华为2018年销售收入为7212亿元，净利润593亿元。华为的成功源自彰显其文化的价值观，这里仅举例一二。

一、成就客户

公司初创时期，在中国偏远的农村地区，老鼠经常咬断电信线路，客户的网络连接因此中断。当时，提供服务的跨国电信公司都认为这不是他们该负责的问题，而是客户自己要解决的问题。但华为认为这是华为需要想办法解决的问题。于是就开发了防啃咬线路等坚固、结实的设备和材料，解决了这一问题。同时，华为也经历了一些需克服严峻气候挑战的项目，如在珠穆朗玛峰6500米处安装全球最高的无线通信基站、在北极圈内部署首个GSM( global system for mobile communications，全球移动通信系统）网络等。还有些项目也让华为积累了丰富的经验，获得了客户的广泛赞誉。

二、艰苦奋斗

华为强调唯有艰苦奋斗才能获得机会。在成立初期，公司给每位新员工提供一床毛巾被和一个床垫。这样一来，许多加班到深夜的员工就可以在办公室睡觉，而第二天中午他们也可以在公司午休。华为一位员工曾说："过去，垫子是努力工作的象征，这一理念今天已经演变为将每项工作都做到极致的奋斗精神。"正是员工艰苦奋斗的精神才使公司在国际上更具竞争力。

## 二、组织内部沟通的类型及策略

有效的组织内部沟通可依据信息在组织结构中的传递方向分为下行沟通、上行沟通、平行沟通（横向沟通）。

（一）下行沟通

1. 下行沟通的含义和目的

下行沟通就是指上级作为信息发送者与作为信息接收者的下属进行沟通的一种形式，是指沿着组织结构中的直线等级进行自上而下的沟通，即组织的高层结构向低层结构传递信息的过程。下行沟通的内容通常是管理决策、规章制度、工作目标和要求、工作评价和工作绩效反馈等。

下行沟通的主要目的有：①传递工作指示，提供工作资料和指导；②促进员工对岗位职责、福利、工作内容及其他任务的了解；③向下级传递组织文化，提供关于程序与实务的资料，统一组织成员的认识和行为；④向下级反馈其工作绩效，激励和控制员工；⑤向员工阐明企业的目标，使员工增强责任感。

2. 下行沟通的优缺点

下行沟通的优点：①可以使下级及时了解组织目标和领导意图，增加员工对所在团体的向心力和归属感；②能够协调组织内各层级之间的关系，增强各层级之间的联系；③对下级具有督导、指挥、协调和帮助等作用。因此，这种沟通形式受到古典管理理论家的重视，今天仍为许多企业所沿用。

### 领导下达的任务

在电视剧《杜拉拉升职记》中，杜拉拉的上级领导安排她完成两件工作：第一，撰写年度优秀员工评选文案；第二，为评选出的年度优秀员工准备礼物。杜拉拉听后回答："没问题！"然后很顺利地写出了文案，并策划采用笔、本之类的文具系列作为获奖礼物，之后把文案报告和礼品策划拿给领导审查。

出乎杜拉拉意料的是，上级领导对她的方案非常不满意，说道："这个评选文案很像感谢信，没有体现公司的企业文化，并且作为全球五百强企业，员工对于优秀员工评选具有很高的期望，这样的礼品和要求差距太远……"杜拉拉听后，只能不停地说："对不起！我没有问清楚。"

上述案例中，领导在给杜拉拉布置工作任务时，并没有对工作结果提出具体要求，也没有说明要求策划文案和礼品符合公司的企业文化，所以在沟通中领导具有一定的责任。作为上级，应准确地传递自己的意图。

下行沟通的缺点：由于信息是逐级传递的，因而传递过程中可能会发生信息的搁置、误解、歪曲，从而影响沟通的效果；而且长期过分依赖于下行沟通，一方面容易助长权威主义，导致不民主的氛围，影响士气；另一方面会助长下属的懒惰主义，过分依赖上级，缺乏工作的积极性和创造性，如图 3-1 所示。

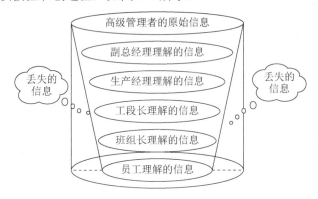

图 3-1　信息理解漏斗图

3. 下行沟通的策略与技巧

下行沟通的策略如下。

1）管理者要树立正确的向下沟通心态。

2）应采取开放式管理，鼓励员工参与。

3）制订好沟通计划，建立沟通制度。

4）精简沟通环节，合理安排沟通时间。

5）充分授权。

6）言简意赅，提倡简约的沟通。

7）建立有效的反馈机制。

8）利用多种沟通渠道和方式。

 小故事

**不同寻常的女老板**

有一位女性服装公司的女老板，32 岁，她经营公司的方式不同寻常。一般私企的老板一周工作七天，一天工作十几个小时以上，但是这位女老板，一周只工作两天，每天 8 小时。她的工作方式是每周星期一早上到公司，把上周设计师设计的服装拿出来，让内部的模特走台，看看哪个服装好，哪个服装不好，决定选择的产品；第二天到公司开会，把大家召集起来，第一句话就问："有没有什么事情需要我协调的？如果没有就散会。"她在办公室，谁有事就去找她。一过17:30，女老板就下班了。别人问她："你这样管理公司会不会出问题？"女老板说："我开始也担心出问题，后来我发现把工作交给他们做，他们做得比我还好。"

下行沟通的个人技巧可从传达命令、批评下属及赞扬下属三个方面掌握。

（1）传达命令

1）态度和善，语言礼貌。上级对下级传达命令时，管理者应保持理解和和善的态度，因为在现代化企业管理实践中，上下级关系已经很难依靠上级的个人权威来维持，上级的态度和语言能够直接影响下级对领导的看法，进而影响命令的执行。

2）给下属提出疑问的机会。聪明的管理者向下属传达命令时，应主动询问下属的意见，以确保下属能全面和准确地领会。

3）引导下属认识到命令的重要性。管理者对命令进行的重复和强调并不能代表下属也这样认为，管理者要通过介绍命令的背景、要求、意义等信息让下属认识到命令的重要性。

（2）批评下属

1）尊重客观事实。管理者批评下属一定要从客观事实出发，坚持就事论事，充分了解事实情况，并了解下属全部的想法后再做出相应的处罚决定。

2）选择恰当场合。批评下属时，要选择合适的场合，不能伤害下属的自尊心和自信心。

3）恰当运用赞美。管理者在批评下属的时候，应适当对下属进行肯定和赞美，让下属意识到自己价值的同时能够虚心接受领导的批评。

（3）赞扬下属

1）以诚相见，由衷赞美。赞美是一种艺术，且只有当赞美建立在诚挚的基础上时，才会让下属真正受到鼓舞和激励。

2）及时肯定，具体赞扬。在工作中创造了价值的下属，都渴望获得管理者的肯定和承认，管理者应当创造机会及时对下属的工作给予肯定。

3）见微知著，给予肯定。管理者应善于发现下属所做的有意义的事情，而且不论事情的大小都能给予真诚的赞扬。

4）适当运用，间接赞美。通过第三者角度赞美或通过第三者传达赞美以表达真诚，即"公开表扬，私下批评"。

### 鲶鱼效应

挪威人喜欢吃沙丁鱼，尤其是活鱼。市场上活沙丁鱼的价格要比死鱼高许多。所以渔民总是千方百计地想办法让沙丁鱼活着回到渔港。可是虽然经过种种努力，绝大部分沙丁鱼还是在中途因窒息而死亡。但有一条渔船总能让大部分沙丁鱼活着回到渔港。船长严格保守着秘密。直到船长去世，谜底才揭开。原来是船长在装满沙丁鱼的鱼槽里放进了一条以沙丁鱼为主要食物的鲶鱼。鲶鱼进入鱼槽后，由于环境陌生，便四处游动。沙丁鱼见了鲶鱼十分紧张，左冲右突，四处躲避，加速游动。这样沙丁鱼缺氧的问题就迎刃而解了，沙丁鱼也就不会死了。这样一来，一条条沙丁鱼欢蹦乱跳地回到了渔港。这就是著名的"鲶鱼效应"。

鲶鱼效应（catfish effect）是指通过引入强者，激发弱者变强的一种效应。在企业管理中经常被使用，也是激活员工队伍的秘诀。

### （二）上行沟通

#### 1. 上行沟通的含义和目的

上行沟通就是下属主动作为信息发送者，而上级作为信息接收者的沟通行为，是指信息从组织的低层结构向高层结构自下而上传递的过程，即下属对组织内的有关事物及个人本身的状况、问题，向上级表示自己的态度和意见的一种程序。上行沟通的内容主要表现为下级的工作汇报、工作总结、当前存在的问题、工作行为和反映、申诉、建议和意见等。

通过上行沟通可以开辟一条让管理者听取员工意见、想法和建议的通路。其主要目的有：一是为员工提供参与管理的机会；二是减少员工因不能理解下达信息而造成的失误；三是营造民主式管理文化，提高组织创新能力；四是缓解工作压力、组织矛盾及冲突。

#### 2. 上行沟通的优缺点

上行沟通的优点：①下级和组织成员将自己的看法、意见向上级和领导反映，能够获得一定的满足感，能够增强下级的参与感；②上级和领导可以通过上行沟通了解下级和组织成员的状况、存在的问题等，做出符合实际情况的决策，并有助于和下属形成良好的关系，提高管理水平。

上行沟通的缺点：①下属因级别不同造成心理距离，形成心理障碍；②下属害怕被打击报复，而不愿反映意见；③由于特殊的心理因素，信息经过层层过滤，导致信息曲解，出现适得其反的结果。

#### 3. 上行沟通的策略与技巧

成功的组织内部沟通得益于下行沟通和上行沟通的平衡。良好的下行沟通也有利于促进上行沟通的顺畅，提高下行沟通的策略也适用于上行沟通。

### 聪明的小男孩

一个替人割草的男孩出价 5 美元，请他的朋友给一位老太太打电话。电话拨通后，男孩的朋友问道："您需不需要割草工？"

老太太回答说："不需要了，我已经有割草工了。"

男孩的朋友又说："我会帮您拔掉花丛中的杂草。"

老太太回答："我的割草工已经做了。"

男孩的朋友再说："我会帮您把走道四周的草割齐。"

老太太回答："我请的那个割草工也已经做了，他做得很好。谢谢你，我不需要新的割草工。"

男孩的朋友便挂断了电话，接着不解地问割草的男孩："你不是就在老太太那割草打工吗？为什么还要打这个电话？"

割草男孩说："我只是想知道老太太对我工作的评价。"

这个故事的寓意是：只有勤与老板或上司沟通，你才有可能知道自己的长处与短处，才能够了解自己的处境。但现实是，很多人因为怕领导打官腔，很少愿意去跟领导沟通，畏缩或是逃避不能解决问题，所以还是以积极的心态应对为好。

上行沟通的策略如下。

第一，建立信任。从组织的角度看，连接员工和管理者的是权利和责任；而从沟通的角度看，维系员工和管理者的是信任。

第二，建立适当的上行沟通渠道和制度。组织可以设立正式的上行沟通途径，如建立意见反馈系统、召开员工座谈会和制定巡视员制度；定期实施员工调查，了解员工对组织和工作的感觉；设立员工意见箱，允许员工提出问题和看法，并得到高层管理者的解答。

第三，培养组织沟通文化。有效的上行沟通与组织环境、氛围直接相关。良好的组织沟通氛围，有利于打开员工的心扉，促进上下级之间的信任关系，提高上行沟通的效率。

第四，采用走动管理，鼓励非正式的上行沟通。各层级的管理者都积极行动，经常出现在员工的办公场所，自然会建立比较融洽的氛围，提高员工对管理者的信任度，最终帮助员工更好地完成工作。经常采用的开放式上行沟通的有效途径包括共同进餐、四下走动、深入工作现场、参加员工的娱乐活动。

**小知识**

### 与上司沟通的 10 条建议

1）把上司的话确认后，记在笔记本上。

2）尊重上司，不要当众给他难堪。

3）有功劳要记在上司头上，避免"功高震主"。

4）切忌越级报告。

5）上司有秘书，不妨通过秘书沟通，可避免冲突。

6）和新上司沟通，要避免开口闭口提及以前的上司如何做事。

7）提出问题，同时也要提出解决方案。

8）对你提出的建议或决策有相当把握时，不妨表现出"信心十足"的模样。

9）提出你的观点、建议时，要"简明扼要"。

10）提供重大消息，最好有"书面资料"或支持性的"证据"。

（三）平行沟通

1. 平行沟通的含义和目的

平行沟通又称横向沟通，是指沿着组织结构的横向进行的信息传递，即发生在同一工作群体的成员之间、同一等级的工作群体之间，以及任何不存在直线权利关系的人员之间的沟通。平行沟通是企业实现团队精神的必要环境和保证，其内容主要有部门会议、协调会议、员工面谈、备忘录、主题报告、例行培训等。

平行沟通可增强部门间的合作，减少部门间的摩擦，并最终实现组织的总体目标，这对组织的整体利益有着重要的作用。平行沟通担当着组织内部同一层面成员沟通的重任，对加强个体与个体间、群体与群体间的理解，促进其合作和深化感情十分重要。随着组织结构趋于扁平化，这种跨职能、跨部门的沟通正受到绝大多数组织的关注，它已经成为组织成功的关键。

平行沟通的作用：①保证公司总目标的实现；②弥补其他沟通方式造成的不足；③实现各部门信息共享。

2. 平行沟通的优缺点

平行沟通的优点：①可以采取正式沟通的形式，也可以采取非正式沟通的形式，通常以后一种形式居多，尤其是在正式的或事先拟订的信息沟通计划难以实现时，非正式沟通往往是一种极为有效的补救方式；②可以使办事程序、手续简化，节省时间，提高工作效率；③可以使企业各个部门之间增进了解，有助于培养整体观念和合作精神，克服本位主义倾向；④可以促使员工之间互谅互让，培养员工之间的友谊，满足员工的社会需要，使员工提高工作兴趣，改善工作态度。

平行沟通的缺点：①头绪过多，信息量大，易于造成混乱；②个体之间的沟通也可能成为职工发牢骚、传播小道消息的一条途径，造成涣散团体、降低士气的消极影响。

相对下行沟通和上行沟通而言，平行沟通信息传递环节少，质量高，成本低，具有快速、便捷和高效的优点。平行沟通还对企业减少管理层次，弱化中层管理人员职能，提高管理效率起到积极作用。

3. 平行沟通的策略与技巧

对于平行沟通中出现的问题或存在的障碍，可以采取的有效策略如下。

1）树立"内部顾客"的理念。对待企业内部的其他同仁，都要像对待客户一样，待人热诚、谦逊，勿自夸；真诚地关心别人，遇事保持从容不迫的态度；要用接纳、激励、重视的态度正面肯定对方。

2）组织结构调整，完善部门职责、岗位职责。

3）多加倾听。要学会少讲多听，不随意插嘴，不打断对方讲话，不争论，不批评，认真听，不可不耐烦等。

4）横向协调部门。

5）换位思考。换位思考有助于克服人性的弱点，在企业中可以形成一种"从我做起，从现在做起"的氛围。

平行沟通可采取的个人技巧如下。

1）平行沟通要注意主动、体谅和谦让。

2）要自己先提供协助，再要求对方配合。

3）运用双赢的沟通理念。

4）注意沟通的方式。

5）让对方保持对你的好感。这里有四个原则：①总是面带笑容；②保持尊重对方的态度，对于对方的态度与言辞，要认真对待与重视，考虑对方的立场，理解对方所说的话；③不做出无视对方存在的言行举止；④经常思考自己在对方心中的地位。

6）对待分歧，应求大同、存小异。

### 体验活动

活动一：案例分析

【目的】通过分析案例，加深对组织内部沟通原则和技巧的理解。

【要求】学生分组讨论，并将讨论结果进行记录。

案例背景描述：

某团购网站的营业额一直呈下降趋势。在经过一系列人员调整后，该网站于2018年8月份营业额有所回升，但在9月份领导王某就职后又再次下降。自王某任上海站站长以来，由于该站多名老员工认为王某轻视老员工而器重新员工，因而相继离职。

作为老员工之一的小张也在 11 月 19 日时因为王某安排的额外工作而未有薪酬补贴与王某发生争吵。

事情过程：

1）事件发生：2018 年 11 月 20 日 10:00，领导王某打电话质问员工小张："为什么苏州站打电话给我？你不是说全搞定了吗？"而小张还没来得及回复，王某就让小张去会议室且在 12:00 前拨打 30 个销售电话。小张以"我手上有事情在忙，我不打电话"拒绝了领导的要求。随后领导王某约员工小张出去谈话。

2）事件发展：在领导王某和员工小张的谈话过程中，双方情绪激动，并相互辱骂对方。随后领导王某突然向小张挥拳，但没有打到。在王某又打了第二次后，双方起了拳脚冲突。其间王某被劝架者拦住，但此时小张没有退让而是大喊："三十几岁人跟我二十几岁人搞不清楚，你干什么啊？"这进一步激怒了王某。王某让劝架者"不要拦他"，随后扑上去紧紧咬住小张的手指。

3）事件后果：冲突造成员工小张手指受伤出血，颈部和耳部也有抓伤和擦伤伤口，并被公司安排休假接受调查。

1）事情产生的原因有哪些？

_____

_____

2）上级王某有哪些做得不妥当的地方？下级小张有哪些做得不妥当的地方？

_____

_____

3）你认为在工作中应怎样避免类似的矛盾？上下级沟通中应该注意哪些问题？

_____

_____

**活动二：选派代表完成模拟任务，教师根据各组完成情况进行评价**

【目的】通过模拟案例，加深对组织内部沟通的理解。

【要求】学生分组讨论，每组推荐一名成员在班上交流。

某药业集团公司在全国主要城市设立了 20 多个分公司，负责当地的产品推广、销售和服务工作。分公司与集团公司之间按照事业部制划分职能，分公司总经理有较大的人事权和财务自主权。后来集团公司为了监督各分公司工作，设立了督察部，负责定期或不定期到各分公司监督和审查工作。督察部每到一处，便会检查分公司账目、听取分公司工作汇报。但是分公司由于长期以来都是自己说了算，督察部的工作让他们感觉到十分别扭。督察部视察工作期间总是会发生各种各样的沟通冲突，甚至还引起过一些大的矛盾。

思考：如果你是该集团公司的人力资源总监，你将如何处理督察部与分公司之间的矛盾？

# 模块四　会　议　沟　通

## 案例导入

### 三星集团的会议观

三星集团是韩国的第一大企业，也是一家大型的跨国企业集团，位列世界 500 强。三星集团认为企业召开会议是重要的，会议是了解问题的手段之一，也是解决问题的工具之一。不管是经营良好的公司还是经营不善的公司都要开会，但是企业会议文化的差异造就了公司的优劣。在三星集团内部决不召开无效率和令人抵触的会议，如果这样，则企业不仅仅在交流上产生了问题，更反映出其整个体制和管理存在问题，企业会不断丧失活力。

为了召开高效率的会议，三星集团形成了良好的会议观，表现为以下几个方面。

1）凡是会议，必有准备。在会前，必须将相关资料发给与会者，与会者要提前看材料并做好准备，不能进了会议室才开始思考。

2）凡是会议，必有主题。在演示文稿的前 3 页，必须显示会议主题。

3）凡是会议，必有纪律。会议设纪律检察官（由主持人担任）。对于迟到者要处罚，对于会议上不按流程进行的要提醒，对于发言带情绪者要提醒，对于开小会私下讨论的行为要提醒和处罚，对于在会上发恶劣脾气和攻击他人的行为要处罚。

4）凡是会议，必有结果。

（资料来源：https://www.doc88.com/p-6137320093740.html.）

【分析】开会是一种群体决策的方式，可以避免结论的片面性。通过会议让大家面对面地沟通和交流，可以弥合工作中的一些裂痕。会议比简单地发一个文件更有效，因为会议是通过互动把某些观点提升、提炼、进行有效加工的过程，能够让与会者参与决策，更容易执行会议所定的目标和任务。会议也是一种有效的培训，是进行信息交流和培训的很好方式。一个成功的会议是完成管理沟通目的的最佳工具。

## 相关知识

会议沟通是群体或组织中相互交流意见的一种形式，也是一种常见的群体活动。

根据不同的目的和要求，既可以将会议看作一个集思广益的过程，也可以看作一种信息传递的方式。会议是向上沟通意见的途径之一，管理者也可以借开会的机会听取下属或员工的意见。通过会议，组织成员还可以聚集在一起，相互交换思想，进行横向沟通。

## 一、会议概述

### （一）会议的概念

会议是指有两个以上的人共同参与的、有组织、有目的的一种短时间内举行的集体活动形式。它是管理工作得以贯彻实施的中介和手段。

### （二）会议的目的

现代企业强调员工更多的参与机会，鼓励管理者与员工一起做决策，以创造更加和谐的工作氛围。成功的会议是达到管理沟通目的的有效途径之一，其目的大致包括以下几个方面。

1）开展有效沟通，交流信息。通过会议，管理者可以将有关政策和指示传达给下属或员工。同时，管理者也可以从他们那里及时得到反馈及获得其他方面的有关信息。

2）给予指导，监督员工。企业通过把员工组织起来进行培训，以提高他们某个方面或某些方面的技能，使他们更好地适应工作环境。

3）解决问题，协调矛盾。会议可以帮助澄清误会、处理各种冲突，并利用他人的知识和技巧来解决问题。

4）开发创意，完善决策。会议可以帮助营造民主的气氛，给管理者提供共同参与和共同讨论的机会，最终做出良好的决策。

5）激励士气，提高员工满意度。

### 情境任务 3-10

人们对会议有很多不满和抱怨，最常见的抱怨有："我不明白开这次会有什么意义。""我去开会，无非就是凑个数而已。""我所有的主张都遭到批评，那我还想它何用？""开会大家都在说自己的那点事罢了。"

讨论：你认为导致人们不满和抱怨的原因是什么？

_____

_____

_____

### （三）会议的类型

#### 1. 按照会议的目的分类

按照会议的目的分类，会议可分为谈判型会议、通知型会议、解决问题型会议、决策型会议、信息交流型会议。

1）谈判型会议：目的是解决双方在利益上的冲突，采用互动的方式讨论，力求达成一致的意见。

2）通知型会议：目的是传播信息，采取单项的方式，一般没有讨论。

3）解决问题型会议：目的是利用团体的力量解决问题。通常要将待解决的问题摆在桌面上，与会者应提出解决的方法。在这类会议上，人们都会为探求解决的方法而努力，不会停留在过去的状态中。

4）决策型会议：目的是在不同的方案中权衡利弊做出抉择，与会者不仅会讨论和决策，还要遵守会议的决议。

5）信息交流型会议：目的在于集思广益，常采用"头脑风暴法"讨论，即安排5～7人，每一位与会者都可以有自己对问题的看法，并从相互间的发言中得到启发，激发灵感，产生创意。这类会议鼓励讨论。

**2. 按照会议的人员规模分类**

按照会议的人员规模分类，会议可分为大型会议、中型会议、小型会议。

**3. 按照会议的时间规律分类**

按照会议的时间规律分类，会议可分为例行会议、非例行会议。

**4. 按照会议的形式分类**

按照会议的形式分类，会议可分为正式会议、非正式会议。

**5. 按照会议参与者的身份分类**

按照会议参与者的身份分类，会议可分为员工会议、委员会议、董事会议。

**6. 按照会议的内容分类**

按照会议的内容分类，会议可分为业务会议、销售会议、专业分享会议、咨询性会议、座谈会和讨论会。

（四）会议议程

**1. 会议议程的设计原则**

1）明确议题。会议议程应该明确需要讨论的议题及这些议题的顺序。与会者可以提前递交潜在的议题，以便在会上讨论。

2）确定主次。会议议程设计应正确评价在有限的时间内可以达到某个目标的能力。作为一般原则，例行公事的内容放在议程一开始，然后安排事务中的新问题。当议程中包括一些比较简短或紧迫的内容时，先安排它们，余下的会议时间专注于比较费时的事项。

3）注重实效。需要指出的是，不要将会议议程安排得满满的，以免造成超时，进而降低效率（如仓促决策）。

4）适时调整。在实际的会议过程中，会议的领导者还应该根据具体情况对议程做适当的调整。

5）提供背景资料。会议议程还应该在会前向与会者提供所需的背景资料，以便与会者做好充分准备，了解各自在会议上的角色。

2. 会议议程的设计步骤

1）突出问题，即根据实际情况列出重要问题。

2）提出新议题，即通过目前发展和与会者的联系，提出管理活动或工作中的新议题。

3）选择主要议题，即针对诸多需要考虑的议题，确定最重要和最紧迫的事项。

4）分清主次顺序，即将例行项目放在开始，按逻辑关系或难度大小排列关键议题。

5）确定时间，即根据可用时间和与会者情况安排项目。

6）表明顺序，即议程中每个议题应用数字安排。

7）结束议程，即要求提出下次会议的细节，并在议程结尾处明确下次会议的议程。

小故事

**某公司会议议程表**

按照集团全年销售工作部署，为分析总结上半年销售工作并对三季度销售工作做出安排，特召开上半年销售工作会议。相关事宜通知如下。

1）会议时间：2019 年 7 月 18 日 16:00～18:00。

2）会议地点：集团综合办公一楼多功能厅。

3）会议议程：

① 16:00～16:15 与会者签到入席。

② 16:15～16:30 市场部做上半年工作汇报。

③ 16:30～17:15 业务内勤代表办事处做上半年工作汇报。

④ 17:15～17:35 民主投票评选上半年先进人员及表彰。

⑤ 17:35～18:00 会议总结及致辞。

4）参加人员：

① 总经理。

② 业务部、进出口全体人员。

③ 各厂、事业部派 1～2 名代表。

5）有关要求：

① 参加人员要事先安排好工作，务必准时参加。如无特殊原因不得请假。

② 鉴于会议重要性，需携带笔记本与笔做记录。

（五）会议记录

1. 会议记录的内容

正式会议记录应该包含下列基本要素：会议名称、日期、起止时间、地点、主办者、出席人员、缺席人员、会议主席致开幕词并宣布会议议程、会议决议、下次会议的时间及地点。

2. 会议记录的注意事项

通常会议记录的任务由会议秘书承担。会议记录并非易事，要做好这项工作必须注意以下几点。

1）要充分了解会议主题、目的及议程。

2）可以采用手工方式记录，也可以同时采用录音、照相或摄影方式记录。

3）记录时要紧跟会议议程。

4）及时确认要点，澄清含糊不清的观点。

5）避免夹杂自己的主观意见。

6）会后应校对记录并及时打印。

**小知识**

**会议记录例文1**

会议名称：                会议时间：

会议地点：                记录人：

出席与列席会议人员：

缺席人员：

会议主持人：             审阅人签字：

主要议题：

发言记录：××× ××× ××× ××× ×××……

**会议记录例文2**

××公司办公会议记录

时间：××年×月×日×时

地点：公司办公楼五楼大会议室

出席人：××× ××× ××× ××× ×××……

缺席人：××× ××× ×××……

主持人：公司总经理

记录人：办公室主任刘××

主持人发言：（略）

与会者发言：×××……

　　　　　×××……
　　散会
　　主持人：×××（签名）
　　记录人：×××（签名）
　　（本会议记录共×页）

---

（六）会议的角色

　　开会原本是为了节省时间而进行的一项活动，但有些会议却浪费了时间，这究竟是什么原因呢？研究表明，会议的有效与否在很大程度上取决于会议的角色。一个正式会议中的角色一般包括主持人、其他与会者及会议秘书。

1. 会议主持人

　　1）控制会议的气氛。召开一个会议，会议主持人应认真地肩负起最大的责任，应能很好地掌控全局，有效地观察到所有与会者及其反应，并能决定整个会议气氛的基调。会议主持人也许有一些个人的偏好，但是无论如何不能把所有的会议都开成个人风格的会议。会议主持人应当按照会议的性质、传达的内容来定位会议的风格。会议主持人需要适时地区分参会者的不同风格，控制会议的整体气氛。

　　2）控制会议时间，推动会议的进程。作为会议的主持人，如果准备充分，完全能有效地控制会议的时间。会议过程中，尽量不要拖延，发现会议主题出现偏差或有一些拖延时，会议主持人应立即以最快的速度调整到正常的议程中。会议主持人给参会者提供一个讨论某项问题的环境，或者是传达信息时，一定要按照会议的议程进行。此外，有很多专家在场时，会议主持人一定要做到不卑不亢。

　　3）协调发言。协调与会者的发言也是会议主持人的一项非常重要的工作，只有协调好与会者的发言，才能更好地将整个会议引向一个良好的进程。这其中包括如何充分调动与会者的积极性，让其主动、自觉地发言；或与会者积极性太高时，适当地把握会议的进程。

　　4）观察与会者的反应并给予及时的反馈。观察与会者的反应并给予一些及时的反馈是会议主持人的职责。观察与会者的反应并给予反馈，有助于整个会议的顺利进行，同时还能很有成效地和与会者进行有效的沟通。

成功的动员会

　　工程部张经理主持动员会议时，一直在向大家传达着"信心"这个理念。他对不同的员工有不同的对待方式，准确把握员工的性格，无论是面对白发苍苍的资深人士，还是年轻有为的骨干，均有不同的应对方法。他对不同的问题有不同的处理方式，对会议的掌控也恰到好处。例如，他能及时解决各个部门的疑虑，掌握住每个部门发言的时间，对于一些需要花很多时间考虑的问题，也明确表示会后单独再谈。最后，他把大家的焦虑都一一消除，成功完成了这次动员会议的召开。张经理主持会议的风格大度沉稳，让大家有信心开始着手准备下面的工作。总体来说，成功的主持人成就了这次会议，进而达到了动员会的目的。

### 2. 其他与会者

参加会议的成员都有责任使会议取得成功，对于所有的成员来说，明确会议的主题、目的、议程及与其他人在这次会议中的角色是很重要的。与会者应努力做到以下几点。

1）会议前，了解会议议程并阅读有关资料，明确会议的主题和目的，确认会议讨论的内容，并对这些相关内容有所考虑，确定应该持什么观点，以及用什么材料做论据来支撑观点。

2）会议期间，注意倾听别人的观点，积极参与会谈，对涉及自己工作的决策、行动计划，应该做好详细的记录，积极表达自己的观点。

3）会议后，全力贯彻会议精神，完成会议期间分配的任务。

### 3. 会议秘书

会议秘书直接向会议主持人负责，其具体的职责可概括如下。

1）会议前，详细检查会议的时间、地点，通知与会者及分发必要的背景材料。

2）会议期间，记录会议时间、参加人数、会议内容及报告人和会议结束的日期。

3）会议后，撰写会议备忘录，核对必要的事实和数据，与会议主持人协商及分发会议备忘录。

## 二、会议的筹备与组织

会议开得成功与否取决于会议的筹备与组织，因此，为了使会议有效，必须做好以下三方面的工作：会前准备、会议进程的控制、会后工作。

### （一）会前准备

#### 1. 明确会议的必要性

会议的组织工作常常是从分析会议的必要性着手，就设定的议题而言，若不经多方讨论协商不足以解决问题，就有必要召开会议。如果通过其他方式能使问题有效地解决，就尽量不要开会。

#### 2. 确定会议的目标

一般来说，企业中常见的会议主题有两类：一是讨论工作中出现的问题；二是分析将来工作中可能遇到的问题。一旦明确了会议的主题和必要性，就应当设置一个具体的目标，如达成协议或策划方案等。

### 3. 拟定会议议程

明确会议主题和目标后，就可以拟定会议议程，即按会上将要讨论的问题的重要性和类别依次排序，并限定各项内容商议的时间。通常，会议议程应包括会议日期、时间、地点、议题及参加对象等。一般会议讨论的问题不宜太多，讨论时间也不宜太长。因为在有限的时间里讨论太多的问题，结果常常是解决不了问题。

### 4. 准备会议文件

为了顺利地召开会议，会议前应收集和整理与议题相关的信息，如果有必要，应装订成册。如果内容太多，可以用要点摘录的形式准备会议文件。

### 5. 分发材料

会前先将会议议程和整理好的文件分发给与会者，使大家对将要讨论的问题事先有所准备。

### 6. 确定会议主持人

会议的成败很大程度上取决于会议主持人。作为一名优秀的会议主持人，不仅要主持会议，而且要以一个调解人或仲裁人的角色参与会议。主持人应具有敏锐的思辨能力，沉着自信、表达能力强、富有幽默感，并且有较强的领导能力。一般情况下，主持人常由群体中职位高的管理者担任。高级管理者做主持人，在会上常常能显示老板的气度，但有时不利于活跃会议气氛。因此，可以尝试选择群体中具有相当知识和经验的人来担任主持人，或者利用现在比较流行的方式——让公司秘书担任会议主持人，或者由与会者轮流担任主持人。

### 7. 确定与会者

根据会议主题，通常选择那些对会议内容比较了解并与其工作相关的人员参加会议，不要因为害怕伤害某些人的感情而很不情愿地去邀请那些不相干的人参加会议。另外，还要依据具体情况限定与会者的人数，因为参加会议的人数越多，就意味着不能发挥作用的人越多。

### 8. 预定会议场所

影响场所选择的因素很多，应该视会议的性质而定。如果是仪式性的会议，可以在自己单位的会议室或在宾馆的大会议厅举行；如果是决策性的会议，可以安排在一个能够促进真正沟通意见的环境中举行。另外，会议地点应事先确定好，要事先列好相应的清单并在会前核实。清单内容应包括：①会议室是否预订好？是否有足够的椅子？②视听器材（如幻灯机、多媒体播放机等）是否准备就绪？③分发的材料是否准备充足？④休息用品的供应（如茶水、水果、点心等）是否准备好？⑤是否备好笔记本、纸张、铅笔和名片等。

会议场所布置应根据会议目的、会议性质及与会人数而定，通常有六种类型，如图 3-2 所示。

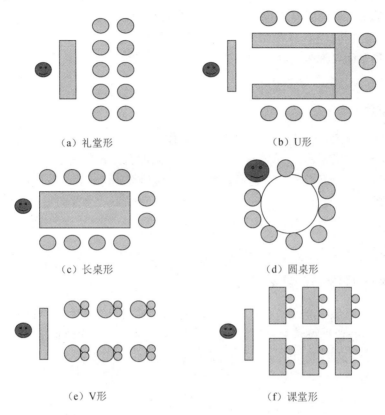

（a）礼堂形　　　　　　　　　　　（b）U形

（c）长桌形　　　　　　　　　　　（d）圆桌形

（e）V形　　　　　　　　　　　（f）课堂形

图 3-2　会议场所布置的类型

**9. 补充最新信息**

在正式开会之际，查看一下是否有新的信息。如果有，可以在会上向大家简要地通报。

**（二）会议进程的控制**

控制会议进程，具体来说，可采取以下步骤。

1）回顾。会议开始时，要回顾会议议程和准备完成的任务及前次会议以来所取得的进步。

2）介绍。向与会者介绍会议的主题和目的，与会者也应该被相互介绍。

3）制定规则。应明确议程允许哪些变动，时间安排是怎样的，决策是如何形成的。

4）报告。根据会议议程顺序提出每个议题，由预先指定的报告人做报告。

5）发表意见。征求有关与会者的意见，给每个人表述自己意见的机会。

6）控制。控制每个议题的时间，控制与会者意见的方向，当意见与议题无关或深入到不必要的细节时，应及时引导回议题本身。

7）归纳和概括。每个问题讨论结束后加以归纳概括，以便达成共识或做出决策。当出现不同的见解时，主持人应根据自己的理解将各种观点加以概括。

8）总结与安排。会议结束时，对会议的进展进行总结，根据议题的顺序重复会议的决策和结论。如果部分问题确有必要做进一步讨论，可以安排下一次会议，并确定下次会议的议题和时间。

（三）会后工作

会议结束后，会议组织者还需要做以下工作。

1）为了贯彻会议精神，执行会议决定，应尽快形成会议记录，并将会议记录或会议简报下发至与会者及其他相关人员。会议记录应该准确无误，会议中所形成的决议要突出承担任务的责任人姓名、时间和验收标准，并明确下次会议的日期和具体时间。

2）根据会议精神，对执行工作进行监督和检查，并建立检查结果的反馈机制。

## 三、会议管理

（一）影响会议成效的因素

虽然在许多组织中会议是必要的，而且运用广泛，但这并不意味着所有会议都能达到预期的目的，会议受挫是常有的事。影响会议效果的因素是多方面的，归纳起来包括：会议目的不明确，会议持续时间过长，简单问题复杂化，意见分歧处理不当，会议主持人主持不利，物质环境不利。

### 情境任务 3-11

有七个和尚曾经住在一起，每天分一大桶粥，可粥每天都是不够的。一开始，他们抽签决定谁来分粥，每天轮一个，于是每周下来，他们只有一天是饱的，就是自己分粥的那天。

后来他们推选一个德高望重的人来分粥，于是大家开始挖空心思去讨好他。

然后，大家开始组成三人的分粥委员会和四人的评选会，进行开会商议，结果互相扯皮下来，粥吃到嘴里都是凉的。直到现在，那七个和尚还在为吃粥而痛苦不已。

问题：你有什么好办法解决这个问题吗？

_____

_____

_____

（二）提高会议效率的策略

提高会议的效率应掌握一套行之有效的组织策略，通常包括：明确会议目的，缩短会议时间，领导者以身作则，选择好会议主持人，正确处理各种矛盾和分歧，以及做好会议简报的分发工作。

（三）会议管理技巧

1）做好会议的各项准备工作。

2）对会议过程进行合理控制。

① 有效控制会议议题和议程。

a. 明确会议议题所要达到的目标；

b. 根据会议议程顺序，征求与会者意见；

c. 给每个人表达自己意见的机会；

d. 控制讨论进程；

e. 当会议上出现见解不一致而引起争论时，主持人要做过渡性的总结；

f. 控制会议预期时间，不要拖时，按时结束；

g. 每个议题讨论结束后，主持人就已经达成一致的内容给出一个简短而清晰的概括。

② 合理控制会议成员的行为。

a. 严肃对待迟到行为；

b. 控制喋喋不休者；

c. 对沉默者给予积极引导；

d. 保护下级；

e. 鼓励思想碰撞；

f. 提防对建议的压制。

③ 加强对会议的组织协调。遵守目的性、应变性、果断性、灵活性四大原则。

3）做好会后工作。

① 整理会议纪要。

② 报道会议消息。

③ 监督检查执行情况。

## 体验活动

活动一：会议讨论

【目的】通过讨论完成任务，加深对会议组织的理解。

【要求】学生分组讨论，每组推荐一名成员对本组有效的方法在班上交流。

假设你是公司某部门的负责人，你在召集本部门人员开会时，总遇到下列情况。作为该部门的负责人，你会采取什么措施处理？

1）小张拖拖拉拉，开会总是迟到。

2）小王在会上总默不作声，不管正确与否，从不发表意见。

3）小李在会上十分活跃，不管会议内容如何，总爱打断主持人的讲话，对会议内容进行评价，时常导致会议主题难以正常进行。

我们组的措施是：＿＿＿＿＿＿＿＿＿＿＿＿

＿＿＿＿＿＿＿＿＿＿＿＿＿＿＿＿＿＿＿＿＿＿＿

＿＿＿＿＿＿＿＿＿＿＿＿＿＿＿＿＿＿＿＿＿＿＿

### 活动二：会议实战

【目的】通过完成任务，加深对会议组织的理解。

【要求】学生分组讨论，其中 3～4 组为广告公司成员，剩余 3～4 组为客户，在班级模拟会议沟通。

【步骤】

1）分组会议。假设大家都是属于某创意广告公司策划部的成员，就所给出的代理产品设计广告方案。请注意小组内部各角色的充分沟通，并要求做好会议记录和广告宣传稿。

2）模拟会场。小组代表在公司领导和客户在场的情况下，以演讲形式阐述自己的设计方案，小组确定最佳方案。

（注：教师可根据专业不同自行拟定代理产品）

公司会议记录：＿＿＿＿＿＿＿＿＿＿＿＿＿＿＿＿

＿＿＿＿＿＿＿＿＿＿＿＿＿＿＿＿＿＿＿＿＿＿＿

＿＿＿＿＿＿＿＿＿＿＿＿＿＿＿＿＿＿＿＿＿＿＿

＿＿＿＿＿＿＿＿＿＿＿＿＿＿＿＿＿＿＿＿＿＿＿

＿＿＿＿＿＿＿＿＿＿＿＿＿＿＿＿＿＿＿＿＿＿＿

＿＿＿＿＿＿＿＿＿＿＿＿＿＿＿＿＿＿＿＿＿＿＿

与客户沟通会议记录：＿＿＿＿＿＿＿＿＿＿＿＿＿

＿＿＿＿＿＿＿＿＿＿＿＿＿＿＿＿＿＿＿＿＿＿＿

＿＿＿＿＿＿＿＿＿＿＿＿＿＿＿＿＿＿＿＿＿＿＿

＿＿＿＿＿＿＿＿＿＿＿＿＿＿＿＿＿＿＿＿＿＿＿

＿＿＿＿＿＿＿＿＿＿＿＿＿＿＿＿＿＿＿＿＿＿＿

本次活动的体会与感想：＿＿＿＿＿＿＿＿＿＿＿＿

＿＿＿＿＿＿＿＿＿＿＿＿＿＿＿＿＿＿＿＿＿＿＿

＿＿＿＿＿＿＿＿＿＿＿＿＿＿＿＿＿＿＿＿＿＿＿

＿＿＿＿＿＿＿＿＿＿＿＿＿＿＿＿＿＿＿＿＿＿＿

＿＿＿＿＿＿＿＿＿＿＿＿＿＿＿＿＿＿＿＿＿＿＿

＿＿＿＿＿＿＿＿＿＿＿＿＿＿＿＿＿＿＿＿＿＿＿

# 本 章 总 结

在商务沟通中，要把握好电话沟通，打电话前要有所准备，接电话要注意接收重要信息，并养成随时记录的习惯。同时，如果自己的工作电话处理恰当，可以为自己的职业形象加分。

面谈是有目的的交谈。面谈前一定要有计划，要围绕目的组织内容，同时在谈话中还要有一定的应变性，从而取得较好的效果。

有效的组织内部沟通可依据信息的传递方向分为下行沟通、上行沟通、平行沟通。正确地把握和运用有效沟通的策略与技巧，能为组织的决策与执行力提供基本的保障。

会议沟通既是一个集思广益的过程，也是一种信息传递的方式。作为新时代的职业人，只有善于把握会议沟通的策略与技巧，借助会议进行有效的沟通，才能达到交换思想、解决问题、开发创意的目的。

# 综 合 练 习

## 一、填空题

1．在打电话前，一定先整理电话的内容然后_____。

2．面谈前的准备主要是考虑面谈的_____、_____、时间、地点、主题和谈话的方式六个方面。

3．有效的组织内部沟通可依据信息在组织结构中的传递方向分为下行沟通、_____和_____。

4．上行沟通就是_____主动作为信息发送者，而上级作为信息接收者的沟通行为。

5．与客户联系，上午打电话的最佳时间是_____。

6．在电话沟通前，需要考虑 5W1H 要素，其中 1H 是指_____。

7．在工作中，如果有一天因为家里有事需要请假，应该由_____打电话比较合适。

8．单位上级布置工作，把上级的话确认后，应该记在_____上，避免自己遗忘误事。

## 二、选择题

1．在接电话的时候，一定要迅速接听，一般在铃声响（　　）之内就应该接听。
    A．三声　　　　　　B．五声　　　　　　C．一声　　　　　　D．随时都可以

2. 如果有一天你因为生病要打电话请假，你认为（    ）打电话合适。

    A. 父母                    B. 朋友

    C. 自己                    D. 无所谓

3. 面谈的 5W1H 模式中，Why 是指面谈的（    ）。

    A. 时间          B. 地点          C. 对象          D. 目的

4. 相对下行沟通和上行沟通而言，平行沟通信息传递环节少，（    ），具有快速、便捷和高效的优点。

    A. 质量低，成本高           B. 质量高，成本低

    C. 质量和成本均高         D. 质量和成本均低

5. 一个正式会议中的角色一般包括会议主持人、其他与会者、（    ）。

    A. 公司领导           B. 会议负责人

    C. 议程安排人         D. 会议秘书

6. 假设你是某公司的经理，你招聘了一名很有希望的年轻下属并在工作上给了他许多的指导。可现在，你听到一些小道消息，说其他职员认为你对这位年轻人过于关心，这时你（    ）。

    A. 给这个年轻人安排一项重要工作，让他向其他职员证明他的能力

    B. 疏远这个年轻人，接近其他职员，以证明你是公平对待每个人的

    C. 重新评价这个年轻人的能力和潜力，据此决定下一步应该怎样做

    D. 不理会小道消息，继续现在的做法

7. 假设你召集下属开会，研究解决领导所布置的一项紧急任务，结果其中有个人比较啰唆，大讲与主题无关的教条理论，耽误很多时间。你应（    ）。

    A. 任其讲下去，让其他与会者群起而攻之

    B. 不客气地打断其讲话，让别人发言

    C. 有策略地打断其讲话，指出时间很宝贵

    D. 允许其畅所欲言以表示广开言路

8. 接听电话时，符合要求的是（    ）。

    A. 多使用简略语以提高效率      B. 要养成复述的习惯

    C. 不必注意自己的语气和语调    D. 可以边嚼口香糖边接电话

9. 以下不属于开放式问题的是（    ）。

    A. 请问一下会议结束了吗      B. 请问去西安有哪些航班

    C. 您对我公司有什么看法     D. 个人问题你认为如何解决较好

## 三、简答题

1. 打电话的技巧有哪些？

2. 上行沟通的策略有哪些？

## 四、案例分析题

杨锐是东北某大学的人力资源管理专业毕业生，她认为经过四年的学习自己不但掌

据了扎实的专业知识，而且具备了较强的人际沟通能力，因此对自己的未来期望很高，毅然去了广州求职。经过一个月的反复投简历和面试，权衡之下，杨锐选定了广州市的一家研究生产食品添加剂的公司。她之所以选择这家公司，是因为该公司规模适中、发展速度很快，最重要的是其人力资源管理工作还处于尝试阶段，她认为自己施展能力的空间很大。

但是到公司一个星期后，杨锐就陷入了困境。原来该公司是一家典型的家族企业，企业中的关键职位基本上都由老板的亲属担任，其中充满了各种裙带关系。尤其是她的上司，是老板的大儿子，只重视技术开发，根本没有管理理念，更不用说人力资源管理理念。因此，在到公司的第五天杨锐就拿着自己的建议书走向了直接上级的办公室。"王经理，我到公司快一个星期了，有一些想法想和您谈谈，您有时间吗？""来来，小杨，本来早就应该和你谈谈了，只是最近一直扎在实验室里就把这件事忘了。""王经理，对于一个企业来说，要持续的发展必须在管理上狠下功夫。我来公司一个星期了，据我目前对公司的了解，我认为公司主要的问题在于职责界定不清；雇员的自主权太小，致使员工感觉公司对他们缺乏信任……"杨锐按照自己事先所列的提纲开始逐条向王经理叙述。王经理皱了下眉头说："你说的这些问题确实存在，但是你必须承认我们公司在赢利，这就说明目前实行的体制有它的合理性。""可是，眼前的发展并不等于将来也可以发展，许多家族企业都是败在管理上。""好了，你有具体方案吗？""目前还没有，这些只是我的一点想法而已，如果您支持，方案只是时间问题。""那你先回去做方案吧，材料放在这我先看看再给你答复。"

杨锐此时真切地感受到了不被认可的失落，她似乎已经预测到了自己第一次提建议的结局。果然，杨锐的建议书石沉大海，王经理好像完全不记得建议书的事。杨锐陷入了困惑之中，她不知道自己是应该继续和上级沟通还是干脆放弃这份工作，另找一个发展空间。

结合案例，请同学们讨论分析：

1．在此沟通过程中，杨锐表现出有何不妥的地方，应该怎么改进？

2．在此沟通过程中，王经理做的有何不妥的地方，应该怎么改进？

# 实 训 项 目

**实训项目一**

1．项目名称

在班级模拟面试活动。

2．实训目标

提高学生面谈沟通能力。

3. 实训内容

通过"今天我面试"任务，完成面谈沟通。

4. 实训要求

1）学生分成四组：两组为招聘组，两组为应聘组。
2）学生利用课余时间准备有关资料，小组分工协作。
3）招聘组准备和拟写招聘资料，在班级公布招聘信息。
4）应聘组学生根据资料信息选择应聘岗位，准备个人应聘资料。

5. 实训步骤

1）招聘组选出招聘面试官三人，准备面试问题，布置面试场地。
2）应聘组学生注意个人形象，并准备面试资料。
3）请面试官对应聘学生逐一进行提问和面谈。
4）面试结束后，请面试官对面试学生的表现进行点评。
5）教师对两组面试官和应聘学生进行点评。

6. 考核形式

1）招聘组完成表3-4的填写。

表3-4　招聘活动基本情况表

| 应聘人员姓名 | | 应聘的岗位 | |
|---|---|---|---|
| 应聘者准备情况 | 个人仪容仪表 | 资料准备 | 行为举止 |
| | | | |
| 面谈过程的基本情况 | | | |
| 招聘的结果 | | | |
| 您对他（或她）的评价与建议 | | | |

2）教师根据学生模拟活动中的表现进行打分评价。

**实训项目二**

1. 项目名称

策划组织并实施一次会议。

2. 实训目标

提高学生会议沟通能力。

3．实训内容

召开一次主题会议。

4．实训要求

1）学生分组：进行积极筹备。

2）会议议题：以下议题可任选其一。

a．针对班级存在的问题，组织召开班会。

b．就学校有关学生的某项工作，以学生会的名义召开意见征集会议。

c．小组成立至今的工作总结（或整改）会议。

d．其他。

5．实训步骤

1）各小组选择合适的议题，布置开会场地。

2）小组长作为会议主持人召集和主持会议。

3）各小组进行实训活动。

4）教师进行轮流观察指导。

5）教师评选优秀小组进行班级公开展示。

6．考核形式

小组完成会议活动并编写会议记录（格式参考小知识：会议记录例文）。

学习资料：期中考试试卷　　　　　　学习资料：期中考试答案

# 第四章
# 网络时代的沟通

随着科学技术的飞速发展，互联网已经成为现代生活中必不可少的一部分。可以说，互联网的出现从根本上改变了人们的生活方式，这其中就包括了人与人之间的沟通交流方式。十几年前，互联网还没有发展到今天的程度，人们主要通过打电话、写信及 BP 机来进行联络，而如今，互联网的出现改变了一切，网络时代人与人之间的沟通交流方式发生了重大的变化。随着信息时代的到来，利用网络、适应网络、建立网络沟通平台，成为企业管理的必要手段之一。

## 学习目标

### 【知识目标】

了解网络沟通的内涵，掌握网络沟通的方式，掌握网络沟通的技巧和礼仪。

### 【能力目标】

能根据具体情景合理选择网络沟通方式，完成沟通任务。

### 【素质目标】

培养互联网思维，激发创新意识。

## 学习索引

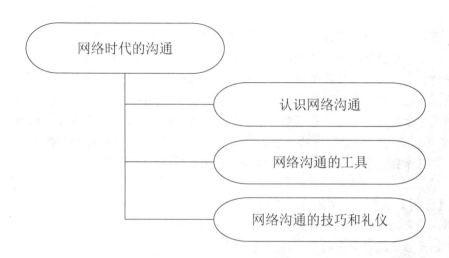

## 模块一　认识网络沟通

### 案例导入

#### 改变自己的小桓

小桓学习好，动手能力强，但性格怯懦，不善言辞，不敢在陌生人面前发表自己的意见。他很苦恼，总想改变这一点。爷爷鼓励他利用网络技术为班级建一个主页，在不需面对面的虚拟社区里锻炼自己的人际沟通能力和管理能力。由于技术好，设计的页面精美漂亮，讨论的话题贴近同学生活，他很快成为同学们喜爱的"斑竹"（版主）。网上交往的成功带动了网下的交流。渐渐地，小桓课堂发言的声音响亮了，课间常和同学聚在一起交流。他由衷地感到，是网络给人际交往提供了新的平台，帮他克服了现实交往中的弱点。

【分析】小桓利用网络克服了现实交往中的"性格怯懦，不善言辞"的弱点。在现实交流中，我们还有许多问题可以借助网络的帮助得以解决。例如，朋友之间闹矛盾，不好意思先开口，可在网上留言致歉等。网络沟通可成为现实交往的前奏或缓冲地带，可以节省时间，避免尴尬。

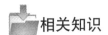**EQ 驿站**

### 幽默的力量

近年来，生鲜电商逐渐成为电商领域的新热点。本来生活网是一家新兴电商网站，为了能在激烈的市场竞争中站稳脚跟，其始终坚信优质的食材是会说话的，严格把控各个环节，保证最优的产品和服务。借由食品本身的价值和媒介作用，本来生活网独辟蹊径，在针对褚橙的营销中走起了幽默营销路线。在预售期内，本来生活网网站上就推出一系列青春版个性化包装，那些印有"母后，记得留一颗给阿玛""虽然你很努力，但你的成功，主要靠天赋""谢谢你，让我站着把钱挣了""我很好，你也保重"等幽默温馨话语的包装箱，推出没多久就在本来生活网上显示"售罄"，可见其受欢迎程度。

【分析】本来生活网的这一系列个性化包装，除了非常吸引眼球，也让人感到欣慰。毕竟，在这个纷杂的社会里，能让我们会心一笑的幽默还是太少了。在互联网中，多点幽默，更有利于沟通。

微课：网络沟通对人际交往的影响

## 相关知识

### 一、网络沟通的定义

20 世纪 90 年代以来，互联网在中国的普及，使人们的沟通方式发生了巨大的变革。网络日益成为人们进行沟通的重要媒介，利用网络进行沟通也演化为一种时代潮流。基于此，我们将以互联网为媒介，在两个或两个以上的计算机之间传递、交换或分享各类信息的过程，称为网络沟通。

**小知识**

### 信息时代的新"武装"

如今，英特尔公司的员工装备了笔记本电脑和手机，可以从世界上的任何一个地方就团队项目进行沟通和协调。实时通信、组网和无线互联网等新技术使这些设备能够提供快速的反馈，从而增加了它们对组织沟通的价值。

随着网络科技的发展，网络对于人类的生活方式和沟通行为的影响越来越大，国内外学者都做过网络沟通的研究。霍华德·莱因戈德是较早把网络沟通作为独立的对象进行系统观察和研究的学者之一。他提出，网络沟通（computer-mediated communication）将从三个相互联系的方面对现实生活产生影响。首先，在媒介饱和年代，网络沟通将重新塑造人们的个性和情感；其次，传统的人际关系是建立在一对一的交流基础上，而网络沟通提供的是多对多模式，因而也将对群体观念和人际关系构成挑战；最后，则是对民主社会的影响，网络沟通挑战了权力集团对传播媒介的垄断。

之后的研究者，对于网络对沟通模式的影响大多呈现两种趋向。一是乐观主义的期待，强调网络传播产生了新的社会交往形式和沟通行为模式，并将与新的都市生活环境相适应；另一种则体现出强烈的批判意识，认为电脑带来社会关系的非人性化，互联网的使用加剧了人的孤独、疏离感，甚至是沮丧的感觉，实际是减少了人与人之间的交流和沟通。

1994 年，我国在国际上被正式承认为"有互联网的国家"，而在西方，这一年则被称为互联网的商业化年。互联网发展到今天，不仅影响着我们的生活方式和工作方式，而且对我们的沟通行为也产生了巨大的影响（图 4-1）。

图 4-1　2010～2018 年中国网民规模和互联网普及率

（数据来源：http://www.huaon.com/story/429115.）

## 二、网络沟通的特点

网络沟通涉及的信息量传递和获得相关信息的能力比历史上任何一种沟通方式都更具优势。总结起来，网络沟通相比传统沟通有以下特点。

### 1. 交互性

网络沟通的特点是信息可实现几乎同步传输，利用网络沟通的个体之间几乎可同时共享文字、声音、图像等资料。网络超越了时间、空间与地理环境的限制，让人们得以在线上进行即时同步的互动，也可以异步的互动，并以一对一、一对多、多对多的方式进行沟通。

### 2. 开放性

网络交往超越了空间的限制，真正实现了古人"天涯若比邻"的梦想；扩大了交往的领域、对象。基于网络的沟通行为比传统的打电话或写信、发电报具有更加广阔的使用范围。鼠标一点击，世界任何一个拥有互联网的角落都可能连接上，世界就像一个地球村。

**情境任务 4-1**

#### 地 球 村

你听过"地球村"吗？什么是"地球村"？"地球村"有哪些特征？请利用互联网检索相关资料，回答问题。

_____

_____

### 3. 平等性

网络沟通超越年龄、职业、地位、相貌、肤色，提供了平等交往、广泛联络、自由活动的平台。传统的沟通方式，很难想象在同一时刻与不同地域的数百人一起对话，一起欣赏一篇文章或一首歌，还能立即知道其他人的反应。

### 4. 效益性

现在，除了购置电脑、网络支持设备等一次性投入较大外，网络建成后的每一次信息交流相比其他的传统沟通方式都更为便捷和成本低廉。以要与某人商量一件事为例，进行一次面对面的交谈将包括交通费和来回路上的时间等；打电话包括电话费，要传送某资料还要打印和传真费；而利用网络我们只需登录即时通信软件即可面谈，再附上一封带资料附件的电子邮件，十分便捷。

### 5. 虚拟性

网络沟通是非面对面的沟通，人与人之间的互动往往通过文字、影像或声音进行。虽然影音的发达使人们可以在线上立即看到对方的模样或听到对方的声音，但由于不是真实的面对面的关系，我们对于对方的身高、体重、长相、行为、穿着打扮甚至声音，完全是通过计算机网络而感觉到的，不需肢体上的接触或暗示，也有较长时间可以思考应对。

**情境任务 4-2**

观看系列纪录片《互联网时代》第六集《迁徙》，并思考。

1）如果要用一个词来描述互联网时代的特点，你会首选哪个词呢？

_____

2）请列举一件你感受最深的互联网改变生活的例子。

_____

_____

_____

### 三、网络沟通的优缺点

（一）网络沟通的优点

1. 信息交流更为广泛

商务函件通过互联网传送，速度快，准确无误。网络沟通既有电话沟通快捷、联系广泛的优点，又有书面沟通内容全面丰富、可以备查的特点。网络是以文字、图像、图形、声音、视频等不同形式表现的，因此，当代商务活动所面对的不只是语言、文本信息，而是集多感官通道信息于一体的多媒体信息，满足了企业多样化的需求。

2. 沟通成本更为低廉

电子邮件服务比传统的邮政服务更便捷、更经济。电子邮件服务是网上最常用同时也是最传统的功能。作为信息时代的新型联络方式，电子邮件有快捷、安全、廉价，以及可传递多种媒体等传统邮政服务无法比拟的优点。

3. 沟通的效率大大提高

网络沟通中，双方不见面，有助于把主要精力集中在己方条件的洽谈上，可提高沟通效率。同时，网络可以支持高水平的信息操作处理。

4. 企业的竞争力显著增强

互联网有助于消除中小企业较之大企业在信息化程度方面的弱势，从而提高中小企业的竞争力。

（二）网络沟通的缺点

1）间接接触方式，深入沟通不方便。

2）只能用文字表达，看不到对方的表情变化，方式单一。

3）无法利用情感氛围，不能有效把握沟通时机。

情境任务 4-3

## 瞎子摸号

活动目的：让学生体会沟通的方法有很多，当环境及条件受到限制时，体会怎样去改变自己，积极想方法解决问题。

形式：14～16 人为一组比较合适。

类型：问题解决方法及沟通。

时间：30 分钟。

材料及场地：摄像机、眼罩、小贴纸和空地。

操作程序：

1）让每位学生戴上眼罩。

2）给他们每人一个号，但这个号只有本人知道。

3）让小组根据每人的号数，按从小到大的顺序排列出一条直线。

4）全过程不能说话，只要有人说话或脱下眼罩，游戏就结束。

5）全过程录像，并在点评之前播放给学生观看。

问题讨论：

你是用什么方法来通知小组你的位置和号数的？沟通中都遇到了什么问题，你又是怎么解决这些问题的？你觉得还有什么更好的方法吗？

_____

_____

_____

## 体验活动

活动一：案例分析

【资料一】2014 年 11 月，李克强总理出席首届世界互联网大会时指出，互联网是大众创业、万众创新的新工具。其中，"大众创业、万众创新"正是此次政府工作报告中的重要主题，被称作中国经济提质增效升级的"新引擎"，可见其重要作用。2015 年，"互联网＋"写入李克强总理的政府工作报告，这意味着"互联网＋"正式被纳入顶层设计，成为国家经济社会发展的重要战略。

【资料二】诺基亚是世界知名的手机生产厂商，在模拟机转 2G 手机时，诺基亚将摩托罗拉超越。诺基亚坐拥全球手机"老大"的位置，俯视众手机厂商。3G 智能机时代来临时，诺基亚本应该有可能被超越的警醒，但它没有。2007 年 iPhone 上市，紧接着 Android 手机上市，三星、HTC 都因 Android 手机而兴起，触摸屏时代来了，诺基亚依然固守 Symbian 系统，固守手机物理按键。如此一来，诺基亚市场占有率从 2008 年的

40%以上，降到 2011 年的 25%，随后被三星超越。

　　结合上述资料内容，请同学们以小组为单位为诺基亚支招，如何利用网络时代的信息技术提升核心竞争力，以在激烈的市场竞争中站稳脚跟。小组讨论结果以产品策划文案形式呈现，采用教师评价、小组互评和自我评价多种形式。

　　分析结果：＿＿＿＿＿＿＿＿＿＿＿＿＿＿＿＿＿＿＿＿＿＿＿＿＿＿＿＿＿

＿＿＿＿＿＿＿＿＿＿＿＿＿＿＿＿＿＿＿＿＿＿＿＿＿＿＿＿＿＿＿＿＿＿＿＿＿

＿＿＿＿＿＿＿＿＿＿＿＿＿＿＿＿＿＿＿＿＿＿＿＿＿＿＿＿＿＿＿＿＿＿＿＿＿

　　**活动二：唇枪舌战**

　　【目的】通过小组辩论，学生可进一步体会互联网给人们日常生活学习带来的深刻变化。

　　【要求】学生分为正方和反方两组，就辩题"网络使人们更亲近还是更疏远"展开辩论。

# 模块二　网络沟通的工具

## 案例导入

### 网络时代，你用什么沟通

　　《华尔街日报》中文版刊登了这样一篇启示。

　　亲爱的朋友和亲人们：我爱你们，想念你们，希望收到你们的消息，但是你们不要再发各种垃圾信息给我了。请不要无缘无故向我发些那么长、还分成了好几部分的短信，不要在工作期间向我发送 Skype 视频聊天请求。还有，不要再打那些没有任何实质内容的电话。此外，请不要在短短两分钟内打我的手机、家用电话和办公室电话，又给我发短信，给我所有的账户发送电子邮件。在这一片嘈杂之中，我搞不明白你要说什么。

　　（资源来源：http://www.360doc.com/content/12/0725/16/8169114_226410132.shtml.）

　　【分析】现如今，许多人际交往中存在着这样一个日益多见却未被提及的问题，那就是我们在沟通方式上变得越来越不相容。交谈的方式有许许多多，而我们每个人都有自己偏好的方式（如比尔·盖茨偏好使用电子邮件），但是没有人愿意妥协。我们应该开始对如何实现最佳交流进行"必要而艰难"的谈话——学会尊重彼此的风格，但是仍要划清界限。合理选择网络沟通的工具也是一门学问。

微课：巧用网络沟通工具

## 相关知识

随着网络技术的发展，基于网络的沟通方式层出不穷。人们可以通过互发电子邮件代替传统信件沟通；可以通过采用一些即时通信工具代替打电话，如 QQ、微信等；若你的电脑配有摄像头和小话筒，你甚至可以看着对方的面孔唱歌，这类似于面对面的交流。本模块将就当代社会存在的网络沟通工具做简要介绍。

### 一、电子邮件

电子邮件（electronic-mail，简称 E-mail），是一种用电子手段提供信息交换的通信方式，是互联网应用最广泛的服务，通过电子邮件系统，用户可以用非常低廉的价格，以非常快速的方式，与世界上任何一个角落的网络用户联系，这些电子邮件可以是文字、图像、声音等各种形式。同时，用户可以得到大量免费的新闻、专题邮件，并能轻松地进行信息搜索。

【小案例】

#### 网络沟通安全机制——从希拉里"邮件门"丑闻谈起

2015 年 3 月，《纽约时报》率先披露，希拉里在担任国务卿（2009 年 1 月～2013 年 2 月）期间，从未使用域名为"@state.gov"的政府电子邮箱，而是使用域名为"@clintonemail.com"的私人电子邮箱和位于家中的私人服务器收发公务邮件。

2015 年 3 月 10 日，希拉里召开记者会首度公开承认自己在任国务卿期间，为图方便而使用私人邮件处理公务，同时坚称并未违反相关法规。

"邮件门"为什么会成为"丑闻"？"邮件门"的核心法律问题是——美国是否允许国家公职人员使用私人电子邮箱和私人服务器来收发公务邮件？在一些特定情况下（如紧急事件），美国国务院允许公职人员使用私人电子邮箱来处理公务。美国国务院督察长办公室在调查报告中也提到"不少公职人员确实在使用私人电子邮箱处理公务"。但美国国家档案和记录管理局同时规定，允许雇员使用非官方邮件系统收发公务邮件的联邦机构，必须保证所有经过非官方邮件系统收发的内容有备份。《联邦档案法》也要求雇员需妥善保管所有公务邮件，并在离任时将所有公务邮件提交给机构备份。

小知识

#### 中国第一封电子邮件

中国第一封电子邮件是由"德国互联网之父"维纳·措恩和王运丰于 1987 年 9 月 20 日共同发出的。邮件从北京的计算机应用技术研究所发往德国卡尔斯鲁厄理工学院，其内容为英文，大意如下：

Across the Great Wall we can reach every corner in the world.

中文大意：跨越长城，走向世界。这是中国通过北京计算机应用技术研究所与德国卡尔斯鲁厄理工学院之间的网络链接，向全球科学网发出的第一封电子邮件。

1. 概念

电子邮箱是指邮件服务商向用户提供的电子邮件收发服务，核心价值在于实现用户之间的信息传递和沟通交流。

2. 特点

电子邮件使用简易、投递迅速、收费低廉、易于保存、全球畅通无阻，这使电子邮件被广泛地应用。它使人们的交流方式得到了极大的改变。

3. 构成

常见的电子邮件包括以下五部分：①写信人地址、收信人地址、抄送收信人地址、密送收信人地址；②标题；③称呼、开头、正文、结尾句；④礼貌结束语；⑤写信人全名、写信人职务及所属部门、地址、电话号码、传真等。

### 情境任务 4-4

在撰写电子邮件时，经常有一些缩略词需要区分，请在下面下划线处填写英文字母对应的中文意思。

FW _____　　　CC _____

BCC_____　　　RE _____

### 情境任务 4-5

有一家苗圃不仅在实体店销售植物，也提供邮购业务。某天店主收到客户王玉的一封投诉信，声称邮购的鲜花（价值 500 元人民币）运抵时令人很不满意。信中写道："鲜花全部枯萎了，有一株在我从盒子里拿出时，竟然断了，请立即重新发货。"

任务：请以店主的名义给王玉回复一封电子邮件。

_____

_____

_____

4. 撰写电子邮件的注意事项

（1）电子邮件的标题需要注意的事项

标题必须是邮件所谈论的事情；转发前要检查标题；标题可以是邮件核心思想的浓缩；标题长短要合适，可以省略不必要的词语；一个邮件最好只有一个或一类主题。

（2）电子邮件的内容需要注意的事项

详细程度取决于收件人。不同的人在同一时间对同一事情的理解程度不同，有些指代要清楚，不用不常用的缩写；主体内容的详细程度取决于主题情景的事态；建议不要省略问候语；建议在首句和对方寒暄一下；建议在结束部分积极展望一下双方未来的合作。

（3）电子邮件的落款需注意的事项

签名信息不宜过多。在电子邮件末尾加上签名档是必要的。签名档可包括姓名、职务、公司、电话、传真、地址等信息，但信息不宜行数过多，一般不超过四行。你只需将一些必要信息放在上面，对方如果需要更详细的信息，自然会与你联系。引用一个短语作为签名的一部分是可行的，如你的座右铭或公司的宣传口号。但是要分清对象与场合，切记一定要得体。

对内、对私不要只用一个签名档。对熟悉的客户等群体的邮件往来，签名档应该进行简化，过于正式的签名档会显得与对方疏远。可以在 Outlook 中设置多个签名档，灵活调用。

**小知识**

### 规范的邮件签名格式举例

邮件签名内容及格式要求如下（括号内为格式要求）：

**With kind regards，**（字体 Arial，字号 10 磅，加粗，颜色（RGB（64，0，128）））

------------------------------------------------------------（同上）

*Kenny Wang*（王延）（字体 Arial，字号小四，加粗，倾斜）

**BMSL D&F PROJECT TEAM**（字体 Arial，10 磅，加粗，颜色（RGB（64，0，128）））

**TEL: +86（755）8881XXXX（Direct）**（同上）

**FAX: +86（755）8881XXXX**（同上）

**Mobile: +86—135XXXXXXXX**（同上）

**E-mail: example@eternalway.com**（同上，并设置成超级链接）

## 二、即时通信工具

即时通信工具是指一种可以让用户借由互联网（或者移动互联网）进行文字、音频、视频实时交流的通信服务。据统计，截至 2019 年 6 月，我国即时通信用户规模达 8.25 亿，较 2018 年年底增长 3298 万，占网民整体的 96.5%。2016 年 6 月～2019 年 6 月我国即时通信用户规模增长情况，如图 4-2 所示。

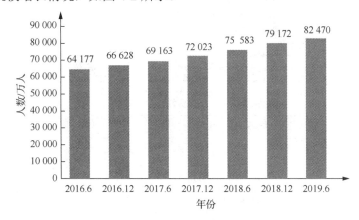

图 4-2　2016 年 6 月～2019 年 6 月即时通信/手机即时通信用户规模及使用率

（数据来源：CNNIC：2019 年第 43 次中国互联网络发展状况统计报告）

以 QQ、微信为代表的即时聊天工具是网络发展成熟的标志性产物。它们的产生拉近了人们的物理和心理距离，更加便于人们真实地表达和展现自我。

（一）QQ

1998 年，中国网民有了一个新的沟通方式——OICQ。如今，这个改名为 QQ 的"小企鹅"已经跃上了无数用户的电脑桌面。每两个中国人中就有一个人是 QQ 的用户。这只可爱的小企鹅，带领人们进入了另一个沟通世界，牵动着人们的喜怒哀乐。伴随着网络的发展而发展，QQ 不断修改更新，功能也越来越丰富。如今，在网民的个人生活中，利用 QQ 聊天、交友、游戏、购物、学习已经在生活中必不可少。QQ 最基本的应用就是聊天、交友。通过 QQ，人们不仅可以和现实中的好友保持联系，还可以和陌生人轻松交往，认识更多的朋友。网络上不见面的交流方式，能让人忽略现实的距离，做到心与心的交流。企业可以利用 QQ 进行日常的沟通，提升工作效率；政府机关也开始利用 QQ 进行工作，加强和群众的联系。群组聊天更是深刻地影响了人们的生活，具有共同志向或者爱好的朋友，可以在网络上有个属于自己的交流空间，十分方便。QQ 聊天成为人们相互沟通的时尚方式，一个小小的"企鹅"改变了人们的沟通方式。

（二）微信

微信是腾讯公司 2011 年推出的一款通过网络快速发送免费语音短信、视频、图片和文字，支持多人群聊的手机聊天软件。微信具有零资费、跨平台沟通、显示实时输入状态等功能，与传统的短信通信方式相比，更灵活、智能且节省资费。2018 年微信每个月有 10.825 亿位用户保持活跃，微信已成为全民级移动通信工具。根据腾讯 2019 年一季报数据，微信月活跃用户数量达到 11.12 亿，微信已实现对国内移动互联网用户的大面积覆盖。微信已成为国内最大的移动流量平台之一。

人们在微信上可以实现多种沟通方式，第一类方式是在与朋友聊天通信之外，更多地了解朋友最新动态、结交新朋友、记录生活点滴，如图 4-3 所示；第二类方式是利用手机微信进行多人之间的会议，通过公众号学习知识、了解行业动态；第三类方式是直接用微信进行购物和手机支付。

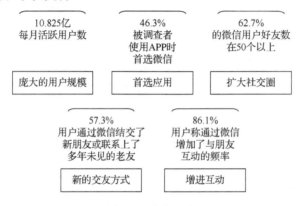

图 4-3　微信用户

### （三）阿里旺旺、京东咚咚等网络客户服务工具

这类即时通信工具主要应用于电子商务领域，如阿里旺旺、京东咚咚等。各大电商平台希望通过即时通信工具来增加用户黏性及拓展电商社交的可能性。作为用户在销售或购物时用于交流的即时通信软件，它们是电商平台为交易双方提供的免费网上商务沟通软件，可以帮助用户轻松地找客户，发布、管理商业信息，及时把握商机，随时洽谈生意，简单方便。

**情境任务 4-6**

微信公众号进入的门槛低，而且能实现融合、全媒体、移动互联、用户互动这些最新的概念。将班级学生分成几个小组，每组 5~8 人，创办、运营一个微信公众号。要求在规定时间内完成运营，并在校园内展出。教师主要从定位、性质、特色、关注人数，互动程度等方面进行考核。

【要求】运营两周后进行评价。公众号发布的内容不能全部复制，必须有原创的文字或图片，鼓励学生充分地沟通和表达，学会与受众建立良好的人际关系。

## 三、论坛

论坛又名网络社区、电子公告板（bulletin board system，BBS），它最主要的功能是用户可以自由发布主题和回复帖子，不限内容主题，交互性强。BBS 最早是用来公布股市价格等信息的，伴随着计算机网络技术的发展，它成了每个行业都可在网络中进行交流的区域。

BBS 多用于大型公司或中小型企业，作为开放给客户交流的平台。对于初识网络的新人来讲，BBS 就是在网络上交流的地方，可以发表一个主题，让大家一起来探讨，也可以提出一个问题，大家一起来解决等。总之，BBS 是一个人与人语言文化共享的平台，具有实时性、互动性。企业也可以利用 BBS 发布商品信息，与消费者、商务伙伴进行沟通。

### 四、博客和微博

博客是由英文 Blog 音译而来，又译为网络日志、部落格等。它是按时间顺序以文章的形式在网络上不定期发表内容的一种方式。博客不仅仅是一个记录网络日记的技术工具，它的根本意义在于赋予了互联网上的个人以力量，每个人都可以成为互联网中自主的主体来呈现自己、表达自己并且与整个网络世界建立全面的交流沟通。2005 年，新浪推出博客业务，成为国内首家非专业博客服务网站推出博客业务的服务提供商。在新浪网的带动下，其他门户网站也纷纷开辟了博客业务，博客逐渐成为重要的网络沟通方式之一。

微博是微博客的简称，是一个基于用户关系的信息分享、传播及获取平台，用户可以通过 Web、无线应用协议（Wireless Application Protocol，WAP）及各种客户端组建个人社区，以 140 个左右的文字更新信息，并实现即时分享。新浪微博 2019 年第三季度财报显示，2019 年 9 月微博活跃用户数为 4.97 亿，其中 94%为移动端用户。

### 五、网络电话

网络电话实现了电脑—电脑的自如交流，无论身处何地，双方通话时完全免费；而且语音清晰、流畅，目前已经实现了固定电话拨打网络电话。

### 六、网络传真

网络传真（Internet Facsimile）也称电子传真，是传统电信线路与软交换技术的融合，无须购买任何硬件（传真机、耗材）及软件的高科技传真通信产品。它整合了电话网、智能网和互联网技术。

### 七、网络新闻发布

网络新闻突破传统的新闻传播概念，在视、听、感方面给受众以全新的体验。

网络沟通工具层出不穷，它们各自的基本功能不同，可见对用户的沟通需要而言，各种网络沟通方式应该是互相补充的关系，而不是相互替代的。也就是说，同一个用户会选择多种沟通方式满足其不同的需要，因为任何一种网络沟通方式都不能完全满足网民多方面的沟通需要，如图 4-4 所示。

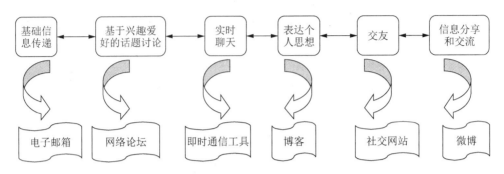

图 4-4 各网络沟通方式共存

电子邮箱、论坛、即时通信工具、博客、社交网站和微博自产生以来用户规模整体上都是不断扩大的，其中电子邮箱和论坛的用户规模已基本达到稳定水平，分别维持在 2.5 亿和 1.5 亿左右，但两者的用户使用率均呈下降趋势，意味着电子邮箱和论坛已经成为我国网络沟通方式的基础性服务。即时通信工具和博客已拥有稳定的用户群，且普及程度较高，处于发展成熟期。社交网站和微博起步相对较晚，虽然目前的用户规模和用户使用率都不低，但其是否能保持住自身优势，真正为用户带来不可替代的价值还有待观察，社交网站和微博目前还处于令人既欣喜又担忧的成长期。

移动互联网是移动和互联网融合的产物，继承了移动随时随地随身和互联网分享、开放、互动的优势，是整合二者优势的"升级版本"。统计资料显示，2018 年年底我国国内手机网民数量已达到 8.17 亿，全年新增手机网民 6433 万；网民中使用手机上网的比例由 2017 年年底的 97.5%提升至 2018 年年底的 98.6%。移动互联网的蓬勃发展也给众多互联网沟通工具带来更大发展契机。

**小知识**

### 微软内部沟通机制

世界著名的微软公司为我们创造了 IT 业界公司发展的"神话"，其公司内部的沟通机制同样为我们在网络时代提高沟通效果提供了典范。

首先，微软公司的总裁比尔·盖茨坚持利用电子邮件来加强与部属和员工的联系，他每天上班的第一件事，就是检查电子邮箱。

同时，公司内部的所有员工通过电子邮件频繁进行信息交流，一本新书、一篇好文章、一种创意、一丝灵感，都是员工电子邮件传递的内容。他们还形象地将这种沟通方式称为"东走西瞧"。

## 体验活动

### 活动一：选择恰当的网络沟通工具

【目的】通过对案例进行分析和讨论，了解网络沟通工具各自的优缺点，并做出选择。

【要求】学生 4～6 人一组，按小组展开讨论，每组推荐一名组长，在全班同学面前汇报本组讨论结果。

微课：钉钉的职场社交

华夏软件公司年终要答谢给公司以大力支持的社会各界人士及各路同仁，拟准备送给每人 800～1000 元的礼物。假定所答谢的人士均为男性，而且是年龄在 35 岁以上的领导人物。假设领导授权你来发出这则消息，选用本节所学沟通工具——QQ、新浪微博、微信，你将如何操作？

_____

_____

_____

### 活动二：网瘾指数测试题

网瘾指数测试题的答案选项是：完全没有（1 分），很少（2 分），偶尔（3 分），经常（4 分），总是（5 分）。（注：计分方法为美国作家金伯利·S.杨的版本）

1）你有多少次发现你在网上逗留的时间比你原来计划的时间要长？

2）你有多少次忽视了你的家务而把更多的时间花在网上？

3）你有多少次与网友形成新的朋友关系？

4）你生活中的其他人有多少次向你抱怨你在网上所花的时间太长？

5）你的学习成绩和学校作业有多少次因为你在网上多花了时间而受到损害？

6）在需要做其他事情之前，你有多少次去检查你的电子邮件？

7）由于互联网的存在，你的工作表现或生产效率有多少次受到影响？

8）当有人问你在网上干些什么时，你有多少次变得为自己辩护或者变得遮遮掩掩？

9）你有多少次用互联网的安慰想象来排遣你生活中的烦恼？

10）你有多少次发现你自己期待着再一次上网？

11）你有多少次担心没有了互联网，生活将会变得烦闷、空虚和无趣？

12）如果有人在你上网时打扰你，你有多少次厉声说话、叫喊或者表示愤怒？

13）你有多少次因为深夜上网而睡眠不足？

14）你有多少次在下网时为互联网而出神，或者幻想自己在网上？

15）当你在网上时，你有多少次发现你自己在说"就再玩几分钟"？

16）你有多少次试图减少你花在网上的时间却失败了？

17）你有多少次试图隐瞒你在网上所花的时间？

18）你有多少次选择把更多的时间花在网上而不是和其他人一起外出？

19）当下网时，你感到沮丧、忧郁或者神经质，而这些情绪一旦回到网上就会无影无踪？

将每个题目答案所对应的分值相加，判断标准如下。

20～39 分：你是一个普通的网络使用者。你有时候可能会在网上花较长的时间"冲浪"，但你能控制对网络的使用。

40～69 分：由于互联网的存在，你正越来越频繁地遇到各种各样的问题。你应当认真考虑它们对你生活的全部影响。

70～100 分：你对互联网的使用正在给你的生活造成许多严重的问题。你需要现在就去解决它们。

# 模块三　网络沟通的技巧和礼仪

## 案例导入

库经理按照领导指示给合作方发了一封电子邮件，内容如下：

主题：××项目碰头会

内容：周五×总来广州，约定 14:00 在我们公司进行会议。

库经理

请问：该电子邮件有几处不妥？如何修改更为妥当？

【分析】

1）主题太简单化及口语化，建议改为：××项目交流会。

2）没有任何关于会议主题的信息，何时、何地开会等交代不清。

3）内容不明确：没有说明与会者，没有说明会议议题，没有说明需要配合准备的事情，没有会议材料的提供。

电子邮件礼仪代表着一个人基本的职业素养和为人处世的态度。它涉及电子邮件方方面面的内容。其中，最核心的指导思想就是尊重他人、节省时间，将有价值的信息提供给需要的人。

## 相关知识

### 一、网络沟通技巧

电子邮件沟通：最佳发送时间为 8:00～9:00、15:00～16:00、20:00 左右。在这几个时间段里，邮件的点击率和打开率相对其他时间较高。

网络、短信沟通：对方无法看到你的表情和真实语气，所以在表达上要留意。

1）标点符号相当重要。体会以下三种标点符号传递的不同效果：

哦……

哦～

哦！！

不要用"噢""好""知道了"，类似回答虽简短但是语气欠妥。

用波浪表示友好："好～""知道了～"。

用惊叹号代表你没有反感："好！""知道了！"。

2）回复的时间很重要。理想回复时间是两小时内，特别是紧急重要的事件。对于优先级别低的邮件可以选择集中特定时间统一处理，一般在 24 小时内。不要隔很久之后才回复，而且态度、语气还很冷淡。

3）尽量保持相对稳定的情绪态度。交谈过程中，态度不要忽冷忽热，因为这样会让对方无所适从。例如，

他："你听了老板的报告没有？？？？？？？？特别好啊！！！！！！！！！！！！！我们还有一个大项目要做！！！！！"

我（为了配合他的热情高涨）："真的吗！！！我马上去问一下！！！！！！我很期待我们继续合作新项目！！！！！"

他："噢。"

微课：电子邮件使用技巧

4）适当收尾，使沟通形成完整闭环。

**情境任务 4-7**

　　为了录制"新年问候"串烧视频，需要向 40 多个人发出声音收集邀请，还要求这些人来自不同行业和不同年龄层次。这是件会打扰人家的事情，邮件要求表达清晰、友好。你准备如何撰写这封邮件？

_____

_____

_____

## 二、网络交流的一般礼仪

（一）关于电子邮件

电子邮件快捷的沟通可以有效提高沟通效率，但是也增加了沟通错误的可能。下面是有效利用电子邮件的一些注意事项。

1. "六要"

● 保持电子邮件简短、切中要害。利用主题行传达关键的、明确的信息。黑体字可以让消息更易于阅读。

● 注意礼貌。使用问候语和适宜的结束语。打开语法和拼写检查，及时发现可能的输入错误。

● 利用电子邮件筹备会议、归纳口头谈话的要点或者跟进已经讨论过的信息。

- 在旅行时利用"不在办公室"功能告知与你联系的人。
- 尽快回复电子邮件，最好是在当天回复。
- 在点击"发送"按钮之前花些时间再读几遍邮件。

2. "六不要"

- 通过电子邮件讥讽老板或同事。
- 漫不经心地对待电子邮件。如果有些东西你不希望发表在报纸上或者在电视新闻节目中播出，那么也不要写在电子邮件里。
- 利用电子邮件招聘或解雇员工。重要的、私人的消息和坏消息一定要面对面传递或者至少通过电话传递。
- 使用亵渎的语言。这些语言是不雅的，传送出去的信息可能会永久留存，所以应谨慎地评阅自己撰写的字句，以免他日落人笑柄。
- 复制给很多人。聪明的管理者都会很小心地使用群发功能。
- 通过电子邮件挑起或继续争执。电子邮件绝不能用来传递愤怒的情绪。请用合理的方法，面对面地与当事者解决争议。

➤ EQ 驿站

### 控制你的愤怒，做情绪的主人

一场世界台球冠军争夺赛正在举行，名将路易斯一路领先。突然，他看见一只苍蝇停在主球上，便挥手将苍蝇赶走。可当他俯身击球时，那只苍蝇又飞回到主球上，他只好再一次起身撵走苍蝇。

就在路易斯第三次击球时，苍蝇又停到了主球上，观众不由哄堂大笑。路易斯的情绪糟糕到了极点，顿时失去理智，愤怒地用球杆去击打苍蝇。

球杆碰到了主球，裁判判路易斯击球，他因此失去了一轮机会，这使他方寸大乱，连连失利，而他的对手则越战越勇，最终夺走了冠军。

第二天早上，人们在河里发现了路易斯的尸体，他投河自尽了！

【分析】这桩悲剧令人深思：千万不能被情绪所驱使，要做情绪的主人。尤其在互联网时代，信息量巨大，且复杂多样，面对纷纷而至的信息要学会理智淡定。

（二）关于即时通信软件

1）不要随便要求别人加你为好友，除非有正当理由。应当了解到，别人加不加你为好友是别人的权利。

2）在别人状态为"忙碌"的时候，不要打扰。如果是正式的谈话，不要用"忙么""在吗""打扰一下"等开始一段对话，而是把对话的重点压缩在一句话中。

3）如果谈工作，尽量把要说的话压缩在10句以内。

4）不要随意给别人发送链接或者不加说明的链接。随意发送链接是一种很粗鲁的行为，属于强制推送内容给对方，而且容易让别人电脑感染上病毒。

5）网上交流只能看到文字，无法看到表情，无论你在交流时的内心感慨如何，对方都看不到，只能通过文字去感染对方。所以聊天时要留意语言规范，不能说一些不友好的话，或是让别人误会我们在轻视、欺侮对方，这样才能保持沟通的顺畅。沟通时多用"你好""您""请""谢谢"这样的词汇，会产生非常神奇的效果。

（三）关于博客和 BBS

1）尊重别人的劳动，不要随意转载，不要做文字校对者，或者否定对方知识层次，不要自诩高人一筹，使用侮辱性质的词句。

2）不要做鉴定师和价值判断人。不要断章取义，不要留下一句"鉴定完毕"等鉴定式语言，不要抓住对方一句话发挥，要认真阅读后再发言。

3）说出理由，而不是激愤的语言。

4）通过 BBS、新闻组传递信息时，为了扩大宣传，除了好的标题、高质量的内容之外，在信息内容的最后，可以留下快捷的联系方式，如电子邮件地址、电话、企业地址等。另外，在联系人信息中不要留全名，以免带来不必要的麻烦。

## 体验活动

**活动一：谁是听众**

【目的】提醒参与者重视倾听技巧（尤其是当解决问题的时候）。

【程序】要求参与者不能做笔记，解决口头说出的谜语（千万不要以书面形式写出）。

你是一个公交车司机。第一站 12 个人上车。第二站 3 个人下车，5 个人上车。第三站 1 人下车，6 人上车。第四站 5 人下车，8 人上车。第五站 9 人下车，3 人上车。第六站 3 人下车，7 人上车。问公交车司机叫什么名字？

答案：你的名字。

（注释：大多数参与者会深深陷入数学陷阱而忘记了谜语的开头第一句，或者根本就没有听到这第一句。）

【讨论】

1）为什么大多数参与者不知道答案？（常见的回答：被数字所牵制，在开始时根本就没有认真听，我们对问题是什么做了很多假设。）

2）从这一活动中你得到了什么经验教训，可用于团队问题的解决？

【总结与评估】

1）这一活动可以生动地展示人们通常不注意倾听这一事实。

2）展示了人们容易陷入细节问题和错过关键点。

3）强调时刻注意问题细节倾听的重要性，尤其是当实际解决问题的时候。

### 活动二：邮件有哪些不妥之处

主题：关于零售店项目的执行要求

发送情况：小吴发给参与项目的同事

正文：

大家好！

看了×××项目的进度，现在已经第三天了。东莞进度为"0"，我有点担心这次在预定时间内完成不了。但当时时间是跟各位商量过，各位也有邮件回复点头同意了，才发给客户的……

谢谢～

小吴

阅读上述邮件内容，请回答：

1）该邮件在语气方面有何不妥？

_____

_____

_____

2）请给出改正方案。

_____

_____

_____

# 本 章 总 结

微课：互联网时代企业如何与外界沟通

　　网络沟通指的是以互联网为媒介，在两个或两个以上的主体之间传递、交换或分享信息的过程。它具有交互性、开放性、平等性、效益性和虚拟性的特点。网络沟通是把双刃剑，对人际交往及心理既有积极作用也有消极作用，需要正确对待。

　　网络沟通的工具大致可以总结为四大类，分别是电子邮件、即时通信软件（QQ、微信等）、论坛及博客或微博等。不同沟通工具具有各自独特的功能，应结合具体情景选用不同工具。商务活动中应用范围比较广，较为正式的沟通工具是电子邮件。随着信息技术的进步，商务活动沟通工具的发展也是日新月异。

　　网络沟通也是一门学问，为了高效地进行网络沟通，掌握一定的网络礼仪是非常必要的。沟通时机、内容、方式甚至文字输入速度都需要注意。

# 综 合 练 习

## 一、填空题

1. 网络沟通是以_____为媒介，在两个或两个以上的主体之间_____、_____或_____各类信息的过程。

2. _____是较早把网络沟通作为独立的对象进行系统观察和研究的学者之一。

3. 网络沟通超越了空间的限制，真正实现了古人"天涯若比邻"的梦想，这体现了其_____的特点。

4. 按沟通工具划分，QQ 和微信属于_____。

5. 目前互联网应用最广泛的服务是_____。

6. BBS 的英文全称是_____，中文名称是_____。

7. BBS 最早是用来发布_____。

8. 发表微博时，字数控制在_____左右。

9. 电子邮件理想回复时间是_____小时以内，特别是紧急重要的事件。

## 二、选择题

1. （　　）年，我国在国际上被正式承认为有互联网的国家。

　　A. 1984　　　　　B. 1994　　　　　C. 1958　　　　　D. 1961

2. 以下时段不适合发送电子邮件的是（　　）。

　　A. 8:00　　　　　B. 12:00　　　　　C. 15:00　　　　　D. 20:00

3. 你的生意伙伴马克要来中国参加一个学术会议并且打算去上海与两个生意伙伴会面，商讨合作事宜。在马克来华前五天，得知其中一个商业伙伴取消了会面，你必须将这个消息以邮件形式告知马克，以下邮件标题最合适的是（　　）。

　　A. 行程安排　　　　　　　　　　B. 上海之行

　　C. 行程有变　　　　　　　　　　D. 上海行程有变（紧急）

4. 下列通信工具不适合进行商务沟通的是（　　）。

　　A. 短信　　　　B. QQ　　　　C. 电话会议　　　　D. 电子邮件

5. 互联网论坛的管理员被戏称为（　　）。

　　A. 灌水　　　　B. 板凳　　　　C. 斑竹　　　　D. 沙发

## 三、简答题

1. 网络时代的沟通具有哪些显著特征？

2. 除了书上列举的网络沟通方式，你还能想出其他的沟通方式吗？

## 四、案例分析题

### 咄咄逼人的女秘书

**事件一：下班锁门引起总裁不满**

4月7日晚，EMC××区总裁陆纯初回办公室取东西，到门口才发现自己没带钥匙。此时他的私人秘书瑞贝卡已经下班。陆纯初试图联系瑞贝卡未果。数小时后，陆纯初难抑怒火，于是在凌晨1:13通过内部电子邮件系统给瑞贝卡发了一封措辞严厉且语气生硬的"谴责信"。

陆纯初在这封用英文写就的邮件中说："我曾告诉过你，想东西、做事情不要想当然！结果今天晚上你就把我锁在门外，我要取的东西还在办公室里。问题在于你自以为是地认为我随身带了钥匙。从现在起，无论是午餐时段还是晚上下班后，你要跟你服务的每一名经理都确认无事后才能离开办公室，明白了吗？"（事实上，英文原信的口气比上述译文要激烈得多。）陆纯初在发送这封邮件的时候，同时转发给了公司几位高管。

**事件二：秘书回了封咄咄逼人的邮件**

两天后，瑞贝卡在邮件中回复说："第一，我做这件事是完全正确的，我锁门是从安全角度上考虑的，一旦丢了东西，我无法承担这个责任。第二，你有钥匙，你自己忘了带，还要说别人不对。造成这件事的主要原因都是你自己，不要把自己的错误转移到别人的身上。第三，你无权干涉和控制我的私人时间，我一天就8小时工作时间，请你记住中午和晚上下班的时间都是我的私人时间。第四，从到EMC的第一天到现在为止，我工作尽职尽责，也加过很多次班，我也没有任何怨言，但是如果你们要求我加班是为了工作以外的事情，我无法做到。第五，虽然咱们是上下级的关系，也请你注意一下你说话的语气，这是做人最基本的礼貌问题。第六，我要强调一下，我并没有猜想或者假定什么，因为我没有这个时间也没有这个必要。"

本来，这封咄咄逼人的回信已经够令人吃惊了，但是瑞贝卡选择了更加过激的做法。她回信的对象选择了"EMC（北京）、EMC（成都）、EMC（广州）、EMC（上海）"。这样一来，EMC中国公司在北京、广州、成都、上海等地分公司的所有员工都收到了这封邮件。

（资料来源：http://blog.sina.com.cn/s/blog-730edb930100seq1.html.）

阅读以上案例，回答以下问题：

1. 你觉得秘书的做法有何不妥之处？正确的做法是什么？
2. 这件事对你未来职业的选择有什么影响？

# 实 训 项 目

## 一、案例分析

阅读下面的案例，请思考：营销人员怎么样利用这些常见的网络通信工具来进行沟通，并且在沟通中需要注意哪些问题呢？

王佳和孙露同在一家网店做客服人员，每天都要接到很多顾客的在线咨询。王佳觉得时间有限，不能和一个顾客聊得太多，所以她总是用最简单的文字回复顾客的问题，顾客购买的不多。

顾客：你好，请问这件毛衣有黄色吗？

客服王佳：没有。

顾客：那请问价格可以便宜点儿吗？

客服王佳：这是最低价格，不能便宜。

孙露却不这么认为，她觉得网络沟通不能与顾客面对面的交流，那就要通过亲切的文字体现出自己真诚的服务态度，所以她喜欢用流行的网络用语、标点符号、表情来回复。

顾客：你好，请问这件毛衣有黄色吗？

客服孙露：亲，很抱歉，这件衣服只有白色的！

顾客：那请问价格可以便宜点儿吗？

客服孙露：亲，不好意思哦，小店薄利销售，这已经是最低价了呦！

## 二、实战演练

1. 项目名称

关于本校（专业、年级）学生使用网络交流软件平台（如微信、QQ、微博等）状况的调查。

2. 实训目标

掌握网络沟通工具，利用网络工具进行有效沟通。

3. 实训内容

对本校（专业、年级）学生使用网络交流软件平台状况的调查。

4. 实训要求

1）学生分组，按小组开展调查，然后在班上进行展示、评比，选出优秀团队。

2）学生设计问卷，选择抽样方法，最后形成调查问卷。

5. 实训步骤

1）问题设计。学生可根据调查重点自行设计问卷，形式、内容自拟。

2）校园调查。选取合理的样本进行实地调查，收集第一手数据。

3）形成调查报告。对调查结果进行分析和总结，形成调查报告。

4）班级展示、评比，选出优秀团队予以奖励。

6. 考核形式

1）能使用恰当的调查手段完成任务（网络问卷、纸质问卷和访谈调查均可）。

2）对调查结果进行分析和总结，形成调查报告。

# 第五章
# 商务谈判前的准备

## 学习导航

生活中，人们每天都在为某些事情进行谈判，如和家人商谈国庆的旅游度假计划，在农贸市场买东西时讨价还价，为谋求工作而接受公司人力资源经理的面试等。谈判就在我们身边，时时发生，无所不在。

谈判是人际交往的一种重要方式，也是企业能够良好运营的重要手段。企业作为社会经济活动的基本组织，在对内、对外的交往活动中，需要运用谈判这一手段来促进了解、沟通信息、进行商品物资的购销、进行技术合作等。随着世界经济的全球化，越来越多的企业参与到跨国经营活动中，国际商务谈判也随之日益增多。因此，了解谈判，并掌握和运用商务谈判的策略和技巧来处理复杂的商务活动，是每个职场人必须具备的能力。

## 学习目标

【知识目标】

了解商务谈判的内涵和思维方式，掌握商务谈判的构成要素和类型。

【能力目标】

1. 能根据谈判的原理判别什么是谈判。
2. 会利用谈判的思维方式解决沟通问题。
3. 能根据谈判的需要选择谈判的类型。

【素质目标】

树立合作、双赢意识，创新思维，培养商务谈判的职业兴趣。

学习索引

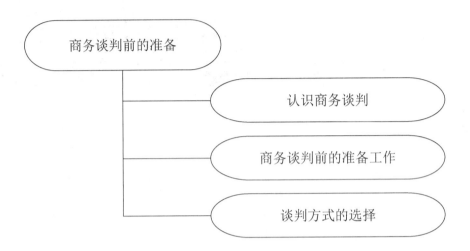

商务谈判前的准备

认识商务谈判

商务谈判前的准备工作

谈判方式的选择

# 模块一 认识商务谈判

案例导入

### 分 石 榴

两个商人要分10筐石榴，同学们想一想他们怎么分最合理、最科学。

【分析】首先分析两个对象，商人的需求和消费者的需求目的往往不同，他们考虑的更多的是商业利益，所以我们首先应该分析石榴的价值有什么，其次分析商人要石榴的目的是什么，最后考虑如何来分石榴。接下来进行具体分析。

第一，石榴是一种水果，籽粒可以食用，皮可以用作中药材。第二，两个商人可以坐下来进行沟通，如果要石榴的目的都是食用，那一分为二最公平；如果都是为了用作中药材，那么一分为二也最公平；如果一个为了用药，一个为了食用，那么最科学的分法当然是一个全部吃掉石榴籽，另一个拿走全部的石榴皮。如此，大家通过对目的的分析和沟通，最后各得所需，让石榴的价值实现最大化，也实现了双方的共赢。这就是现代谈判的意义所在——让谈判双方实现利益共享共赢。

EQ驿站

### 合作才能共赢

小猴很爱吃瓜，看到小熊种的瓜又大又好，就跟小熊要了一些种子，准备自己种瓜。小猴从小熊那里拿到种子后，就在自家门前向阳的地方开垦了一块地，按照小熊告诉它的方法种了下去。小猴每天精心照顾它的瓜田，要为瓜田浇水、除草，虽然很累，但小猴觉得很有趣。不久，在小猴的精心照顾下，瓜田里的瓜苗逐渐长大、开花了。瓜苗上开出的花很多、很漂亮，小猴开心极了。小猴瓜田里的花引来了许多蜜蜂，它们在瓜田里忙忙碌碌地采集着香甜、可口的花蜜。小猴看到蜜蜂在自己的瓜田里采蜜，非常生气。它想如果蜜蜂把花里的蜜都采走了，自己的瓜肯定不甜了。于是它不时地驱赶着来自己瓜田采蜜的蜜蜂们。蜜蜂们看到小猴不愿意它们在自己的田里采蜜，就纷纷离开瓜田去其他地方寻找蜜源了。到了瓜成熟、收获的季节，小熊的瓜又获得了大丰收，而小猴的瓜田里却没有几个瓜。

【分析】蜜蜂在采蜜的同时也起着授粉的作用，它们在采走花蜜的时候，顺便完成了植物授粉的任务。可以这样说，蜜蜂在植物花朵上采蜜，对蜜蜂和植物来说是典型的"双赢"。在这个竞争十分残酷、激烈的市场经济时代和互联网时代，合作共赢更是时代的选择。可以说合作共赢是1+1，但它不等于2，而是要大于2。我们在进行商务谈判的时候，更要抱着这样的一个心态。

## 相关知识

### 一、谈判的定义

谈判是人类行为的一个组成部分，在人们社会交往中起着越来越重要的作用。谈判有着悠久的历史。从人类社会有了社会交往开始，就有了谈判。谈判是彼此间交流、理解、沟通、协商的主要手段之一。

**小知识**

#### 谈判专家说谈判

美国谈判学会主席杰勒德·尼尔伦伯格对谈判的定义：谈判的定义最简单，而涉及的范围却最为广泛，每一个要求满足的愿望和每一项寻求满足的需要，至少都是诱发人们展开谈判过程的潜因。只要人们为了改变互相关系而交换观点，或是人们为了某种目的企求取得一致而进行磋商就是谈判。

英国学者马什定义的谈判：有关各方为了自身的目的，对各项涉及各方利益的事务进行磋商，并通过调整各自提出的条件，最终达成一项各方较为满意的协议的过程。

那么，什么是谈判？所谓的"谈"，就是谈各自关于合作的意向，谈其必要性，谈发展的前景，谈采取的措施和实施的手段；"判"就是因为合作而引起的责任、权利分享和义务等。例如，我们在日常生活中的买卖商品，关于价格、品质，以及交易完成后商家承诺的保修、退换等进行协商，就是谈判。所谓谈判，是指在正式场合下，两个或两个以上的有关组织和个人，对涉及切身利益的有待解决的问题充分交换意见和反复磋商，以寻求解决的途径，最后达成协议的合作过程。

## 二、谈判的目的

许多人对于谈判有两个传统的误区：一是认为只有重大问题才需要谈判，日常生活中则不需要；二是把谈判认为是双方的辩论。许多人认为谈判都是国家与国家之间、公司与公司之间的事。其实，我们在工作和生活中也离不开谈判。在职场生涯和社会生活中都需要谈判的技巧和能力。

首先，学会谈判会给企业带来更多的利润。企业提高利润有两种方法，降低成本和提高价格。因为利润等于价格减去成本，在成本不变的情况下，通过谈判提高价格可以取得较高的收益。不论是通过大订单采购合同谈判，还是一对一的顾问式销售，我们都需要谈判。

其次，生活中我们更离不开谈判。例如，人生的职业生涯就是如此，我们不断地提高自己的各种有关工作的专业技能和管理能力，让企业认同我们的能力和价值，从而付给我们更高的报酬。这些都要通过面试、应聘等获得，这个过程也是在谈判。

## 三、谈判的核心任务

谈判的核心任务在于一方企图说服另一方，或一方通过谈判交流来获得另一方的理解、赞同，或使对方接受自己所提出的观点。一个人生活在现实的世界里，就要不断地和周围环境中的人和物发生接触从而形成对周围环境中人和物的认识，产生自己的观点。但别人是否理解这些观点，是否允许这些观点存在，是否接受这些观点，却是未知的。如果别人不理解或不允许的话，就不会接受这些观点，那么我们应如何做呢？在这种情况下就可以考虑采取一种办法——谈判。通过谈判，使别人首先能够理解我们的观点，更进一步，则要别人能允许和接受这些观点。

由于人们所处的自然环境和社会环境的不同，人们的思维方式、文化素质、道德修养等也存在差异，人们的心理发展状况呈现不同的层次和水平，这就决定了人们在所追求的目标和维护利益方面的不一致。彼此之间的差异要互相得到满足，可以考虑采取的一种方式就是双方之间的协商、对话。

### 情境任务 5-1

1）请举例说明什么是谈判。

_____

_____

_____

　2）请每人记录一次自己参与的谈判过程，并与小组成员进行交流，谈谈自己的收获。

我自己参与的一次谈判：＿＿＿＿＿＿＿＿＿＿＿＿＿＿＿

＿＿＿＿＿＿＿＿＿＿＿＿＿＿＿＿＿＿＿＿＿＿＿＿＿＿＿

＿＿＿＿＿＿＿＿＿＿＿＿＿＿＿＿＿＿＿＿＿＿＿＿＿＿＿

个人收获：＿＿＿＿＿＿＿＿＿＿＿＿＿＿＿＿＿＿＿＿＿＿

＿＿＿＿＿＿＿＿＿＿＿＿＿＿＿＿＿＿＿＿＿＿＿＿＿＿＿

＿＿＿＿＿＿＿＿＿＿＿＿＿＿＿＿＿＿＿＿＿＿＿＿＿＿＿

## 四、商务谈判概述

### （一）商务谈判的概念

商务谈判是指两个或两个以上的从事商务活动的组织或个人，为了满足自身的经济利益的需要，对涉及各方切身利益的分歧进行沟通，谋求取得一致和达成协议的经济交往活动。

### （二）商务谈判的过程要素

商务谈判的构成要素是谈判得以进行的基本要素，谈判人员只有从整体上认知谈判的各项构成要素，才能从全局上把握谈判的主动权，使己方在谈判的进程中做到有的放矢、攻防有度、进退自如，从而达到谈判的预期目的。

从广义上讲，商务谈判的构成要素包括谈判主体、谈判客体、谈判信息、谈判时间、谈判地点。其中，前三者被称为商务谈判的基本构成要素。

#### 1. 谈判主体

谈判主体是指参与谈判活动的谈判者。谈判主体可以是自然人，也可以是经组合而成的一个团体；可以是双方，也可以是多方。

#### 2. 谈判客体

谈判客体又称谈判议题，是指在谈判中双方要协商解决的问题，是谈判者利益要求的体现。一个问题要成为谈判议题，大致需要具备以下几个特性：一是对于双方的共同性；二是具备可谈性；三是具备合法性。

#### 3. 谈判信息

谈判信息是在谈判前和谈判进行中都不可或缺的因素，离开了全面、准确、及时的信息，谈判者便无法制定谈判策略。知己知彼是任何谈判者都追求的，正确的信息是产生正确的判断和决策的前提。

4. 谈判时间

谈判时间可以从三个方面来理解：一是规定谈判期限；二是选择有利的谈判时机；三是选择适当的谈判时间。在谈判中要力争获得"天时"之利。

5. 谈判地点

谈判地点的选择往往涉及谈判的心理环境问题。在谈判中要力争获得"地利"之便。

商务谈判是由主体、客体、信息、时间和地点五个要素构成的。这五个要素相互结合，缺少任何一个因素都不能构成商务谈判。

（三）商务谈判的特征

1）商务谈判以获得经济利益为基本目的。
2）商务谈判以价格谈判为核心。
3）商务谈判注重合同条款的严密性与准确性。
4）商务谈判特别强调时效性。

## 五、商务谈判的核心思维方式

商务谈判是一种思维活动，只有坚持正确的思维和运用科学的思维方法，才能有效地进行商务谈判，解决实际问题。在商务谈判的过程中，思维是指导的方向和动力，而语言则是工具。一场成功的谈判，都是因为有正确的思维相伴。

在多种思维方式中，双赢思维是商务谈判中最核心的思维方式。

### 情境任务 5-2

形式：学生分成四组。

时间：30 分钟。

场地：教室。

材料：模拟筹码（每小组四个红筹码和四个蓝筹码），每小组和主持人各一个信封。

活动程序：

1）游戏有 10 个回合。每个回合中，每小组必须决定是选择蓝筹码还是红筹码。

2）一轮一轮地做出选红色或选蓝色的选择。

3）主持人按照表 5-1 中的计分规则在每轮之后计算分数。

表 5-1 计分规则

| 小组 A | 小组 B | 小组 A 分数 | 小组 B 分数 |
| --- | --- | --- | --- |
| 红 | 红 | +3 | +3 |
| 红 | 蓝 | +6 | +6 |
| 蓝 | 红 | +6 | −6 |
| 蓝 | 蓝 | +3 | −3 |

4）游戏总共有 10 轮，一轮做完之后，再做下一轮。

5）在第 4 轮、第 8 轮之后，如果两队都愿意会谈，可以举行会谈，并记录会谈内容。

6）第 9 轮、第 10 轮的分数加倍。

7）统计各组得分，多者获胜。

这则游戏说明：_____

_____

_____

（一）双赢的含义

营销学认为，对于客户与企业来说，应是客户先赢企业后赢；对于员工与企业之间来说，应是员工先赢企业后赢。双赢强调的是双方的利益兼顾，即所谓的"赢者不全赢，输者不全输"，这是营销中经常用的一种理论。

关于双方关系有以下五种思维。

1. 赢/?

以自我为中心，只顾及自己的利益，不关心对方是赢还是输。即使双方是相互依赖的关系，对对方的利益也漠不关心。

2. 赢/输

这种方式也称为零和博弈，只追求自身的利益，且把自己的成功建立在对方失败的基础上，运用一切资源和手段达到目的，甚至是为达到目的而不择手段。

3. 输/输

这是"赢/输"思维的另一种极端化，以损伤对方为目的，可以不顾及自己的输赢；因此可能损人不利己、害人害己，甚至是宁可同归于尽也不妥协，绝不让对方获利与发展。

4. 输/赢

这是选择自己输而让别人赢。这种方式有两种情况：其一，处于各自考虑，自己心甘情愿；其二，并非心甘情愿，或者是迫于双方力量对比悬殊、无力竞争，只好忍让、顺从、屈从。

5. 赢/赢

寻求自己的利益，也主动考虑并照顾对方的利益，创造性地寻求双方的共同利益点，以互惠互利为关系基础。

（二）商务谈判中双赢思维的作用

1. 相互的利益能建立有效、长久的人际关系

双赢模式思维下达成的利益分配方案往往是经过双方反复沟通、磋商形成的，在这样的方案中彼此都认为对己方是有利的，因而在方案的执行过程中就比较顺利。长此以往，彼此就会建立稳固的信任关系，为长期的密切合作奠定了基础。

2. 寻求自己的利益也顾及别人的利益

双赢模式处理利益问题，绝不是自私自利的利己主义，也不是大公无私的利他主义，而是一种以利己为根本，但却要用利他实现的价值观，这种价值观真实地反映了商业利益的本质。

3. 以互利合作代替竞争

人们的一种定式思维就是：对于争论的东西，或是我方得到，或是对方得到，似乎没有更好的选择形式。这种观念的影响是谈判者总是用竞争的手段来解决利益纷争。双赢思维突破了传统的利益分配模式，提出用合作的手段实现利益共享。

（三）商务谈判双赢思维的应用

要想实现双赢，商务谈判双方必须至少做到以下四点。

1. 扩大总体利益

首先，在谈判中双方应一起努力，寻找并扩大双方的共同利益，然后来讨论与确定各自分享的比例，也就是人们常说的"先把蛋糕做大，再分蛋糕"，这样才有利于实现双方的共同利益。谈判的成败，在很大程度上取决于能不能把蛋糕做大，通过双方的努力降低成本、减少风险，使双方的共同利益得到增长，最终使双方都有利可图。

2. 提出新的供选择的分配模式

新选择的提出，需要借助于创造性的思维，探寻新的思路和解决问题的方法。一方面，要收集大量的信息资料，为新思路提供依据；另一方面，要突破原有的思维定式，倡导与鼓励新的见解，集思广益，找到巧妙的解决方法。

3. 主动寻找共同利益，增强合作的可能性

商务谈判中，谈判双方都会死守己方利益而讨价还价，却往往会忽略双方的共同利益。一旦双方固执己见，谈判就会陷入僵局，甚至关系破裂。事后冷静下来，权衡考虑达成协议对己方的利益，却又追悔莫及。反之，如果双方能从共同利益出发，认识到双方利益是互补的，则会使固定的利益变多，使己方得利增多。因为共同利益对双方都是好事，共同利益显然有助于达成协议。

4. 协调分歧利益，达成合作目标

谈判协议常常是基于"不一致"达成的，就像股票的交易之所以能达成，乃是因为

购进者认为会上涨，售出者认为会下跌之故，即观念上的分歧构成了交易的基础。没有争执和冲突就无须谈判。要达成合作目的，不仅要强调共同利益，还要重视分歧利益，更主要的是调和双方的分歧利益。所以，明智的做法是提出互利型的选择方案，在双方充分协商、讨论的基础上，进一步明确各自的利益，寻找共同利益，协调分歧利益。这就需要在谈判中尽可能发挥每个人的想象力、创造力，扩大选择范围，广泛听取各方面的意见，寻找几种比较理想的选择方案。

**情境任务 5-3**

假如你是出道不久的演员，导演以 50 万元的片酬请你拍行情 300 万元的新片，你会⋯⋯

谈判决策：

1）争取演出机会，片酬并不重要。

2）既然找我，一定是因为我有一定的优势，提高片酬到 200 万元再说。

3）从 50 万元开始，多争取一万元算一万元。

4）先提出 200 万元的价格，再慢慢降价。

你的做法是？为什么？

_____

_____

_____

## 六、多种思维方式为商务谈判成功加分

### （一）辩证思维

#### 1. 辩证思维的含义

谈判中的辩证思维方式指谈判者用辩证性的认识与思考来反映和概括谈判中的一般规律，是认识或解决谈判问题的比较科学的思想方法。

对立统一规律是唯物辩证法的实质和核心，要把握好商务谈判的全局就必须运用对立统一规律指导商务谈判。商务谈判中的对立统一，最根本的一点就是谈判双方的合作与冲突关系，具体表现为：在合作中有冲突，在冲突中有合作。这样，谈判双方就必须在合作中把握冲突，在冲突中树立合作的观念，表现出合作的诚意。要充分认识到，商务谈判的目的是以合作来满足各自的利益需要，只有在满足对方基本利益要求时，才能使己方的利益得到满足。如果只见合作，不见冲突，就会在谈判中丧失原则，使己方的利益受到损害；如果只见冲突，不树立合作观念，不从合作的立场出发，企图在谈判中造成"你输我赢，你败我胜"的局面，其结果必然导致谈判的中断和失败。因此，只有将对立统一规律运用于商务谈判，从全局上把握在合作中有冲突，在冲突中又有合作的

辩证关系，才能真正地贯彻"双赢"的指导思想，提高商务谈判的成功率。

2. 商务谈判中辩证思维的应用

（1）避免绝对化

任何事物都不是绝对的好与坏、对与错，而是辩证的统一。以偏概全，是在谈判中抓住对方的某点错误，即只根据个别情况就得出一般性结论的诡辩术。例如，在谈判中抓住对方某个领域报价不合理而故意推断出整个报价都不合理。又如，在商品检验中抓住对方商品包装上的一点问题故意推断出商品质量、商品运输、付款方式等都存在问题。运用唯物辩证法对付这种诡辩术，一是要阐明特别和一般的关系，两者虽有联系但不能混为一谈，有特别不能得出一般性的结论；二是具体问题具体分析，勇于承认和纠正个别不足，但决不在全局上困惑于诡辩术的故意错误推断，要保持清醒的头脑，牢牢地把握住全局，不因个别的不足而放弃一般性的原则。

（2）避免现象代替本质

现象代替本质是故意掩盖事实真相而强调问题的表现形式，并以现象作为本质的一种论证方法。例如，谈判的一方以报刊、电视的大量宣传广告等为依据，证明己方实力强大、信誉高、质量好、客户多等，企图以此压倒对方，使对方做出原则性的让步。应对这种情形，一是要分清真相和假象，看其宣传广告是否符合实际，并从中去粗取精、去伪存真，客观地估量对方；二是要由此及彼、由表及里，透过现象去看本质，把握对方炫耀实力背后的真正目的，寻找对方本质上的薄弱环节。商务谈判不一定就以实力大小定输赢，商务谈判的双方都是为了满足各自的需要而走到一起来进行合作，本质上都有不足，都有求于对方。

（3）善于从事物一端找到另外一端

这一点表现为从正反两方面考虑问题，善于在定论中找毛病，善于分析事物的长处与短处，不随波逐流、人云亦云。例如，谈判的一方声称自己的产品有质量好的优点，我方对此可以提出与同类产品相比较价格高的缺点实施压价；当对方找到我方产品款式单一的不足时，我方可以提出我方产品具有专精化的优点来应对。总之，要善于找到事物的利弊迅速转换、灵活应对。

### 情境任务 5-4

各小组选取一件商品，说说这件商品的优缺点，并将讨论结果填写在表 5-2 中。

表 5-2　商品的优缺点

| 商品名称 | 优点 | 缺点 |
|---|---|---|
|  |  |  |
|  |  |  |
|  |  |  |
|  |  |  |

要求能从优点中推出缺点，从缺点中推出优点，要求能辩证地对应而不是机械地对应。例如，某一商品缺点是商品数量少，则对应的优点是能满足个性需求等。

总结：_____

_____

_____

（二）逻辑思维

1. 逻辑思维的含义

谈判逻辑思维能力是谈判能力结构中最基本的要素，它是谈判人员面对谈判过程中出现的问题和假象所做的认知、思考、分析、判断的思维过程。

2. 逻辑思维的作用

谈判人员所具备的逻辑思维能力的作用主要表现在以下几个方面。

（1）准确辨认有价值信息

谈判是一种智慧与谋略的较量。在谈判中，双方为了达到各自的目的，往往会故布迷阵、暗设障碍。作为一个理智而冷静的谈判人员，面对谈判对手所传达出来的众多信息时，应该从正反两个方面加以思考及推敲，运用逆向、侧向思考，进行严密的逻辑论证，或类推，或演绎，或归纳，辨别其信息的真伪，寻求有价值的真实信息，从而制定出正确而可行的谈判方案。

（2）将分析与论证严密结合

在谈判的具体操作过程中，科学分析、严密论证是一只"看不见的手"，贯穿于谈判的全过程。在谈判进行之前，谈判人员应以严谨的态度进行大量的调查准备，做到知己知彼、成竹在胸，并且考证其主观设想的真实性，及时修正其战略和操作方案，做到充分的事前准备。这样才能从宏观上把握全局，制定出对应策略。

（3）运用逻辑规律来解决问题

逻辑思维中有预见性，在复杂活动或问题解决之前形成计划和策略，从而运用逻辑思维来解决问题。

## 情境任务 5-5

假如你是一位啤酒公司的市场总监，每天都要与竞争对手展开艰苦卓绝的价格战。

仔细思考后请回答：人为什么要购买啤酒？

_____

_____

_____

（三）创新思维

1. 创新思维的含义

"条条大路通罗马"，这句话用在谈判上也是恰如其分的。谈判中一般存在多种可以满足双方利益的方案，而普通谈判人员习惯于采用某一方案，而当这种方案不能为双方同时接受时，僵局就会形成。这时，谁能创造性地提出可供选择的方案，谁就掌握了谈判中的主动权。

2. 创新思维的应用

为了寻求创造性的方案，谈判者需要按照如下行为规则行事。

（1）将方案的创造与对方案的判断行为分开

谈判者应该先创造方案，然后再决策，不要过早地对解决方案下结论。比较有效的方法是小组讨论，即谈判小组成员彼此之间激发创意，而不要先考虑这些想法的好坏、能否实现。然后逐步对所创造的想法进行评估，最终决定谈判的具体方案。在谈判双方是长期合作伙伴的情况下，双方也可以共同进行各种小组讨论。

（2）充分发挥想象力，扩大方案的选择范围

在上述小组讨论中，我们要做的并不是寻找最佳方案，而是尽量扩大谈判的可选择空间。在此阶段，谈判者应从不同角度来分析同一个问题，例如，在达成协议方面，如不能达成永久性协议，可以达成临时的协议；不能达成无条件的协议，则可以达成有条件的协议等。

 **EQ 驿站**

### 一张讨债单

一家外企的贸易业务很忙，节奏也很紧张，往往是上午的货物刚发出来，中午账单就传真过来了。会计的桌子上总是堆满了讨债单，会计不知该先付谁的好。经理总是大概看一眼就扔在桌子上，说："你看着办吧。"但有一次却是马上说"付给他"，这也是仅有的一次。

那是一张从巴西传真过来的账单，除了列明货物标的、价格、金额外，大面积的空白处写着一个大大的"SOS"，旁边还画了一个头像，头像正在淌着眼泪，简单的线条，但很生动。这张不同寻常的账单一下子就引起了会计的注意，也引起了经理的重视，他看了便说："以最快的方式付给他吧。"

【分析】创新思维的一个重要表现就是敢于打破常规。如果按照常规思维，那张账单也不会那么"幸运"，正是由于一点与众不同的表达，一点巧妙的攻心，使它出奇制胜，在众多讨债单中吸引了别人的注意，最终达到目的。

（3）强调共同利益

找出互利的解决方案，每个谈判者都要牢记，每个谈判都有潜在的共同利益。共同

的利益就意味着商业机会，强调共同利益可以使谈判更加顺利。为了找出互利的解决方案，首先要识别共同利益。谈判者可通过回答以下问题来识别双方共同利益：我们之间有无维持关系的共同利益；我们之间有什么样的合作和互利机会；如果谈判破裂，我们会有什么损失；有没有双方都可以遵守的共同原则。然后，相互满足彼此的不同利益。

（4）替对方着想

让对方容易做出决策的方法是：让对方觉得你诚心诚意，提出的解决方案既合法又正当；并让对方觉得解决方案对双方都公平。

---

**情境任务 5-6**

教师给出一个物品（如砖头）或者其他任何物品，学生在1分钟内尽可能多地说出该物品的用途。

规则：

1）不许提批评意见，只考虑想法，不考虑可行性。

2）鼓励异想天开。

3）可以寻求各种想法的组合或改进。

讨论：头脑风暴法对于解决问题有什么好处？它适合于解决什么样的问题？

_____

_____

个人总结：

_____

_____

_____

---

在商务谈判中不仅要树立双赢的思维，还要具有辩证思维，从而能从不同的角度对问题进行认知。应用逻辑思维可以独具慧眼，识别有效的信息。应用创新思维可开阔视野，从而能寻找有效解决问题的途径。在商务活动中，多种思维方式的综合使用，才能有效地达到谈判的目的。

### 体验活动

假如你在一家中型公司任职，该公司专门制造和销售石化品。你是负责生产塑料制品的经理。你向主管生产的副总裁汇报工作，他再向总裁汇报。

去年，为配合一种新型塑料品的生产成立了一个产品项目小组，小组成员包括你及工程、研发、销售部门的代表，工程部门代表被指定担任项目小组组长。新产品研发完成后，小组将讨论生产新产品的新工厂建设的规划。

今天上午，产品项目小组召开了会议，由你介绍新工厂的建设计划。计划包括新材料、设备、项目投资费用及建设进度时间表。在你的计划里提出要使用一种新的加工设备，能比现用的设备节约相当多的生产成本。但是，新产品出厂安装估计要比使用现在的设备推迟 12 个月。

在小组会上，销售代表对你的计划提出强烈反对，指出重点应放在尽可能快地销售新产品上。你指出你计划中的长期利润要超出短期市场销售。讨论越来越激烈，你们双方都坚持自己的观点。工程代表相信你的观点最有效，决定按照你的计划执行。研发代表赞同销售代表的意见，使会议处于僵局，无法做出决策。

会议后你感到非常困惑、不安，你认识到你和销售代表的观点不单单代表个人的观点，更是代表了制造部门和销售部门各自不同的观点。由于你认识到这是两个部门之间的一个严肃问题，你一定要很快决定下来以保证计划的成功。你可以从下列几点做出抉择。

1）你可以坚持反对销售代表的计划，尽可能做好长期节省制造成本的计划。

2）你可以召集销售代表开会，强调计划的积极方面，指出新的设备能使公司成为世界上该项产品最重要的生产者。

3）你可以写信给总裁辞去你在小组的职位。

4）你可以告诉销售代表，如果他赞同你的观点，你将最近在小组里推荐并全力支持他新的销售计划。

5）你可以到副总裁那里去请求他为你的观点调解。

6）你可以在下星期召开的小组会议上与销售代表讨论解决你们的分歧，并做出一个决策性的解决方案。

7）你可以要求副总裁指派一个人以负责人的身份参加全部小组会议并作为问题的公断人。

8）你可以写一封信给销售代表（并抄写副本给全体成员、副总裁和总裁），表示他对计划的反对阻碍了具有潜在利润的计划的进行。

9）你可以要求副总裁出席下一次小组会议，目的在于强调继续增长公司利润的计划。

10）你可以立即走到销售代表的办公室再次证明你的观点是正确的。

① 请按照你的理解，将上述可供选择的 10 种方法从优到劣进行排序。

_____

_____

② 这样排序的依据是什么？

_____

_____

_____

# 模块二　商务谈判前的准备工作

**案例导入**

### 寒暄的艺术

日本作家多湖辉所著的《语言心理战》一书中记述了这样一件事：被誉为"销售权威"的霍依拉先生要去梅依百货公司拉广告，他事先了解到这家公司的总经理会驾驶飞机。于是，他在和这位总经理见面互做介绍后，便随意说了一句："您在哪儿学会开飞机的？"一句话，触发了总经理的谈兴，他滔滔不绝地讲了起来，谈判气氛显得轻松愉快，结果不但广告有了着落，霍依拉还被邀请去乘坐总经理的自用飞机，并和他交上了朋友。

（资料来源：https://max.book118.com/html/2019/0423/5330140121002031.shtm.）

【分析】寒暄不仅可以营造友好和谐的谈判气氛，还可以帮助谈判者在谈判之初观察对方情绪和个性特征，获取有用信息。最容易引起对方兴趣的话题莫过于谈到他的专长。这就是谈判前了解谈判对手和准备工作产生的良好效果。因此，沟通前准备工作的重要性可见一斑。

**相关知识**

事前准备是任何事情顺利完成的基础，商务谈判也不例外。商务谈判前的准备是保证谈判目标顺利达成的重要步骤，它的具体内容有制定合理的目标、深入了解对手、选择好时间和地点、准备谈判方案。

## 一、制定合理的目标

俗话说："良好的开端是成功的一半。"在商务谈判中，合理的目标就是谈判一方对另一方的基本要求，是自己要实现的基本利益所在，所以目标是先于谈判过程而存在的。也就是说，在谈判双方都确定了自己的要求和目标，并在发现双方有目标上的分歧之后，才开始坐在一起进行谈判和磋商。另外，目标应长短结合，长期目标是再次合作的基础。

要实现自己的目标，在谈判过程中，谈判双方要以务实的态度提出一些具体可行的目标。目标是具体的、务实的，才能通过积小胜为大胜的办法来实现整体的目标构想。所以，谈判前一定要知道己方真正需要什么，知道己方为什么需要它，己方不能接受的是什么。只有明确己方的谈判底线，确定正确务实的目标，才能达成协议。

**情境任务 5-7**

你公司办事处的租赁合同已经到期，准备续租，估计房主会要求将租金提高20%。那么你将：

1）主动提出"合情合理"的建议，提高租金10%。

2）要求对方降低租金。

3）请求公断仲裁。

4）罗列房屋的种种需要修补和改善之处。

请说说你的做法，并阐述理由：＿＿＿＿＿＿＿＿＿＿＿＿

＿＿＿＿＿＿＿＿＿＿＿＿＿＿＿＿＿＿＿＿＿＿＿＿＿＿＿＿

＿＿＿＿＿＿＿＿＿＿＿＿＿＿＿＿＿＿＿＿＿＿＿＿＿＿＿＿

## 二、深入了解对手

对对方的充分了解是使谈判最终顺利地向有利于自己的方向发展的重要条件，在商务谈判正式开始之前，应该对自己的谈判对手进行深入细致的了解。如果能够很好地将对手研究透彻，那么谈判的时候就能够根据自己先前了解的资料，加上当时的实际进行综合分析，在谈判中把对手的一言一行看得透彻、把握得准，就能应付自如地与其进行周旋和较量，从而使谈判的走向利于自己。总之，谈判信息是制定谈判战略的依据；谈判信息是控制谈判过程的手段；谈判信息是双方的中介。

（一）了解对手

在正式商务谈判之前，对与谈判有关的环境因素进行分析和具体的市场信息收集是必不可少的，而对谈判对象的资料的收集和资信情况的调查研究更显得重要。很显然，如果同一个事前毫无了解的对象谈判，其困难程度和风险程度是可想而知的。

谈判对象的信息的收集，首先，是对谈判对象资信情况的审查，包括对手公司的合法资格、公司性质和资金状况、公司运营情况及公司商业信誉情况的审查，从而判定谈判对象的实力；其次，要了解谈判对手的目标，以便帮助我们采取相应的对策；再次，要了解谈判对手的习惯和弱点，包括对货物时间限制和最后期限，来方便我们拿出最后的谈判底牌；最后，要了解对方的风格，从而制定出相应的策略，促进商务谈判的成功。

针对强硬型对手，可以采取"以强制强"或者"以柔克刚"的策略；针对软弱型的对手可以适当地采取"以强制弱"的原则和策略；针对合作型对手就可以采用务实和合作的态度。在实际的谈判过程中，要针对不同的谈判内容和不同的谈判风格进行各种谈判原则的取舍，最后还要分析对方的意图。

（二）信息是商务谈判策划的依据

有效的商务谈判活动必须建立在掌握信息的基础之上，掌握信息才能"胸有成竹"，解答各种问题，化险为夷。

1）按谈判信息的内容划分，可分为以下几种信息。

① 自然环境信息：能引起人们消费习惯改变、购买力转移和市场变更的自然现象方面的信息，如地震、气候变化等。

② 社会环境信息：对市场有影响的各种社会因素，如文化、人口、社会阶层、家庭、政治、法律、时尚、风俗、宗教、城市建设等。

③ 竞争对手信息：有关生产或经营同类产品的其他企业的信息。

④ 购买力信息：消费收入、支出构成、趋向等方面的信息。

⑤ 产品信息：与产品价格开发、销售渠道、商标、包装、装潢等有关的信息。

⑥ 消费需求信息：消费者对商品品种、数量、规格、价格、式样、色彩、口味、方便程度、适用程度等方面的信息。

⑦ 消费心理信息：有关消费者购买行为、购买动机、价值观、审美观等方面的信息。

2）按谈判信息的载体划分，可分为语言信息、文字信息、声像信息、实物信息等。

3）按谈判信息的活动范围划分，可分为以下几种信息。

① 经济性信息：与企业发展有关的各种信息，如国民经济发展的信息，财政、金融、信贷等方面的信息，经济资源信息等。

② 政治性信息：由于某一种政治活动的发生、政治事件的出现而引起市场变化的信息，如战争爆发引起物价上涨等。

③ 社会性信息：与市场经营、销售有关的社会风俗、社会风气、社会心理、社会状况等方面的信息。

④ 科技性信息：与企业产品研制、设计、生产、包装有关的信息。

### 三、选择好时间和地点

谈判时间和谈判地点的选择是影响谈判最终结果的不可忽视的因素。成熟的谈判人员往往很注重谈判中时空选择的基本技巧，在适当的地点、不失时机地开展洽谈，并取得谈判的成功。因此，在谈判前准备的事项中，选择好谈判的时间、地点也是其重要内容。

商务谈判有两种类型，一种是随机型谈判，即谈判各方相遇就谈，不需要选择时间和地点；另一种是有准备的谈判，即谈判各方预先确定谈判议程，其中包括事先安排谈判的时间和地点。

随机型谈判较之正式谈判要简单一些，也比较容易达成协议。一般情况下，对各方都方便即可。而有准备的谈判（也就是正式的谈判）就要复杂得多，在时间和地点上都要做得恰到好处，才能有利于谈判目标的顺利达成。

有时候，人们往往对商务谈判的议程和时间的选择不太重视。实际上，对于某些谈判来说，议程，尤其是时间选择对谈判的结果有重大影响，甚至可以产生决定性的影响。和时间选择一样，地点选择也是谈判中的一个重要的程序问题。谈判地点对谈判结果也有着不可忽视的影响。一般来说，谈判地点有三种可供选择，一是在己方，二是在对方，三是在双方均同意的地方。人们为能更好地在谈判中获得主动与便利，总是希望谈判能在己方进行，但在特殊情况下选择对方所在地点进行谈判，也不失为一种高明的策略。不同的谈判时间和地点具有不同的利弊得失。在选择谈判地点时通常考虑：谈判双方的力量对比，可选择的地点的多少和特色，双方的关系等因素。对于谈判的时间和地点，要根据特殊的谈判背景来做出具体的选择。

理想的谈判场地具有以下特点：①安静、不受干扰；②无窗或看不到窗的位置；③方便回办公场地的地方；④秘书或助理人员可随时召唤到的地方。

谈判中要解决的往往不仅仅是一个问题，谈判双方要求在谈判中通过相互的让步来解决一系列的问题，而在这样多的问题中，往往双方的侧重点又不尽相同。因此，谈判中就必须要理清头绪，把握好自己关注的方面，抓住矛盾的所在和问题的症结之处，才能不被对手牵着鼻子走，最终解决问题。

### 情境任务 5-8

学校新分来一位年轻女教师黄冬梅，因为学校刚好一个班主任因病请假，就让她临时接替班主任工作。黄老师上任不久，就有问题了：一节体育课，一位男生不肯认真做预备活动，体育老师几经警告无效，便朝他肩膀拍了一下。于是，这个学生怒气冲冲地找到她："您要让体育老师给我道歉，他这是体罚学生。"

了解情况后，黄老师说："是要道歉，而且要好好道歉！"她语出惊人，男生始料不及，睁大眼睛疑惑地望着她。黄老师又说："而且老师的'错误'是在众目睽睽下犯的，所以他更应该当着全体同学的面道歉，让大家都说说他。你看行吗？"男生此时一脸错愕，慌张地说："行，行……""道歉时，我想还要把你父母请来，这样老师对自己犯下的错误认识才更为深刻，也让他心服口服。我想这样处理对你够公平了吧。""啊……"男生尖叫一声说，"算了，算了，老师拍得也不重，再说我也先违反了纪律。"他落荒而逃。望着男生的背影，黄老师笑了。

看完此案例，同学们想到了什么？

_____

_____

_____

### 四、准备谈判方案

谈判必须有明确的方案，建立良好的谈判方案，能够使谈判过程中的目的性增强，可以使谈判按着既定的方针和程序进行。

谈判方案是谈判人员在谈判前预先对谈判目标、具体内容和步骤所做的安排，是谈判双方行动的指针和方向，也是整个商务谈判活动的行动纲领。有了计划和方案就能使参加谈判的双方做到心中有数：明确努力的方向，去打有准备之仗。谈判方案的准备能使谈判工作有效、顺利地进行，能使谈判既有方向，又能灵活地在复杂的局势中把握自己的原则，自如驰骋。总之，要进行谈判，不可无谈判方案。正确的谈判方案是谈判成功的保证之一。

谈判计划的主要内容是确定谈判主题、确定谈判目标及制定谈判小结。

### 1. 确定谈判主题

主题不同，目标也不同。

最佳目标——对方忍受的最高程度。

实际需求目标——秘而不宣，一般由谈判对手提出，事关重大。

可接受目标——在谈判中可努力争取或做出让步的范围。

最低目标——谈判的真正底线。

确定目标时还应具体，最好有数据支持，否则，可能犯下面的错误：让步太大而无退路；不知道自己需要什么；自己内部是接受还是拒绝意见不统一。

### 2. 确定谈判目标

确定谈判目标的原则包括：①实用性，制定的目标符合自己的经济条件和管理水平；②合理性，包括谈判目标的时间和空间的合理性，即市场环境的可行性；③合法性，符合法律规定，不能为了赚钱提供假信息、造假材料和行贿受贿。谈判目标的应变及其方法，在谈判的过程中可根据交易条件变化及时做出调整。

### 3. 制定谈判小结

一轮谈判结束后，各方应该对前面的谈判做一个小结，总结成功的经验和失败的教训，以及目标的正确性及在谈判各阶段的情况分析，以积累经验或争取在下轮谈判中有更好的表现。具体小结内容如下。

谈判的基本目的：_____

交易条件、双方关系：_____

双方地位评价（双方优势和劣势）：_____

人员及职责（谈判负责人、参与谈判人员）：_____

谈判队伍工作的基本原则：_____

谈判时间安排：_____

完成任务的时间：_____

各个时段的安排：_____

谈判地点安排：_____

谈判成本预算（货币成本、机会、时间成本）：_____

谈判的战略和战术：_____

替代方案：_____

谈判计划说明及附件：_____

### 商务谈判座次安排

商务礼仪专家指出，在各类商务谈判中，商务礼仪一向都颇受重视。这主要是因为在谈判中以礼待人，不仅体现着自身的教养与素质，还会对谈判对手的思想、情感产生很大的影响。甚至可以说，商务礼仪是谈判的润滑剂。那么，在商务谈判中，有关座次安排有何讲究呢？

一、双边谈判

双边谈判，指的是由两个方面的人士所举行的谈判。在一般性的谈判中，双边谈判最为多见。双边谈判的座次排列，主要有两种形式可供选择。

1. 横桌式

横桌式是指谈判桌在谈判室内横放，客方人员面门而坐，主方人员背门而坐。除双方主谈者居中就座外，各方的其他人士则应依其具体身份的高低，各自先右后左、自高而低地分别在己方一侧就座。双方主谈者的右侧之位，在国内谈判中可坐副手，而在涉外谈判中则应由译员就座（图 5-1）。

2. 竖桌式

竖桌式座次排列是指谈判桌在谈判室内竖放。具体排位时以进门时的方向为准，右侧由客方人士就座，左侧则由主方人士就座。在其他方面，则与横桌式排座相仿（图 5-2）。

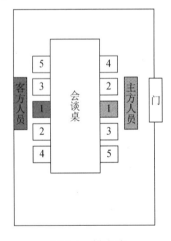

图 5-1　横桌式

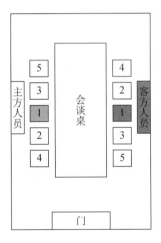

图 5-2　竖桌式

二、多边谈判

多边谈判，在此是指由三方或三方以上人士所举行的谈判。多边谈判的座次排列，主要可分为两种形式。

1. 自由式

自由式即各方人士在谈判时自由就座，无须事先安排座次。

### 2. 主席式

主席式是指谈判室内，面向正门设置一个主席之位，由各方代表发言时使用。其他各方人士，则一律背对正门、面对主席之位分别就座。各方代表发言后，也应下台就座。

## 体验活动

【目的】通过分析相关的案例，体会商务谈判前准备的重要性，加深对知识的理解。

【要求】学生 4~6 人一组，按小组展开讨论，每个组推荐完成好的同学，然后在班上交流。

澳大利亚 A 公司拟将某种铁矿石出售给日本的 B 公司。谈判一开始，日本谈判人员就直接指责澳方铁矿石的杂质含量高于双方事先约定的标准，产品质量存在严重问题，A 公司的信誉令人怀疑。日方人员想通过此种方式从气势上压倒 A 公司，从而迫使澳方在价格等条款上做出较大让步。然而 A 公司的谈判人员对日方的指责十分不满，他们坚持认为，根据澳大利亚的检验标准，其产品是合格的，而且日方如此不负责任地指责 A 公司的信誉，简直令人忍无可忍。因此，日方人员话音未落，A 公司代表就开始反驳对方的职责，并回敬以类似的反击。双方就此展开了激烈的争论，致使谈判进程变数陡生。

1）A、B 两家公司的做法各有何不妥？

_____

_____

2）预计谈判结果如何？试说明理由。

_____

_____

_____

# 模块三　谈判方式的选择

## 案例导入

### 两年做到四钻

就在身边同学频繁奔赴招聘会、急得焦头烂额的时候，中职毕业的李华却为网上订单忙得不亦乐乎。

两年前，李华在淘宝网注册开店。经过两年的市场培育，他的网店逐步走上正轨。如今，他还雇了三个客服帮他打理。看着网店生意一天天红火，已有"四钻"评级的李华心里有说不出的成就感。年初，他用在网店赚来的钱买了一辆车。学生靠网店创业实现了就业，成就了人生，实现个人价值的不在少数。

**【分析】**随着社会的发展，互联网技术不仅改变了经济运行方式，而且使一些商务活动突破了时空的限制，变不能为可能。虽然面对面洽谈仍是商务活动中最主要、最常用的方式，但随着科学技术的不断发展和交通通信手段的不断优化，商务谈判的方式也在不断地发展变化。

## 相关知识

商务谈判方式是指谈判双方（或多方）用来沟通、协商的途径和手段。一般商务谈判的方式分为两大类：一类是口头式谈判，它是指谈判双方就谈判相关的议题以口头方式提出、磋商，而不提交任何书面形式文件的谈判，包括面对面谈判和电话谈判；另一类是书面式谈判，它是指谈判双方或多方将相关内容、条件等，通过邮件、电传或互联网等方式传递给对方所进行的谈判。书面式谈判主要有函电谈判和网上谈判。一般而言，国内常用的谈判方式为面对面谈判、电话谈判和网上谈判三种。

### 一、面对面谈判

在所有谈判方式中，面对面谈判是最古老、应用最广泛、最常用的一种方式。在科技水平不发达时，它曾是唯一的谈判方式。即使科技发展带来了新的谈判方式，面对面谈判方式因其独特的优势在商务谈判中仍然是最主要的方式，并不断地发展和完善。

面对面谈判，顾名思义就是谈判双方（或多方）直接地、面对面地就谈判内容进行沟通、磋商和洽谈。日常生活中，大到每日电视、广播和报纸报道的国际国内各类谈判，小到推销员上门推销，售货员向顾客介绍商品，顾客与小商贩的讨价还价等，这些都属于面对面谈判。

（一）面对面谈判的适用范围

尽管面对面谈判方式是最古老、应用最广泛、最常用的谈判方式，具有较多的优点，但是面对面谈判方式的缺点也是存在的，所以，商务谈判方式的选择应以充分发挥面对面谈判方式的优势为原则。一般地，在下列情况下运用面对面谈判方式较为适宜。

1）比较正规的谈判。

2）比较重要的谈判。

3）比较大型的谈判。

4）谈判各方相距较近。

5）谈判各方认为面对面谈判效果较好、方式较佳及本次谈判最为适宜时。

（二）面对面谈判的优点

一般地讲，凡是正规的谈判、重要的谈判、高规格的谈判，都以面对面的谈判方式进行。这主要是因为面对面谈判方式具有以下优点。

1）谈判具有较大的灵活性。在举行正式的商务谈判前，谈判双方都能够广泛地了解市场动态，开展多方面的市场调研，全面深入地了解对方的资金、信誉、谈判作风等情况，制订出详细、切实可行的谈判方案；在商务谈判桌上，则可以利用直接面谈的机会，甚至利用私下接触，进一步了解谈判对手的需要、动机、策略，以及主谈人的个性等，结合谈判过程中出现的具体情况，及时、灵活地调整谈判计划和谈判策略、技巧。

2）谈判的方式比较规范。商务谈判各方在谈判桌前就座，就形成了正规谈判的气氛，使每个参加谈判的人产生一种开始正式谈判的心境，很快进入谈判角色。而且，面对面谈判又都是按照开局—讨价还价—达成协议或签订合同的谈判过程进行的，所以，它是比较规范的谈判方式。

3）谈判的内容比较深入细致。面对面谈判方式，便于谈判各方就某些关键问题或者难点进行反复沟通，就谈判协议的具体条款进行反复磋商、洽谈，从而使谈判的内容更加深入、细致，谈判的目标更容易达成。

4）有利于建立长久的贸易伙伴关系。由于面对面谈判方式是由双方或多方直接接触进行的，彼此面对面的沟通容易产生感情，特别是在谈判工作之余的热门话题讨论或文娱活动中，增进了了解，培养了友谊，从而建立了一种比较长久的贸易合作伙伴关系。而这种关系对于谈判协议的履行，以及今后新一轮的谈判工作都有积极的意义。

也正是因为面对面谈判方式或多或少地会产生一些感情，谈判者可以利用这种感情因素来强调我方的谈判条件，并使对方不好意思提出异议或拒绝，所以谈判成功的概率要比其他谈判方式都高。

（三）面对面谈判的缺点

1. 容易被谈判对手了解我方的谈判意图

面对面的谈判方式，谈判对手可以从我方谈判人员的举手投足、语言态度，甚至面部表情来推测我方所选定的最终目标及追求最终目标的坚定性。

2. 决策时间短

面对面的谈判方式，往往要在谈判期限内做出成交与否的决定，不能有充分的考虑时间，也难以充分利用谈判后台人员的智慧，因而要求谈判人员有较高的决策水平。如果决策失误，会使我方蒙受损失或是失去合作良机。

3. 费用高

对于面对面的谈判方式，谈判各方都要支付一定的差旅费或礼节性的招待费等，从而增加了商务谈判的成本。可以说，在所有的谈判方式中，面对面谈判方式费用最高。

此外，面对面谈判方式比较耗时，而且客户联系面相对较窄。

**情境任务 5-9**

假设班委想请张教授为班级讲一堂课，请三个学生分别扮演班委成员邀请张教授。

学生一：_____

_____

学生二：_____

_____

学生三：_____

_____

评价他们：_____

_____

_____

## 二、电话谈判

随着电话通信的广泛采用和日益普及，人们使用电话沟通信息、洽谈商务、进行谈判便越来越多。所以，了解和学习电话谈判的优缺点和技巧，掌握和运用电话谈判也是极为必要的。

（一）电话谈判的优点

使用电话进行谈判的主要优势是快速、方便、联系广泛，特别是在经济迅速发展的今天，时间就是效益和效率，在经济洽谈、营销中，方便、快速更具有决定意义。

电话谈判还有一个独特的优势，就是电话的铃声具有不可抗拒的力量。一听到电话铃声，我们无论多么繁忙，都会本能地拿起电话进行接听。

（二）电话谈判的缺点

电话不是近距离的交谈，只能听到声音，不能看到对方的表情、手势等。所以，电话谈判有自身的局限。

1. 误解较多

在电话谈判中，由于仅仅靠声音传递信息，看不到对方的表情；另外，由于人们说话有着明显的地域特色，有些字词特别容易混淆，容易产生误解。

2. 易被拒绝

电话谈判中，由于对方看不到我们，"不"字更易出口，容易被对方拒绝。

3．某些事项容易被遗漏和删除

在双方交谈中，各自理解的重点和兴趣点不一定相同，说和听都会带有选择性，而且大多时间都是一次性叙述，很少重复，所以有意无意中就会有事项被遗漏或删除。

4．有风险

在电话中，无法对对方的身份和各类证件、证据和许诺进行验证，有可能上当受骗。

（三）电话谈判的使用范围

当然，电话谈判也有其优势，在下述情况下适宜运用电话谈判。

1）欲与谈判对方快速沟通、尽早联系、尽快成交时，电话谈判是达到这一目的或取得成功的捷径。

2）想取得谈判的优势地位时。主动给对方打电话，从双方的状态而言，你是有备而来，而对方则可能是匆忙迎战。相比而言，主动打电话自然而然地占了上风。

3）想使商务信息的流传范围小时。在电话中沟通的只是彼此双方，便于保密。

4）想减低谈判双方地位的悬殊时。无论双方身居何职，通过电话，双方各自阐述自己的条件和要求，电话两边的人的身份、地位、职务都显得不太重要。

5）在拒绝谈判对手时，或者想中断谈判时。此时用电话的方式更为简便易行。这样，拒绝的话更易说出口，不会出现尴尬难堪的局面。

6）当面对面谈判方式难于进行时。有时当面对面的沟通难于进行时，通过电话的多次协调，可能收到柳暗花明的效果。

**小故事**

### 电话谈判情景演示

王玉松为 M 乳品公司大客户经理。宋卫东为华惠（化名）大型连锁超市采购经理。

周一早晨，王玉松拨通了宋经理办公室的电话。

王玉松：早上好，宋经理，我是 M 乳品公司大客户经理王玉松，想和您谈一谈我公司产品进店的事宜，请问您现在有时间吗？（通过前期了解，王玉松已经知道卖场的负责人姓名及电话）

宋卫东：我现在没有时间，马上就要开部门例会了。（急于结束通话，很显然对此次交谈没有任何兴趣）

王玉松：那好，我就不打扰了，请问您什么时间有空，我再打电话给您。（这时一定要对方亲口说出时间，否则你下次致电时他还会以另一种方式拒绝）

宋卫东：明天这个时间吧。

王玉松：好的，明天见。（明天也是在电话里沟通，但"明天见"可以拉近双方的心理距离）

周二早晨，王玉松再次拨通了宋经理办公室的电话。

王玉松：早上好，宋经理，我昨天和您通过电话，我是 M 乳品公司大客户经理王玉松。

（首先要让对方想起今天致电是他认可的，所以没有理由推脱）

宋卫东：你要谈什么产品进店？

王玉松：我公司上半年新推出的乳酸菌产品，一共五个单品，希望能与贵卖场合作。

宋卫东：我对这个品类没有兴趣，目前卖场已经有几个品牌的类似产品了，我暂时不想再增加品牌了，不好意思。（显然已经准备结束谈话了）

王玉松：是的，卖场里确有几个品牌，但都是常温包装的，我们的产品是活性乳酸菌，采用保鲜包装，您当然了解消费者在同等价格范围内肯定更愿意购买保鲜奶；其次我们的产品已全面进入餐饮渠道，销售量每个月都在上升，尤其是您附近的那几家大型餐饮店，会有很多消费者到卖场里二次消费；我公司采用"高价格高促销"的市场推广策略，所以我们的产品给您的毛利点一定高于其他乳产品。（用最简短的说词提高对方的谈判兴趣。在这段话中王玉松提到了产品卖点、已形成的固定消费群体、高额毛利，每一方面都点到为止，以免引起对方的反感而结束谈判）

宋卫东：（思考片刻）还有哪些渠道销售你的产品？（对方已经产生了兴趣，但他需要一些数据来支持自己的想法）

王玉松：现在已经有 100 多家超市在销售我们的产品了，其中包括一些国际连锁店，销售情况良好，我可以给您出示历史数据。（通过事实情况的述说增强对方的信心）

宋卫东：好吧，你明天早上过来面谈吧，请带上一些样品。

【分析】在首次通话时，买方没有给王玉松交谈的机会，很多销售人员在此刻只能无奈地结束通话，而王玉松表现出灵活的应变能力，争取了一次合理的致电机会。在第二次通话时，面对买方的拒绝，王玉松按照电话谈判的要点，在很短的时间内简洁地向对方告之产品的独特卖点与竞争优势，成功地提高了对方的谈判兴趣，最终赢得了双方常规谈判的机会。

　　一般的电话谈判用时与谈判议题都少于常规谈判，但这并不能说明电话谈判就不重要。我们所接触的大部分谈判是从电话沟通开始的，交易双方的谈判议题和目标意向同样是通过电话来完成的，很难想象一位不经过事先沟通就直接求见买家的销售代表能取得什么样的谈判结果。

**情境任务 5-10**

　　在沟通学中第一印象非常重要，你的言行举止在七秒内会给对方留下深刻的印象，在电话中谈判也会起到相同的作用。当你拨通对方的电话时，你应该意识到真正的谈判已经开始了。

　　请结合前面电话沟通的知识，小组讨论总结电话谈判前，我们应该做好哪些准备，并把小组讨论的结果记录下来。

_____

_____

_____

### 三、网上谈判

　　网上谈判就是借助于互联网进行协商、对话的一种特殊的书面谈判。它为买卖双方的沟通提供了丰富的信息和低廉的沟通成本，因而有强大的吸引力，也是社会发展的必然趋势。当然，在网上沟通依然非常重要。

 小故事

#### 网上销售谈判一瞥

　　在日常的网络营销当中，沟通至关重要，稍有差池，将会功亏一篑；相反，当你有准备、有把握、有的放矢地去迎接时，最后的胜利非你莫属。现在，就网上沟通谈判略取一二。

　　情境一：

　　甲（买家）：你们的宝贝为什么这么便宜？

　　乙（卖家）：哈哈，是这样的，第一，我们没有店铺租金、税金等费用；第二，我们在搞促销，为了优惠客户，所以选择让利给客户。

　　甲（买家）：啊，原来是这样呀。

　　乙（卖家）：是的，如果您感觉还可以的话，那就拍（买）吧。

　　甲（买家）：好的。

　　情境二：

　　甲（买家）：你们的宝贝是专柜正品吗？

　　乙（卖家）：是的。哈哈，您想一想，假如我们的宝贝不是专柜正品，淘宝监管得很严的，我们也不敢拿来卖呀。

　　甲（买家）：啊，假如不是专柜正品，我可是要退货的呀。

　　乙（卖家）：哈哈，这您就放心吧。放心用吧，绝对没问题。如果您感觉还可以的话，那就拍（买）吧。

　　甲（买家）：那好吧。

　　情境三：

　　甲（买家）：你的宝贝能便宜些吗？

　　乙（卖家）：哈哈，大姐（或大哥），我们的宝贝已经是保本销售啦，我们的利润是很薄的，基本上我们是只赚信誉不赚钱呀。

　　甲（买家）：这个宝贝118元，那就取个整，100元吧。

乙（卖家）：那不行！顶多给你让2元。
甲（买家）：太抠门了吧，110元怎么样？行吧，我就拍（买）啦。
乙（卖家）：好吧！就当作拉您一个老客户吧。
甲（买家）：谢谢！好的话以后常来光顾你的小店。
乙（卖家）：谢谢。

在今天的电子商务时代，以上网上谈判的情境对于我们而言并不陌生，可是，世界上没有绝对完美的事，网上谈判也一样，也有其优势与不足。

（一）网上谈判的优势

1. 加强了信息交流

过去商务谈判函件要几天才能收到，并且有可能迟到、遗失的情况发生，现在通过互联网几分钟甚至几秒钟就能收到，而且准确无误。网上谈判兼具电话谈判快速、联系广泛的特点，又有函电内容全面丰富、可以备查的特点，可使企业、客户掌握他们需要的最新信息，同时有利于增加贸易机会，开拓新市场。

2. 有利于慎重决策

网上谈判以书面形式提供议事日程和谈判内容的，能几秒钟传送，使谈判双方既能仔细考虑本企业所提出的要点，特别是那些谈判双方可能不清楚的条件能书面传达、事先说明。网上谈判还能使谈判双方有时间同自己的助手或企业领导及决策机构进行充分的讨论和分析，甚至可以在必要时向那些不参加谈判的专家请教，有利于慎重地决策。

3. 降低了成本

采用网上谈判方式，谈判者无须四处奔走，就可向国内外许多企业发出电子邮件，分析比较不同客户的回函，从中选出对自己最有利的协议条件。这样可以为企业大大减少人员开销、差旅费、招待费及管理费等，甚至比一般通信费用还要省得多，从而降低了谈判成本。

4. 改善了服务质量

降低谈判成本并不是商务谈判的主要目的和收获，改善与客户的关系才是最大的收获，从而获取丰厚的回报。

5. 增强了企业的竞争力

任何企业，面对相同的市场，都处于平等的竞争地位。互联网有助于消除中小企业较之大企业在信息化程度方面的弱势，从而提高中小企业的竞争力。

6. 提高了谈判效率

网上谈判时，由于具体的谈判人员不见面，他们代表的是各自的企业，双方可以不考虑谈判人员的身份，揣摩对方的性格，而把主要精力集中在己方条件的洽谈上，从而避免因谈判者的级别、身份不对等而影响谈判的开展和交易的达成。

**（二）网上谈判的不足**

网上谈判也有其弊端，主要表现在：一是商务信息公开化，导致竞争对手的加入；二是互联网的故障、病毒等会影响商务谈判的开展。

**（三）网上谈判的注意事项**

这种借助于互联网的新的商务谈判方式，关键不在于更好地提供信息，而在于建立起与客户、合作伙伴之间的新的关系和沟通方式，也就是说通过无所不在的网上连接，使相互间的联系、交往及商务活动完全可以在网上进行，从而达到提高客户、合作伙伴的满意度，降低成本，提高灵活性，缩短谈判时间，提高工作效率等目的。但要达到这些，以下几方面值得注意。

**1. 加强与客户关系的维系**

由于互联网是公开的大众媒体，使用网上谈判也就意味着你与客户、合作伙伴之间的关系公开化。竞争对手可以通过互联网随时了解到你的报价、技术指标及你的客户、合作伙伴的需求，甚至你与客户、合作伙伴之间存在的分歧等。通过这些资料的分析，竞争对手有可能抢去了你的客户。所以，借助于互联网进行商务谈判，还应注意情感的担心，提高服务水准，以更好地维系与客户、合作伙伴的关系。

**2. 加强资料的存档保管工作**

互联网容易受病毒侵害，甚至遭到黑客的破坏。由于网上谈判所使用的电子邮件需要互联网的传递，一旦网络发生故障或病毒、黑客破坏，往往就会影响谈判双方的联系，甚至会丧失合作机会，无法实施谈判方案。因此，商务谈判过程中的资料要及时下载并打印成文字，以备存查。

**3. 必须签订书面合同**

网上谈判达成的交易，一经确认或接受，一般即认为合约成立，交易双方均受其约束，不得任意改变。但为了明确各自的权利与义务，增强责任心，双方必须签订正式的书面合同，以促使双方按照合同办事。

面对面谈判、电话谈判和网上谈判各有优缺点，谈判中具体采用哪种方式，应视情况不同而灵活选择，见表5-3。

表5-3　谈判方式的选用

| 项目 | 面对面谈判 | 电话谈判 | 网上谈判 |
|---|---|---|---|
| 接触方式 | 直接 | 间接 | 间接 |
| 表达方式 | 语言 | 语言 | 文字 |
| 商讨内容 | 深入细致 | 受限制 | 全面丰富 |

续表

| 项目 | 面对面谈判 | 电话谈判 | 网上谈判 |
|---|---|---|---|
| 情感氛围 | 可利用 | 无法利用 | 无法利用 |
| 个性心理 | 有影响 | 有影响 | 不影响 |
| 联系方式 | 慢、窄 | 快速、广泛 | 快速、广泛 |
| 费用 | 最大 | 较大 | 很少 |
| 使用范围 | 一对一、团体谈判、大型项目 | 一对一、小型项目 | 日常交易、国际贸易 |

一场商务谈判究竟采用何种方式和手段进行，也根据所处的环境、条件等具体情境进行选择和确定。

## 体验活动

### 活动一：网上购物体验谈判

【目的】通过学生实践，加深对知识的应用与理解。

【要求】学生利用课余时间在网上购买商品，并请描述一下购物的整个谈判过程。

### 活动二：面对面谈判体验

【目的】通过学生实践，加深对知识的应用与理解。

【要求】

1）学生利用课余时间，去商场购物时进行砍价，体验一下面对面谈判。

2）请提交一份购物面谈的感受。

### 活动三：探究性学习

【目的】通过学生实践，提高学生对问题的总结和思考能力。

【要求】体验完以上两项活动后，请每人记录自己经历的这两种谈判的过程，并对卖家的沟通进行评价。如果毕业后你要经营某项商品，你准备采用怎样的方式销售，为什么？你的产品怎样定位，你（或者你的店员）和顾客沟通时应该怎么做？（500 字左右）

# 本 章 总 结

谈判是指在正式场合下，两个或两个以上的有关组织和个人对涉及切身利益的有待解决的问题进行充分交换意见和反复磋商，以寻求解决的途径，最后达成协议的合作过程。商务谈判是指两个或两个以上的从事商务活动的组织或个人，为了满足自身的经济利益的需要，对涉及各方切身利益的分歧进行沟通，谋求取得一致和达成协议的经济交往活动。

商务谈判是一种思维活动，只有坚持正确的思维和运用科学的思维方法，才能有效地进行商务谈判，解决实际问题。商务谈判的思维方式有双赢、辩证、逻辑、创新等，其中最核心的是双赢思维。

商务谈判的方式包括面对面谈判、电话谈判和网上谈判三种。从接触方式、表达方式、商讨内容等方面来看，三种谈判方式各有优缺点，谈判中具体采用哪种方式，应视不同情况而灵活选择。

# 综 合 练 习

## 一、填空题

1. 一般而言，凡是正规的谈判、重要的谈判、高规格的谈判，都以_____方式进行。

2. 一般商务谈判的方式分为两大类，分别是_____和_____。

3. _____为买卖双方的沟通提供了丰富的信息和低廉的沟通成本。

4. 电话谈判的独特优势是_____。

5. 在所有谈判方式中，_____是最古老、应用最广泛、最常用的一种方式。

## 二、选择题

1. 从广义上讲，商务谈判的构成要素包括谈判主体、谈判客体、谈判信息、谈判时间和（　　）。

    A．标的　　　　　　B．当事人　　　　　C．谈判地点　　　D．目标

2. 在谈判时，双方的座次是有一定礼仪规矩的，为了表示对客方的尊重，如果是横桌式的谈判桌，客方应该坐（　　）。

    A．面门而坐　　　　　　　　　　B．背门而坐

    C．双方交叉而坐　　　　　　　　D．无所谓

3. 商务谈判的核心思维方式是（　　）。

    A．辩证思维　　　B．创新思维　　　C．逻辑思维　　　D．双赢思维

4. 下面不是以谈判人员的数量来分类的商务谈判的是（　　）。

    A．"一"对"一"谈判　　　　　　B．小组谈判

    C．中型谈判　　　　　　　　　　D．网上谈判

5. 只追求自身的利益，且把自己的成功建立在对方失败的基础上，运用一切资源和手段达到目的，甚至是为达到目的而不择手段称为（　　）。

    A．合作博弈　　　B．零和博弈　　　C．静态博弈　　　D．动态博弈

6. 商业利益的本质是（　　）。

    A．利己主义　　　　　　　　　　B．利他主义

    C. 以利己为根本，但却用利他来实现　D. 以上选项都不正确

7. 避免绝对化体现了谈判思维中的（　　）。

    A. 双赢思维　　　　B. 辩证思维　　　　C. 创新思维　　　　D. 逻辑思维

8. 按谈判信息的内容划分，以下选项不正确的是（　　）。

    A. 自然环境信息　　　　　　　　　　B. 消费需求信息

    C. 科技性信息　　　　　　　　　　　D. 产品信息

9. 以下不属于电话谈判的优势的是（　　）。

    A. 信息量大　　　　B. 快速　　　　　C. 方便　　　　　D. 联系广泛

## 三、简答题

1. 理想的谈判场地有哪些特点？

2. 制订一份完备的谈判计划，其主要内容有哪几个方面？

## 四、案例分析题

    中国某公司的谈判小组赴中东某国进行一项工程承包谈判。在闲聊中，中方负责商务条款的成员无意中谈及伊斯兰教，引起对方成员的不悦。当谈及实质性问题时，对方较为激进的商务谈判人员丝毫不让步，并一再流露出撤出谈判的意图。

1. 案例中沟通出现的障碍主要表现在什么方面？

2. 这种障碍导致谈判出现了什么局面？

3. 你认为应采取哪些措施克服这一障碍？

4. 从这一案例中，中方谈判人员要吸取什么教训？

# 实 训 项 目

1. 项目名称

模拟一次商务谈判前的准备活动。

2. 实训目标

通过活动，学生可掌握本章的重要知识点和技能。

3. 实训内容

模拟商务谈判前的准备活动。

4. 实训要求

1）把学生分成四个小组，成员间分工协作。

2）两组扮演校方，两组扮演企业。各小组分别进行调研了解信息和资料准备。

5. 项目背景

某市商业银行要进行新入职员工的培训,培训计划分春季和秋季两期,每期培训 100 人左右。培训需要占用我校的教学场地、教学设备,要求我校教师承担培训课程。

6. 实训步骤

1）请双方进行一次电话沟通。

2）请双方选派参加谈判的代表,并表明自己的身份。

3）请双方约见并确定谈判地点,由主方对谈判场地进行布置。

4）请双方准备谈判用的资料。

7. 考核形式

1）双方人员、资料和场地等准备情况。

2）模拟活动中学生的表现。

# 第六章
# 商务谈判的过程及技巧

🔖 学习导航

谈判准备工作做好了不等于万事大吉，谈判过程的把控也很关键。在谈判过程中，双方都会为各自的利益进行争辩、争论和争取，而在这个貌似简单的过程中，却暗藏着很多智慧的技巧和策略，如能巧妙地运用这些技巧和策略，就会为自己在谈判中争取主动权，为己方争得利益，从而顺利实现谈判目标；运用不好，或不曾运用，胜算的机会就会大大降低。

## 学习目标

【知识目标】

认知商务谈判的过程，理解商务谈判各阶段的任务，掌握完成商务谈判各阶段任务的方法。

【能力目标】

1. 掌握商务谈判中的技巧与策略。
2. 能完成简单的商务谈判。

【素质目标】

培养良好的个人形象，以及真诚沟通、坚韧执着的职业素质。

**学习索引**

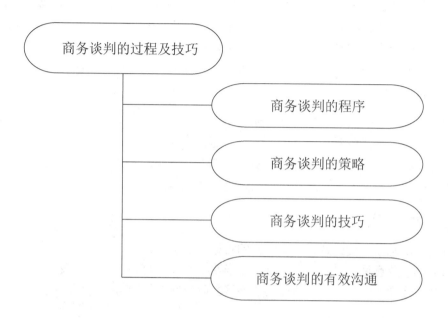

# 模块一 商务谈判的程序

**案例导入**

### 老式座钟

一对夫妻在浏览杂志时对一幅广告背景中的老式座钟非常喜欢。经讨论之后，他们决定要寻找那座钟，并且商定以500元价格买下。经过三个月的寻找后，他们终于在一家古董店的橱窗里看到那座钟，并看到座钟标价750元。妻子说道："时钟上的标价是750元，太贵了。"夫妻私下商量，由丈夫作为谈判者，争取500元买下。随后丈夫对售货员说："我注意到你们有座钟要卖，定价就贴在座钟上，而且蒙了不少灰，显得有些旧了。"之后又说："告诉你我的打算吧，我出一个价钱，想你可能会吓一跳。"他停了一下以增加效果，"你听着——250元。"那位营业员连眼睛都没眨一下，说道："好的，这钟就是你们的了。"

丈夫的第一反应是什么呢？得意扬扬？不，他的第一反应是："我真蠢！我该出150元才对！"他的第二反应可能是："怎么这么便宜？一定有什么问题！"然而，他们还是把那座老式座钟买回来放在客厅里。但是，夫妻俩却始终不安。这种情形持续了无数个晚上，他们的健康迅速地恶化，开始感到紧张并且患上高血压。随后，他们退掉了他们曾经非常喜欢的老式座钟。

（资料来源：https://wenda.so.com/q/1384533844063209.）

【分析】通过本案例可以看出，价格是商务谈判的核心。谈判双方都要针对价格等因素进行讨价还价。而且，讨价还价不仅是为了实现交易，还要让交易目的的实现达到双方利益和精神上的共赢。本案例还告诉我们，商务谈判的程序、商务谈判开局阶段的主要环节、商务谈判磋商阶段的主要环节、报价的技巧、讨价还价技巧都很重要。

 **相关知识**

商务谈判的过程包括四个阶段：开局阶段、报价阶段、磋商阶段和成交阶段。整个过程有一定的阶段性，并且具有很强的阶段性特点。

## 一、开局阶段

开局阶段是双方彼此熟悉和就会谈的目标、计划、进度、参加人员等问题进行讨论，并尽量取得一致意见，以及在此基础上就当次谈判的内容，双方分别发表陈述的阶段。它为后续的磋商奠定基础，也称非实质性谈判阶段或前期事务性磋商阶段。

（一）开局阶段的基本任务

开局阶段是谈判双方在进入具体交易内容的洽谈之前，彼此见面、互相熟悉及就谈判内容和事项进行初步接触的过程。

（二）如何建立良好的开局气氛

1. 营造轻松的谈判环境

开局阶段是左右整个谈判格局和前景的重要阶段，所以良好的开局对谈判双方都是非常重要的，它是顺利完成谈判达成最终共识和共赢的关键。

**小知识**

### 名人说谈判环境

美国前总统托马斯·杰斐逊曾就谈判环境说过这样一句意味深长的话："在不舒适的环境下，人们可能会违背本意、言不由衷。"

英国政界领袖欧内斯特·贝文则说，他根据平生参加的各种会谈的经验发现，在舒适明朗、色彩悦目的房间内举行的会谈，大多比较成功。

2. 塑造良好的个人形象

1）注重细节：服饰、仪表、言谈举止。

2）表现出专业的、职业的风范。

3）遵守礼仪规范。

4）保持平和的心态。

5）选择中性话题。

6）流露亲切真诚的表情。

 **EQ 驿站**

### 狼狈的无赖

一个人走进饭店要了酒菜，吃罢摸摸口袋发现忘了带钱，便对店老板说："店家，今日忘了带钱，改日送来。"店老板连声说"不碍事，不碍事"，并恭敬地把他送出了门。这个过程被一个无赖给看到了，他也进饭店要了酒菜，吃完后摸了一下口袋，对店老板说："店家，今日忘了带钱，改日送来。"谁知店老板脸色一变，揪住他，非剥他衣服不可。无赖不服，说："为什么刚才那人可以赊账，我就不行？"店家说："人家吃菜，筷子在桌子上找齐，喝酒一盅盅地筛，斯斯文文，吃罢掏出手绢擦嘴，是个有德行的人，岂能赖我几个钱。你呢？筷子往胸前找齐，狼吞虎咽，吃上瘾来，脚踏上条凳，端起酒壶直往嘴里灌，吃罢用袖子擦嘴，分明是个居无定室、食无定餐的无赖之徒，我岂能饶你！"一席话说得无赖哑口无言，只得留下外衣，狼狈而去。

【分析】动作姿势是一个人思想感情、文化修养的外在体现。作为商务人员，在人际交往中，必须留意自己的形象，讲究动作与姿势。因为我们的动作姿势，是别人了解我们的一面镜子。

3. 开局陈述

开局陈述是指在开局阶段双方就当次谈判的内容，陈述各自的观点、立场及建议。开局陈述的原则：尽量客观，留有余地，选择时机，措辞得当。

### 情境任务 6-1

A 公司是一家实力雄厚的房地产开发公司，在投资的过程中相中了 B 公司所拥有的一块极具升值潜力的地皮，而 B 公司正想通过出售这块地皮获得资金以将其经营范围扩展到国外。于是，双方精选了久经沙场的谈判干将，对土地转让问题展开磋商。A 公司的代表说："我们公司的情况你们可能有所了解，我们是由××公司、××公司（均为全国著名的大公司）合资创办的，经济实力雄厚。近年来在房地产开发领域业绩显著。你们市去年成立的××公司也正在谋求与我们合作，想把其手里的地皮转让给我们，我们尚在考虑中。你们的这块地皮对我们很有吸引力，我们准备把原有的住户拆迁，开发一块居民小区。前几天，我们公司的业务人员对该地区的住户进行了广泛的调查，基本上没有什么阻力。时间就是金钱啊，我们希望以最快的速度就这个问题达成协议。不知道你们的想法如何？"

B 公司是一家全国性公司，在一些大中城市设有办事处；除了 A 公司之外，还有多家开发商与之洽谈。

1）如果你是 B 公司的代表，你将如何进行开场陈述？

_____

_____

2）本案例带给我们的启示有哪些？

_____

_____

_____

## 二、报价阶段

（一）报价

报价指谈判的某一方首次向另一方提出一定的交易条件，并愿意按照这些条件签订交易合同的一种表示。

这里的"价"是广义而言，并非单指价格，而是指包括价格在内的诸如交货条件、支付手段、违约金或押金、品质与检验、运输与保险、索赔与诉讼等一系列内容。

### 情境任务 6-2

上图所示为一盒贴字艺术苹果，贴字苹果集书法、简笔画、剪纸等艺术作品于一身。它的生产过程包括图案设计、遮光图案纸制作、绿色无公害果实套袋、果实摘袋、苹果筛选、图案粘贴、果实摘叶、果实转果、阳光照果、果实采收、图案摘除、选果、分级包装等多个复杂步骤。由于字画的笔墨部分遮挡了太阳光线，当果实采收时，红艳艳的苹果表面上，便晒制出金黄色的各式图案或书法作品。卡通动物、十二生肖栩栩如生、生动可爱，各体书法清晰逼真，"福禄寿喜"寄托美好愿望，"吉祥如意"传达真挚情感。

请三名学生为上面这盒贴字艺术苹果报价，并阐述报价的理由，其他学生或教师进行点评。

学生 1：＿＿＿＿＿＿＿＿＿＿＿＿＿＿＿＿＿＿＿＿＿＿＿＿＿＿＿

＿＿＿＿＿＿＿＿＿＿＿＿＿＿＿＿＿＿＿＿＿＿＿＿＿＿＿＿＿＿＿＿＿＿

学生 2：＿＿＿＿＿＿＿＿＿＿＿＿＿＿＿＿＿＿＿＿＿＿＿＿＿＿＿

＿＿＿＿＿＿＿＿＿＿＿＿＿＿＿＿＿＿＿＿＿＿＿＿＿＿＿＿＿＿＿＿＿＿

学生 3：＿＿＿＿＿＿＿＿＿＿＿＿＿＿＿＿＿＿＿＿＿＿＿＿＿＿＿

＿＿＿＿＿＿＿＿＿＿＿＿＿＿＿＿＿＿＿＿＿＿＿＿＿＿＿＿＿＿＿＿＿＿

## （二）报价需考虑的因素

1）市场行情。市场行情是报价的基础，不能漫天开价，否则会破坏报价人的诚意。

2）谈判者的需求情况。根据前期对对方的了解，针对对方需求的紧迫程度报价。

3）交货期要求。考虑交货期限的长短。

4）要考虑产品的技术含量和复杂程度。

5）考虑货物的新旧程度、品质高低。

6）附带条件和服务。看对方提出的其他条件。

7）产品和企业的声誉。声誉也是一种无形的价值。

8）交易量的大小。交易量大，需考虑适当优惠。

9）销售时机。考虑货物的市场销售情况。

10）支付方式。

## （三）报价的方法

### 1. 切片报价

切片报价也就是小数报价，即把一件大的商品分成若干个单位进行报价。例如，1 千克西洋参 8000 元，报价时可以说每克 8 元。这样的小单位报价会给人以便宜的感觉。

### 2. 比较报价

比较报价可以从两方面来看：一方面将企业的产品与另一种价格高的产品进行比较，这样相比之下就显得自己的产品便宜；另一方面可将产品的价格与消费者日常开销进行比较。例如，一个推销员推销钢笔时，他经常对男士说："这支笔是贵了点，但也只相当于两包烟，一支笔可用四五年，可两包烟只能抽两天。少抽两包烟就可以买一支精致的笔，而且在用的时候又有风度，您说是不是值得？"经推销员这样一比较，对消费者来说无疑是一种诱惑。

### 3. 拆细报价

拆细报价的关键是将价格与产品使用寿命结合起来，拆细计算出单位时间的用度和其对应支出，以表明产品的价格并不贵。例如，一位男士看中了一块价格为 2400 元的进口手表，但又觉得价格高，有点犹豫不定。此时，营业员对他说："这种表 2400 元，但可使用 20 年，您想，每年只花 120 元，每月只花 10 元，每天仅花 0.33 元。而且它可在 7300 天里，天天为您增光添彩。"于是，男士欣然接受了这个价格。

### 4. 抵消报价

对产品的高价，推销人员可将其构成要素一一列出，再与其可能抵消的价格因素相比较，这样高价看起来也就成为低价了。例如，一位推销员将一台设备报价为 8000 元，用户认为价格太高。这位推销员说："一台设备的生产成本为 6200 元，附设零件 500 元，获金牌加价 300 元，送货上门运输费 200 元，所以盈利只有 800 元，销售利税率仅为 10%，如果后面三项不计算，每台价格只有 7000 元，比其他同类设备还要便宜。"所以，采用抵消法报价，更能显示出企业产品在价格上的优势。

### 5. 负正报价

经销人员在报价时，要讲究说话技巧。例如，对同一产品的价格可以用两种方式讲：一种是"价格虽然高一点，但产品质量过硬"；另一种是"产品质量的确过硬，只是价钱稍高一点"。这两种方式用词基本相同，但会使用户产生截然不同的感受。第一种方式是将重点放在产品的质量好上，所以价格才贵，用户会产生产品质量好的印象，从而坚定了购买欲望；第二种方式是将重点放在价格高上，用户会产生望而生畏的感觉，这样就削弱了用户的购买欲望。

（四）报价的原则

1）开盘价为"最高"或"最低"价。报价时除了报价还要有一个心理价位，如果是卖方先报价，可先报"最高"价，然后再优惠、降价；如果是买方先报价，肯定要报"最低"价，然后再讨价还价到自己的心理价位。

2）报价应该坚定、明确、完整。报价时一定不能犹豫不决，否则会给人一种欺骗的感觉，或者增加对方的不信任感。

3）开盘价必须合情合理。合情合理的理由能表明诚意。

（五）报价方式

第一，本方先开价，即自己的一方先报价，然后再相互商议，进行谈判。在谈判过程中注意不要轻易让步，表现在以下几点：①如何对待对方的报价；②不干扰对方的报价；③不急于还价。

第二，本方后开价，主要表现在如何对待对方的报价，首先是要不轻易让步，其次是不急于还价，最后是不干扰对方的报价。

**小知识**

价 格 解 评

价格解评包括价格解释和价格评论。

价格解释：卖方就其商品特点及其报价的价值基础、行情依据、计算方式等所做的介绍、说明或解答。

价格解释的原则：不问不答，有问必答，避实就虚，能说不写。

价格评论：买方对卖方所报价格及其解释的评析和论述。

价格评论的原则：切中要害，以理服人，严密组织，评论后侦察，侦察后再评论。

### 三、磋商阶段

#### （一）磋商阶段的含义

谈判磋商阶段又称实质性谈判阶段或讨价还价阶段，是指双方就各交易条件进行反复磋商和争辩，最后经过一定的妥协，确定一个双方都能接受的交易条件的阶段。

磋商的过程主要是对价格进行商讨，也就是讨价还价的过程。报价的程序一般为报价—价格解释—价格评论—讨价—还价，整个过程实质上也是一个让步与妥协的过程。

#### （二）磋商阶段的基本任务

1. 讨价

讨价是指要求报价方改善报价的行为，可分为以下两个阶段：议价阶段、让步阶段。

1）议价阶段是谈判的关键阶段，也是最困难、最紧张的阶段。在这个阶段，谈判中讨价还价的过程就是让步的过程。怎么让步、分几次让步、每次让步的幅度为多少，这些都大有学问。经验丰富的谈判人员能以很小的让步换取对方较大的让步，并且还让对方感到心满意足，愉快地接受。相反，也有即使做出大幅度的让步，对方还不甚满意的情况。

2）让步阶段双方将围绕价格问题进行理由陈述，以达成有利于自己一方的价格，在这个过程中，双方都会做出相应的、适当的让步，使谈判得以顺利进行，否则谈判将不能继续。

2. 还价

当一方报价完毕后，另一方就所报价格进行还价，因为很少有谈判是没有进行讨价还价就完成的。还价又称还盘，一般是指针对卖方的报价，买方做出的反应性报价，包括还价方式、还价起点的确定及还价的基本要求。

谈判双方就价格问题展开激烈的讨论，经过多次磋商，最终达成协议。

**情境任务 6-3**

张红与同学去逛商场，看中一款运动鞋，要价 180 元。张红对同学说："这款鞋真好看，我喜欢。"然后对营业员说，"能便宜些吗？"营业员回答："不能，这已经是最低价啦。"最后张红花了 180 元买走了自己心爱的运动鞋。

一会儿，一对夫妻来到此商场，妻子对丈夫说："这款运动鞋怎么样？"丈夫回答说："一般。"然后问营业员："这鞋多少钱？"营业员回答说："180 元。"丈夫说："太贵了。"然后对妻子说："你并不缺运动鞋，何必花 180 元买这款呢？我看这款鞋也就值 100 元而已。"妻子问营业员："100 元，卖吗？"营业员回答说："你要诚心买，最低 130 元。"丈夫说："不能再低了？"营业员答道："不能了，这是最低了。"丈夫说："好，成交。"

根据上面买鞋的小故事，张红与一对夫妻同买一款鞋，却以不同价格成交，请分析原因。

_____

_____

_____

**小知识**

### 讨价还价中让步的原则

每一次让步，都包含了己方的一些利益损失。因此，让步必须遵守以下原则。

1）让步不要太快，不要让对方轻易得到己方的让步，以免对方得寸进尺。

2）让步的幅度不能过大，否则将使对方得寸进尺。

3）绝不能无偿让步。

4）不承诺做同等级让步。

5）让步要恰如其分，以己方较小的让步换取对方较大的满足。

6）即使是必须做出的让步，也绝不能便宜地让出。

7）如果做出了让步后又考虑欠妥，完全可以推倒重来，不要不好意思，因为这毕竟不是最后的决定。

8）不要忘记己方让步的次数，因为这关系到己方的议价力量。

**情境任务 6-4**

假如你准备向客户降价 20 000 元，你会如何做？

看下面的谈判策略：

① 20 000 元一次性降价。

② 0 元、0 元、0 元、20 000 元，开始不降，直到客户准备放弃时再降。

③ 5000 元、5000 元、5000 元、5000 元，客户要求一次降一次，每次数量一样。

④ 1000 元、3000 元、6000 元、10 000 元，降价幅度逐渐提高。

⑤ 10 000 元、6000 元、3000 元、1000 元，降价幅度逐渐减小。

你会选择怎么做？为什么？

_____

_____

_____

### 3. 商务谈判僵局的处理

在谈判中谈判双方各自对利益的期望或对某一问题的立场和观点存在分歧，很难形成共识，而又都不愿做出妥协向对方让步时，谈判过程就会出现停顿，谈判即进入僵持状态。谈判僵局是商务谈判过程中出现难以再顺利进行下去的僵持局面。

（1）谈判僵局产生的原因

谈判僵局产生的原因大致有以下几个：①双方立场观点不同出现的争执；②偶发因素的干扰，即在谈判过程中出现不利于谈判继续进行的其他因素；③信息沟通的障碍，以及信息沟通过程中出现的误解或反馈错误的问题；④谈判者行为的失误，以及双方谈判过程中出现的相互误解；⑤面对强迫的反抗，即感到对方太强势时表现出的抵触和反抗，也是妨碍谈判继续进行的因素。

（2）僵局的处理方法

谈判一旦陷于僵局，谈判各方应立即探究原因，积极主动地寻找解决的方案，切不可因一时陷于僵局而放弃或终止谈判。一般的解决方法有以下几种。

1）变换议题。在谈判的过程中，由于某个议题引起争执，一时又无法解决，这时谈判各方为了寻求和解，不妨变换一下议题，把僵持不下的议题暂时搁置一旁，等其他议题解决后，再在友好的气氛中重新讨论僵持的议题。

2）更换主谈人。有时谈判的僵局是由谈判人的感情色彩导致的，僵局一旦形成，主谈人的态度便不易改变。这种潜在滋生的抵触情绪，对谈判危害极大，这时最好的办法是更换主谈人。新的主谈人不受前主谈人的感情左右，会以新的姿态来到谈判桌上，使僵局缓解。

3）暂停谈判。谈判各方或由于一时冲动，在感情上相抵触，这时应当从谈判的实际利益出发，考虑暂时停止谈判，等待气氛缓和下来再谈。在冷静、平和的气氛中，谈判各方才会为寻求各自的利益求同存异。

4）寻求第三方案。谈判各方在坚持自己的谈判方案互不相让时，谈判就会陷入僵局。这时破解僵局的最好办法就是，各自都放弃自己的谈判方案，共同寻求一种可以兼顾各方利益的第三方案。

5）借助调解人。有些谈判僵局产生后，双方已经无法破解，这时很有必要借助中间人从中调解，促成双方矛盾的和解、转化。这是破解僵局时有效且常用的方法。

6）问题上交。谈判陷入僵局后，上述方法都不能奏效时，谈判双方可将问题提交各自委派的代表或上级主管部门，由其提供解决的方案或亲自出面扭转僵局。

7）由各方专家单独会谈。谈判者可依据谈判僵局涉及的专门问题，提请有关专家单独会谈。例如，涉及法律问题，可由双方律师单独会谈；涉及技术问题，可由双方工程师、技师等单独会谈。这是因为同行之间交谈，可以避免不少麻烦，也容易找到共同点，有助于产生解决问题的新方案。

**小知识**

### 保险公估人的作用

保险行业的保险辅助人里，除了保险代理人、保险经纪人，还有一个保险公估人。什么是保险公估人呢？保险公估人是指依照法律规定设立，受保险公司、投保人或被保险人委托办理保险标的的查勘、鉴定、估损及赔款的理算，并向委托人收取酬金的公司。公估人的主要职能是按照委托人的委托要求，对保险标的进行检验、鉴定和理算，并出具保险公估报告。其不代表任何一方的利益，使保险赔付趋于公平、合理，有利于调停保险当事人之间关于保险理赔方面的矛盾。

**情境任务6-5**

一个周末，你借用一个同学的高档相机进山游玩，归还后，同学说相机出现了问题，不能正常查看，想让自己赔偿。你觉得自己是正常使用的，且使用的时候没出现什么问题，若自己赔偿又觉得很委屈，双方僵持不下。请同学们帮忙想一想，怎么帮他们解决问题？

解决问题的办法是：_____

_____

_____

## 四、成交阶段

成交阶段是指完成正式谈判之后，谈判双方最终缔结协议的特定阶段。

### （一）成交阶段的判定

在谈判达成一致后，谈判就进入成交阶段，如何判定成交阶段的出现呢？首先考察交易条件中余留的分歧是否还存在；其次考察谈判对手交易条件是否进入己方成交期望值。

（二）成交阶段的任务

成交阶段的任务：①向对方发出成交信号；②最后一次报价；③不要过于匆忙报价；④明确促成交易的各种因素；⑤让步与要求并提；⑥不应轻易放弃成交的努力；⑦为圆满结束做出精心安排。

**情境任务 6-6**

下面是客户与小江的谈判。

客户："虽然机器真的不错，但我们还是会更多考虑费用的因素。"

小江："现在给您的价格是4800元，已经很低了啊！那您说个价格吧，我看看能不能帮您向我们经理申请。"

客户："应该你说啊，如果你够诚恳的话，我再考虑啊。"

小江："我知道，但您也要告诉我您的要求啊，没关系，说出来听听。"

客户："这样啊，那好吧，我希望是4000元，如果高于这个价格我看就算了吧。"

小江："这么低啊？这个价格是绝对不可能的。"

客户："那就算了，反正我们装不装也无所谓。"

小江："这样吧，我来申请看看能不能做到4600元，不过配件可要你们自己买了。"

客户："配件当然是你们提供啊，配件你们提供，然后4300元，好不好？"

小江："不行，4600元最低了，这个价格做的话我都要被经理骂了，不行我也没办法了。"

客户："那好吧，4600元就4600元，不过配件还是要由你们提供。"

小江："好吧，我还要向我们经理申请呢，那么4600元申请下来了，是不是就可以签单了呢？"

客户："可以。"

小江："经理吗？您好！……好的，谢谢！……好了，经理同意是同意了，但他提了个要求，您看有没有问题。"

客户："什么要求？"

小江："经理希望拿你们这家作为我们产品的样板房。"

客户："这没问题。"

小江："不过……"小江将嘴巴凑到客户耳朵前轻声道，"这个价格是我们公司目前为止的最低出货价了，批发都比这高50元呢，您要保证不和其他人讲哦。"

分析上面案例，说说小江用了什么方法？

_____

_____

_____

## 五、可能的谈判结果

每次谈判不一定都是一帆风顺的，都可能出现意想不到的结果，常见的结果有以下几种。

1）达成交易，并改善了关系。

2）达成交易，但关系没有变化。

3）破裂。

4）没有成交，但改善了关系。

5）没有成交，关系也没有变化。

6）没有成交，但关系恶化。

7）达成交易，但关系恶化。

## 六、商务谈判结束的方式

1）成交。双方达成协议，实现交易目标。

2）中止。有两种情形：一种是有约期的中止，一种是无约期的中止。

3）破裂。有两种情形：一种是友好破裂结束，一种是对立破裂结束。

## 体验活动

活动一　测测你的谈判能力（请在下列每题答案中选一个）

1. 你认为商务谈判是（　　　）。

　　A．一种意志的较量，谈判对方一定有输有赢

　　B．一种立场的坚持，谁坚持到底，谁就获利多

　　C．一种妥协的过程，双方各让一步一定会海阔天空

　　D．双方的关系重于利益，只要双方关系友好必然带来理想的谈判结果

　　E．双方妥协和利益得到实现的过程，以客观标准达成协议可得到双赢结果

2. 在签订合同前，谈判代表说合作条件很苛刻，按此条件自己无权做主，还要通过上司批准。此时你应该（　　　）。

　　A．说对方谈判代表没有权做主就应该早声明，以免浪费这么多时间

　　B．询问对方上司批准合同的可能性，在最后决策者拍板前要留有让步余地

　　C．提出要见决策者，重新安排谈判

　　D．与对方谈判代表先签订合作意向书，取得初步的谈判成果

　　E．进一步给出让步，以达到对方谈判代表有权做主的条件

3. 为得到更多的让步，或是为了掌握更多的信息，对方提出一些假设性的需求或问题，目的在于摸清底牌。此时你应该（　　　）。

　　A．按照对方假设性的需求和问题诚实回答

　　B．对于各种假设性的需求和问题不予理会

C．指出对方的需求和问题不真实

D．了解对方的真实需求和问题，有针对性地给予同样假设性答复

E．窥视对方真正的需求和兴趣，不要给予清晰的答案，并可将计就计促成交易

4．谈判对方提出几家竞争对手的情况，向你施压，说你的价格太高，要求你给出更多的让步，你应该（　　）。

A．谈判更多地了解竞争状况，坚持原有的合作条件，不要轻易做出让步

B．强调自己的价格是最合理的

C．为了争取合作，以对方提出竞争对手最优惠的价格条件成交

D．问："既然竞争对手的价格如此优惠，你为什么不与他们合作？"

E．提出竞争事实，说对方提出的竞争对手情况不真实

5．当对方提出如果这次谈判你能给予优惠条件，保证下次给你更大的生意，此时你应该（　　）。

A．按对方的合作要求给予适当的优惠条件

B．为了双方的长期合作，得到未来更大的生意，按照对方要求的优惠条件成交

C．了解买主的人格，不要以"未来的承诺"来牺牲"现在的利益"，可以其人之道还治其人之身

D．要求对方将下次生意的具体情况进行说明，以确定是否给予对方优惠条件

E．坚持原有的合作条件，对对方所提出的下次合作不予理会

6．谈判对方有诚意购买你整体方案的产品（服务）但苦于财力不足，不能成交。此时你应该（　　）。

A．要对方购买部分产品（服务），成交多少算多少

B．指出如果不能购买整体方案，就以后再谈

C．要求对方借钱购买整体方案

D．如果有可能，协助对方贷款，或改变整体方案。改变方案时要注意相应条件的调整

E．先把整体方案的产品（服务）卖给对方，对方有多少钱先给多少钱，所欠款项以后再说

7．对方在达成协议前，将许多附加条件依次提出，要求得到你更大的让步，你应该（　　）。

A．强调你已经做出的让步，强调"双赢"，尽快促成交易

B．对对方提出的附加条件不予考虑，坚持原有的合作条件

C．针锋相对，对对方提出的附加条件提出相应的附加条件

D．不与这种"得寸进尺"的谈判对手合作

E．运用推销证明的方法，将已有的合作伙伴的情况介绍给对方

8．在谈判过程中，对方总是改变自己的方案、观点、条件，使谈判无休止地拖下去。你应该（　　）。

A．以其人之道还治其人之身，用同样的方法与对方周旋

B．设法弄清楚对方的期限要求，提出己方的最后期限

C. 节省自己的时间和精力，不与这种对象合作

D. 采用休会策略，等对方真正有需求时再和对方谈判

E. 采用"价格陷阱"策略，说明如果现在不成交，以后将会涨价

9. 在谈判中双方因某一个问题陷入僵局，有可能是过分坚持立场之故。此时你应该（    ）。

A. 跳出僵局，用让步的方法满足对方的条件

B. 放弃立场，强调双方的共同利益

C. 坚持立场，要想获得更多的利益就得坚持原有谈判条件不变

D. 采用先休会的方法，会后转换思考角度，并提出多种选择等策略以消除僵局

E. 采用更换谈判人员的方法，重新开始谈判

10. 除非满足对方的条件，否则对方将转向其他的合作伙伴，并与你断绝一切生意往来，此时你应该（    ）。

A. 强调共同的利益，要求平等机会，不要被威胁吓倒而做出不情愿的让步

B. 以牙还牙，去寻找新的合作伙伴

C. 给出供选择的多种方案以达到合作的目的

D. 摆事实，讲道理，同时也给出合作的目的

E. 通过有影响力的第三者进行调停，赢得合理的条件

评分方法如下。

1. A——2分　　B——3分　　C——7分　　D——6分　　E——10分

2. A——2分　　B——10分　　C——7分　　D——6分　　E——5分

3. A——4分　　B——3分　　C——6分　　D——7分　　E——10分

4. A——10分　　B——6分　　C——5分　　D——2分　　E——8分

5. A——4分　　B——2分　　C——10分　　D——6分　　E——5分

6. A——6分　　B——2分　　C——6分　　D——10分　　E——3分

7. A——10分　　B——4分　　C——8分　　D——2分　　E——7分

8. A——4分　　B——10分　　C——3分　　D——6分　　E——7分

9. A——4分　　B——6分　　C——2分　　D——10分　　E——7分

10. A——10分　　B——2分　　C——6分　　D——6分　　E——7分

我的得分是_____。

如果你得了：

95分以上：谈判专家。

90～95分：谈判高手。

80～90分：有一定的谈判能力。

70～80分：具有一定的潜质。

70分以下：谈判能力不合格，需要继续努力。

活动二　请同学们根据价格谈判的有关技巧完成下列案例

第一天

销售员："这台数控机床只需要您投资 36 万元，就可以马上拥有了。"

客户："这个价格还是太高了。"

销售员：_____

客户："这样吧，32 万元，你看怎样？"

销售员：_____

客户："我当然诚心要了，不然和你谈这么多干吗？"

销售员：_____

客户："不行，要不这样，33 万元吧，我也不计较什么了，如果 33 万元可以，我就马上付全款，好不好？"

销售员：_____

客户："那也行。"

第二天

销售员：_____

客户："如果你们的设备用着好，我们还会继续采购的啊。"

销售员：_____

客户："那就把 5000 元去掉吧。"

销售员：_____

客户："可以。"

销售员："好的，您等一下。"

# 模块二　商务谈判的策略

## 案例导入

### 马云六分钟搞定两千万美元融资

马云创办阿里巴巴初期，有机会被安排与雅虎最大的股东、被称为网络风向标的软银老总孙正义见面。孙正义当时联合了中国国内的几家机构成立了一个项目评估会，打算挑选一些有潜力的公司进行投资。马云正是因为这个原因，被安排与孙正义见面的。

当时，项目评估会的协调人告诉马云："你只有六分钟的时间来讲解，然后大家提问题。如果六分钟听完了以后，大家对你没兴趣，你就没有机会；如果对你这个话题感兴趣，大家互相提问的时间会长一点。"

如何在六分钟的时间把阿里巴巴的电子商务计划说清楚并让投资方感兴趣？马云的语言天赋在此时发挥了巨大作用。据当时参与项目评估的 UT 斯达康中国区总裁兼首席执行官吴鹰回忆，他不太懂电子商务，因此对马云的讲解听得云山雾罩，但他能够感觉到马云非常有激情，而且讲解得很清楚。

孙正义则不然，在听了马云五六分钟的介绍后，他就初步了解了阿里巴巴的商业模式。所以，他立即做出了投资的决定。"你们这个公司能做成全世界一流的网站，要做，要做，就你们这个网站有希望。"

他对马云说："马云，我一定要投资阿里巴巴。"

孙正义问马云："你需要多少钱？"

马云回答："我不缺钱。"

孙正义问："不缺钱你来干什么？"

马云回答："又不是我要找你，是人家叫我来见你的。"

（资料来源：https://www.sohu.com/a/325602626_464061.）

【分析】越是得不到的，越是想得到。马云这种欲擒故纵的回答策略，反而进一步刺激了孙正义。临走时，孙正义请马云去日本的时候一定要和他当面详谈。

## 相关知识

### 一、商务谈判策略的含义

商务谈判策略是谈判人员在商务谈判过程中，为了实现特定的谈判目标而采取的各种方式、措施、技巧、战术、手段及其组合运用的总称，是一个集合概念和混合概念。

### 二、制定商务谈判策略的步骤

在商务谈判的准备阶段，商务人员除了了解对方有关情况，做到知己知彼外，还要根据了解到的情况，结合一些具体的情况，做一个策划，为谈判设计一个策略。而这个策略的制定首先要考虑很多因素和进行周密的设计。

（一）了解影响谈判的因素

1）寻找关键问题，谈判中要沟通和要解决的关键问题是谈判入题的关键点。

2）确定具体目标，为谈判确定一个明确的目标，并围绕这个目标进行准备。

3）形成假设性方法，要假定几种可能出现的情况，进行准备，以预防出乎意料的情况发生时措手不及。

4）深度分析假设方法，对假设的可能情况进行进一步的分析和确定。

5）形成具体的谈判策略，最后根据各种分析结果，确定谈判策略。

6）撰写行动计划草案，把确定的谈判策略做成文字性的东西，作为备忘。

（二）设计有利的开局

谈判开局的好坏直接影响整个谈判的进展，好的开局会对谈判目标的达成起到有利的促进作用。常用的开局方式有以下几种。

1. 慎重式开局

慎重式开局适用于谈判双方过去有过商务往来，但对方曾有过不太令人满意的表现的情形。

做法：对对方过去的不妥之处表示遗憾，并希望通过本次合作能够改变这种状况；不急于接近对方，礼貌性地提问来考察对方的态度和想法。

**情境任务 6-7**

　　一个值得长期合作的大客户，曾因我们的售后服务速度对我们有过不满。但后续的合作，我们又很愿意继续，那就必须要跟这个客户进行很好的谈判沟通。公司派你去与这个客户联系，你将怎么做？

　　我的做法：_____

_____

_____

2. 进攻式开局

在谈判开局阶段就设法显示自己的实力，使谈判开局就处于剑拔弩张的气氛中，对谈判进一步发展极为不利。进攻式开局策略通常只在这种情况下使用：发现谈判对手在刻意制造低调气氛，这种气氛对己方的讨价还价十分不利，如果不把这种气氛扭转过来，将损害己方的切身利益。

进攻式开局适用于谈判对手居高临下，有以势压人、不尊重己方的情况。

做法：有理、有利、有节，要切中问题要害，又不能过于咄咄逼人，适时转变做法。

小故事

**进攻式开局，赢得成功**

　　日本一家著名的汽车公司在美国刚刚"登陆"时，急需找一家美国代理商来为其销售产品，以弥补他们不了解美国市场的缺陷。当日本汽车公司准备与美国的一家公司就此问题进行谈判时，日本公司的谈判代表路上塞车迟到了。美国公司的代表抓住这件事紧紧不放，想要以此为手段获取更多的优惠条件。日本公司的代表发现无路可退，于是站起来说："我们十分抱歉耽误了你的时间，但是这绝非我们的本意，我们对美国的交通状况了解不足，所以导致了这个不愉快的结果，我希望我们不要再为这个无所谓的问题耽误宝贵的时间了，如果因为这件事怀疑到我们合作的诚意，那么，我们只好结束这次谈判。我认为，我们所提出的优惠代理条件是不会在美国找不到合作伙伴的。"日本代表的一席话说得美国代理商哑口无言，美国人也不想失去这次赚钱的机会，于是谈判顺利地进行下去。

### 3. 保留式开局

保留式开局适合于势力均衡的对方，对谈判对手提出关键性问题不做彻底的、确切的回答，而是有所保留，从而给对手造成神秘感，以吸引对手步入谈判。

**小故事**

#### 保留式开局，获得大订单

江西省某工艺雕刻厂原是一家濒临倒闭的小厂，经过几年的努力，发展为产值200多万元规模的企业，产品打入日本市场，战胜了其他国家在日本经营多年的厂家，被誉为"天下第一雕刻"。有一年，日本三家株式会社的老板同一天接踵而至，到该厂订货。其中一家资本雄厚的大商社，要求原价包销该厂的佛坛产品。这应该说是好消息。但该厂想到，这几家原来都是经销韩国、中国台湾地区产品的商社，为什么争先恐后、不约而同到本厂来订货？他们查阅了日本市场的资料，发现本厂的木材质量上乘、技艺高超是吸引外商订货的主要原因。于是该厂采用了"待价而沽""欲擒故纵"的谈判策略。先不理那家大商社，而是积极抓住两家小商社求货心切的心理，把佛坛的梁、镏、柱，分别与其他国家的产品做比较。在此基础上，该厂将产品当金条一样争价钱、论成色，使其价格达到理想的高度。首先与小商社拍板成交，造成那家大客商产生失落货源的危机感。那家大客商不但更急于订货，而且想垄断货源，于是大批订货，以致订货数量超过该厂现有生产能力的好几倍。

### 4. 挑剔式开局

挑剔式开局是指对对方的某些失误或产品的某些瑕疵进行挑剔，以达到有利于自己的局面。

**小故事**

#### 后悔不迭的巴西代表

巴西一家公司到美国去采购成套设备。巴西谈判小组成员因为上街购物耽误了时间。当他们到达谈判地点时，比预定时间晚了45分钟。美方代表对此极为不满，花了很长时间来指责巴西代表不遵守时间，没有信用，并指出如果老这样下去的话，以后很多工作很难合作。对此巴西代表感到理亏，只好不停地向美方代表道歉。谈判开始以后，美方代表似乎还对巴西代表来迟一事耿耿于怀，一时间弄得巴西代表手足无措，说话处处被动。巴西代表无心与美方代表讨价还价，对美方提出的许多要求也没有静下心来认真考虑，匆匆忙忙就签订了合同。等到合同签订以后，巴西代表平静下来，头脑不再发热时才发现自己吃了大亏，但已经晚了。

### 三、进入报价阶段的策略

报价阶段的策略主要体现在以下三个方面，即报价的先后、如何报价和怎样对待对方的报价。

（一）报价的先后

关于谈判双方中谁先报价，这是个微妙的问题。报价的先后在某种程度上对谈判结果会产生实质性影响。就一般情况而言，先报价有利也有弊。

既然先报价有利也有弊，那么我方究竟应先于对方报价，还是让对方先报价呢？也就是说，什么情况下先报价利大于弊呢？一般来说，通过分析比较谈判双方的谈判实力，可以采取不同的策略。具体来看，有以下几种情况。

1）谈判双方实力相当，预期谈判将会出现你争我斗、各不相让的气氛时，那么"先下手为强"的策略就比较适用。

2）如果我方的谈判实力强于对方，在谈判中处于相对有利的地位，那么我方先报价是有利的。因为这样可以为谈判划定一个基准线，对我方无疑利大于弊。

3）如果谈判对方是我方的老客户，同我方有较长时期的业务往来，而且双方合作一直较愉快，在这种情况下，谁先报价都可以。

4）一般惯例，发起谈判的人应先带头报价。

5）如果谈判双方都是谈判行家，则谁先报价均可。

6）如果谈判对方是谈判行家，而自己不是，则让对方先报价可能较为有利。

7）如果谈判双方是外行，则自己先报价可能较为有利，因为这样做可以对身为外行的双方起一定的引导或支配作用。

按照惯例，由卖方先报价。卖方先报价的目的不是给对方施加压力，而只是投石问路，用报价的方法直接刺探对方的思路反应。

（二）如何报价

由于报价的高低会对整个谈判进程产生实质性影响，因此，要成功地进行报价，谈判人员应注意遵守以下原则。

1. 掌握行情

众所周知，国际、国内市场的行情处于经常不断变化中。这种错综复杂的变化，通常会通过价格的涨跌和波动表现出来。同时，价格的波动反过来又会影响市场的全面波动。因此，要求谈判人员在掌握可靠的信息资料之后，通过反复比较和权衡，设法找出一个理想的价格，这个价格既能给自己带来尽可能多的利益，又能被对方接受。

2. 确定最低的可接纳水平

报价之前最好为自己设定一个"最低的可接纳水平"。"最低的可接纳水平"是指最差的但却可以勉强接纳的最终谈判结果。例如，卖方将他欲出售的某种商品的最低可接受价格定为 500 元。这意味着，假如售价等于或高于 500 元，他将愿意成交；但若售价不及 500 元，则他宁愿持有商品而不愿出售。

3. 报价要坚定而果断

卖方主动开盘报价叫报盘。在正式谈判中，开盘都是不可撤销的，叫实盘。开盘时，报价要坚定而果断地提出，没有保留，毫不犹豫，这样才能给对方留下我方是认真而诚实的印象。欲言又止、吞吞吐吐，必然会导致对方的不信任。

开盘时不需对所报价格做过多的解释、说明和辩解，没有必要为那些合乎情理的事情进行解释和说明，因为对方肯定会对有关问题提出质询的。如果在对方提问之前，我方主动加以说明，会使对方意识到我方最关心的问题，这种问题有可能对方过去尚未考虑过。有时过多地进行说明和辩解，会使对方从中找出破绽或突破口。

4. 确立报价

一般来说，一方开盘报价之后，立即为对方接受的例子极为罕见。一般开价后，对方要还价。报价策略对卖方来说，是报出最高价，而买方则报出最低价。

1）报价有虚头是正常情况，也就是我们经常所说的"水分"。虚头的高低要看具体情况而定，不能认为越高越好，也没有固定的百分比。在市场行情看好时，卖方的虚头可以略高一些。行情越趋好，虚头也可越高。虚头是为以后的谈判所留的余地，留得过高不好，过低也不行。作为卖方，开盘价几乎不会是最终的价格，否则对方是不会接受的。同样，作为买方，开盘价为要价确定了一个最低限度。一般来讲，没有特殊情况，开盘价也是不能降低的。

2）从人们的观念上看，"一分价钱，一分货"是大多数人信奉的观点。尤其对于价格政策为"厚利少销"的商品（如工艺美术品），较高的虚头是必要的。

3）在过程的各个阶段，特别是磋商阶段中，谈判双方经常会出现僵持不下的局面。为了推动谈判的进程，使之不影响我方谈判的战略部署，我方应根据需要，适时进行让步，适当满足对方的某些要求，以打破僵局或换取对我方有利的条件条款。所以，报出含有高虚头的价格是很有必要的。

4）脱离实际，漫天要价，就是毫无道理。这并不会为我方带来任何利益，而只可能把对方吓跑，导致白费工夫。

通常一方报价完毕之后，另一方会要求报价方对其价格的构成、报价依据、计算的基础及方式等做出详细的解释，即所谓的价格解释。在价格解释时必须注意以下几点：①不问不答，以免造成言多有失。②有问必答。经验告诉人们，既然要回答问题，就不能吞吞吐吐，欲言又止。否则极易引起对方的怀疑，甚至会提醒对方注意，从而穷追不舍。③避实就虚，我方报价中比较实质的部分应多讲，对于比较虚的部分，或者说水分含量比较大的部分，应该少讲一些，甚至不讲。④能演不书，即能用口头表达和解释的就不要用文字书写。因为当自己表达中有误时，口述和笔写的东西对自己的影响是截然不同的。

**小知识**

### 国外一些报价策略

1. 价格起点策略

吊筑高台（欧式报价），是指卖方提出一个高于本方实际心理价位的谈判起点来与对手讨价还价，最后再做出让步达成协议的谈判策略；喊价要狠，让步要慢。

应对办法：要求对方出示报价或还价的依据。

抛放低球（日式报价），是指先提出一个低于己方实际要求的谈判起点，以让利来吸引对方，试图首先击败参与竞争的同类对手，然后再与被引诱上钩的卖方进行真正的谈判，迫使其让步，达到自己的目的。

应对方法：其一，把对方的报价内容与其他卖主的报价内容一一进行比较和计算，并向对方提出异议；其二，不为对方的小利所迷惑，自己报出一个一揽子交易的价格。

2. 除法报价策略

以商品价格为除数，以商品的数量或使用时间等概念为被除数，得出一种数字很小的价格，使买主对本来不低的价格产生一种便宜、低廉的感觉。

3. 加法报价策略

在商务谈判中，有时怕价格会吓跑客户，就把价格分解成若干层次渐进提出，使若干次的报价，最后加起来仍等于当初想一次性报出的高价。

4. 差别报价策略

差别报价策略是指在商务谈判中针对客户性质、购买数量、交易时间、支付方式等方面的不同，采取不同的报价策略。

5. 对比报价策略

对比报价策略是指向对方抛出有利于本方的多个商家同类商品交易的报价单，设立一个价格参照系，然后将所交易的商品与这些商家的同类商品在性能、质量、服务与其他交易条件等方面做出有利于本方的比较，并以此作为本方要价的依据。

6. 数字陷阱策略

数字陷阱策略是卖方将自己制作的商品成本构成计算表给买方，用以支持本方总要价的合理性。该策略适合在商品交易内容多，成本构成复杂，成本计算方法无统一标准，或是对方攻势太强的情形下使用。

**情境任务 6-8**

请学生们准备一件自己熟悉的商品，在班上或小组里做一个商品销售的模拟。你将如何介绍商品并进行报价（记得尽量做到让顾客觉得物有所值）？

请对这次活动中最成功的销售进行记录：＿＿＿＿＿＿＿＿＿＿＿＿＿＿

＿＿＿＿＿＿＿＿＿＿＿＿＿＿＿＿＿＿＿＿＿＿＿＿＿＿＿＿＿＿＿＿＿＿

＿＿＿＿＿＿＿＿＿＿＿＿＿＿＿＿＿＿＿＿＿＿＿＿＿＿＿＿＿＿＿＿＿＿

（三）怎样对待对方的报价

在对方报价的过程中，切莫干扰对方，而应认真听取并尽力完整、准确、清楚地把握对方的报价内容。在对方报价结束后，不要急于还价，而应通过对方的价格解释，了解对方报价的实质、态势、意图及其诚意，以便从中找出破绽，从而动摇对方报价的基础，为我方争取主动。在对方完成价格解释之后，针对对方的报价，有两种行动可供选择：一是要求对方降低价格，另一种是提出自己的报价。一般来讲，第一种选择比较有利。因为这是对报价一方的反击，如果成功，可以争取到对方的让步，而我方既没有暴露自己的报价内容，更没有任何让步。

## 四、磋商阶段的策略

磋商阶段的策略包括三个情况下的内容：一是优势条件下的谈判策略；二是劣势条件下的谈判策略；三是均势条件下的谈判策略。

（一）优势条件下的谈判策略

1. 不开先例

不开先例是指在谈判中，占优势的当事人一方为了坚持和实现自己所提出的交易条件，以没有先例为由来拒绝让步促使对方就范，接受自己条件的一种强硬策略。这是拒绝对方又不伤面子的两全其美的好办法。

2. 先苦后甜

先苦后甜是指在谈判中先用苛刻的条件使对方产生疑虑、压抑等心态，以大幅度降低对手的期望值，然后在实际谈判中逐步给予优惠或让步，使对方的心理满足而达成一致的策略。

**情境任务 6-9**

先苦后甜的策略的应用是基于人们怎样的心理需求？

＿＿＿＿＿＿＿＿＿＿＿＿＿＿＿＿＿＿＿＿＿＿＿＿＿＿＿＿＿＿＿＿＿＿

＿＿＿＿＿＿＿＿＿＿＿＿＿＿＿＿＿＿＿＿＿＿＿＿＿＿＿＿＿＿＿＿＿＿

＿＿＿＿＿＿＿＿＿＿＿＿＿＿＿＿＿＿＿＿＿＿＿＿＿＿＿＿＿＿＿＿＿＿

### 3. 价格陷阱

价格陷阱是指谈判中的一方利用市场价格预期上涨的趋势及人们对之普遍担心的心理，把谈判对手的注意力吸引到价格问题上来，使其忽略对其他重要条款的讨价还价的一种策略。这一策略是在价格虽看涨，但到真正上涨还需要较长时间的情况下运用的。

### 4. 期限策略

期限策略是指在商务谈判中，实力强的一方向对方提出达成协议的时间限期，超过这一限期，提出者将退出谈判，以此给对方施加压力，使其尽快做出决策的一种策略。

### 5. 声东击西

声东击西是指我方在商务谈判中，为达到某种目的和需要，有意识地将磋商的议题引导到无关紧要的问题上故作声势，转移对方注意力，以求实现自己的谈判目标。

### 6. 先声夺人

先声夺人是在谈判开局中借助于己方的优势和特点，以求在心理上抢占优势，从而掌握主动的一种策略。

---

**情境任务 6-10**

有家公司想请陈教授为公司管理人员举办一次管理技巧研讨会。公司董事长事前约见了陈教授，讨论研讨会主题。陈教授扼要地介绍了管理者最应做的是计划、组织、管理、控制的观点。董事长表示赞同，说："这个主题好，能使我的属下受益匪浅。"接下来他们又共同探讨了其他的细节，临结束前，陈教授提到了培训费用事宜。董事长问陈教授："你想要多少？"陈教授说："通常都是一天5000元。"陈教授心想董事长可能会嫌要价太高。他说："……"（请帮董事长回答）

1）案例中陈教授的做法对吗？如果你是陈教授，你将如何做？

_____

_____

2）思考并完成表6-1中空白项目，完成对案例的改写。

表6-1 案例改写

| 谈判过程和内容 | | |
| --- | --- | --- |
| 案例资料 | | 分析评价 |
| 陈教授 | | |
| 董事长 | | |
| 告别时陈教授提到了培训费用事宜 | | |

续表

| 案例资料 | | 分析评价 | |
|---|---|---|---|
| 董事长 | 你想要多少 | 写出你能想到的其他方式，并做出评价 | |
| 陈教授 | 通常一天收费 5000 元 | 陈教授的做法是否恰当？为什么？ | |
| 如果你是陈教授，你会如何做？ | | | |
| 根据你的回答写出董事长的应对 | | | |

（二）劣势条件下的谈判策略

1. 吹毛求疵

吹毛求疵是在商务谈判中针对对方的产品或相关问题，再三故意挑剔毛病使对方的信心降低，从而做出让步的策略。使用的关键点在于提出的挑剔问题应恰到好处，把握分寸。

2. 以柔克刚

以柔克刚是指在谈判出现危难局面或对方坚持不让步时，采取软的手法来迎接对方硬的态度，避免正面冲突，从而达到制胜目的的一种策略。其应用要点是采用迂回战术、坚持以理服人。

3. 难得糊涂

难得糊涂是防御性策略，指在出现对己方不利的局面时，故作糊涂，并以此为掩护来麻痹对方的斗志，以达到蒙混过关的目的策略。其应用要点是贵在"巧"，要有度，有范围限制。

4. 疲惫策略

疲惫策略是指通过马拉松式的谈判，逐渐消磨对手的锐气，使其疲惫，以扭转己方在谈判中的不利地位和被动的局面，到了对手精疲力竭时，己方则可反守为攻，抱着以理服人的态度摆出己方的观点，促使对方接受己方条件的一种策略。

5. 权力有限

权力有限指在商务谈判中，实力较弱的一方的谈判者被要求向对方做出某些条件过高的让步时，宣称在这个问题上授权有限，无权向对方做出这样的让步，或无法更改既定的事实，以使对方放弃所坚持的条件的策略。

6. 反客为主

反客为主指谈判中处于劣势的一方，运用让对方谈判付出更大的代价的方法，从而变被动为主动，达到转劣势为优势的目的的策略。

**情境任务6-11**

想一想，反客为主的策略应用是基于人们怎样的心理？

_____

_____

_____

（三）均势条件下的谈判策略

1. 投石问路

投石问路指在谈判的过程中，谈判者有意提出一些假设条件，通过对方的反应和回答，来琢磨和探测对方的意向，抓住有利时机达成交易的策略。

2. 先造势后还价

先造势后还价指在对方开价后不急于还价，而是指出市场行情的变化态势，或是强调本方的实力与优势，构筑有利于本方的形势，然后再提出本方要价的一种策略。应对办法：不为所动、坚持开价、谨慎让步。

3. 欲擒故纵

欲擒故纵指在谈判中的一方虽然想做成某笔交易，却装出满不在乎的样子，将自己的急切心情掩盖起来，似乎只是为了满足对方的需求而来谈判，使对方急于谈判，主动让步，从而实现先"纵"后"擒"的目的的策略。

小故事

**欲　擒　故　纵**

西晋末年，幽州都督王浚企图谋反篡位。石勒闻讯后，打算消灭王浚的部队。但王浚势力强大，石勒恐一时难以取胜。他决定采用"欲擒故纵"之计麻痹王浚，他派门客王子春带了大量珍宝财物敬献王浚，并写信向王浚表示拥戴他为天子。信中说："现在社稷衰败，中原无主，只有你威震天下，有资格称帝。"王子春又在一旁添油加醋，说得王浚心里喜滋滋的，信以为真。正在这时，王浚有个部下名叫游统的，伺机谋叛王浚。游统想找石勒做靠山，石勒却杀了游统，并将他的首级送给王浚。这使王浚对石勒更加放心了。

公元314年，石勒探听到幽州遭受水灾，老百姓没有粮食，而王浚不顾百姓生死，苛捐杂税有增无减，民怨沸腾，军心浮动。石勒亲自率领部队攻打幽州。这年四月，石勒的部队到了幽州城，王浚还蒙在鼓里，以为石勒是来拥戴他称帝，根本没有准备应战。等到他突然被石勒将士捉拿时，才如梦初醒。王浚中了石勒"欲擒故纵"之计，身首异处，美梦成了泡影。

**情境任务 6-12**

请根据历史小故事《欲擒故纵》，说说什么是"擒"，什么是"纵"。并结合谈判策略进行分小组讨论。

_____

_____

_____

### 4. 大智若愚

大智若愚指谈判的一方故意装作糊里糊涂、惊慌失措、犹豫不决、反应迟钝，以此来松懈对方的意志，争取充分的时间，达到后发制人的目的的策略。

### 5. 走马换将

走马换将指在谈判桌上的一方遇到关键性问题，或与对方有无法解决的分歧，或欲补救己方的失误时，借口自己不能决定或其他理由，转由他人再进行谈判的策略。这个"他人"或者是上级、领导，或者是同伴、合伙人、委托人、亲属和朋友。

### 6. 浑水摸鱼

浑水摸鱼指在谈判中，故意搅乱正常的谈判秩序，将许多问题一股脑儿地摊到桌面上，使人难以应付，借以达到使对方慌乱失误的目的的策略。

### 7. 红白脸术

红白脸术是指商务谈判过程中，利用谈判者既想与你合作，但又不愿与有恶感的对方人员打交道的心理，以两个人分别扮演"红脸"和"白脸"的角色，诱导谈判对手妥协的一种策略。"白脸"是强硬派，在谈判中态度坚决、寸步不让、咄咄逼人，几乎没有商量的余地。"红脸"是温和派，在谈判中态度温和，拿"白脸"当武器来压对方，与"白脸"积极配合，尽力撮合双方合作，以致达成对己方有利的协议。

### 8. 体会策略

体会策略是在谈判的过程中，谈判人员为控制、调节谈判进程，缓和谈判气氛，打破谈判僵局而经常采用的一种基本策略。一般在谈判出现低潮时，或出现新情况，或出现一方不满，或进行到某一阶段的结尾时使用。

9. 私下接触

私下接触指通过与谈判对手的个人接触，采用各种方式增进了解、联络感情、建立友谊，从侧面促进谈判顺利进行的策略。私下交往的方式很多，如打电话、拜访、一起参加娱乐活动、宴请、发邮件等。

10. 润滑策略

润滑策略指谈判人员为了表示友好和联络感情而互相馈赠礼品，以期取得更好的谈判效果的策略，西方人幽默地称其为"润滑策略"。这种策略的使用要考虑双方的文化差异、礼品价值、送礼的场合及礼仪等内容。

11. 情感转移

情感转移是指当正式谈判中出现僵局或碰到难以解决的谈判障碍时，谈判组织者就应该有意识地通过转换谈判的环境、气氛及形式，使谈判对手的情感发生转移的一种策略。

---

**情境任务 6-13**

王芳向高先生租一间零售店。她要求高先生将店重新装修一下，高先生不同意。

高先生：按你付的租金，再装修我要亏本。

王芳：可按双方协议我的利润你还分 1%呢，你改善商店销售环境将能增加你的收入啊！

高先生：这是未知的事，谁能保证一定增加？

王芳：这还用保证啊，商店环境好坏，对销售肯定会有影响。

高先生：要是你经营得不好，装修费我出了，你走后我再出租时还得重新装修。为什么不把装修作为租赁的条件写到合同里呢？这样你自己装修就行了。

王芳：可我现在付的租金足够你承担装修费。再说，我要是在原来的地方不动，原房主可是答应要给我重新装修。

高先生：你原来待的地方才有多少人啊，这里可是繁华商业区，会让你生意兴隆。

王芳：要说生意兴隆，你这里原来可不行，还不是我的服装店引领新潮流带来的人！

高先生：装修要花不少钱呢！就是不装修我现在也能把它租给别人。

王芳：你能找到像我这样使这条街兴旺的人吗？

高先生：不按我的要求根本行不通。

王芳：算了，我肯定需要装修，如果你不同意，我宁愿在原来的地方再待上一年，到时候那条街也将热闹起来。对，顺便告诉你，这条街有许多人找我呢，我想来这条街肯定能租到按我要求装修的房子。

高先生：好了，好了，我可真是拿你没办法，就按你的要求签协议吧！

1）高先生为什么最后能提供装修？

_____

_____

2）在这个案例中，王芳采取了哪些策略？

_____

_____

（四）其他策略

其他策略包括攻势策略与防御策略。

**1. 攻势策略**

攻势策略是当谈判的一方实力较强，处于主动地位时，可以发起攻势，迫使对方做出让步，具体如下。

（1）反向诱导

反向诱导指提出一个恰恰相反的主张，以诱导对方接受先前的建议，即逆向谈判。

（2）最后期限

很多谈判，常常是到了谈判的最后期限或临近这个期限才达成协议。如果在谈判开始时规定最后期限，也是一种谈判策略。心理学专家指出：当某一最后期限到来时，人们迫于这种期限的压力，会迫不得已改变自己原先的主张，以求尽快解决问题。在谈判中常会有这样的情况：在谈判开始时，就告知对方最后期限。对方对此并不注意，但随着这个期限的迫近，对方内心的焦虑就会渐增，并表现出急躁不安。到了截止期这一天，这种不安和焦虑就会达到高峰。

**情境任务 6-14**

想一想，在你的生活中有没有出现过上述两种情况或三种情况中的某一种，说说是怎么回事。

_____

_____

**2. 防御策略**

当谈判的一方处于被动局面时，就采用防御策略。

（1）先发制人

对方处于绝对优势时，往往会提出十分苛刻的条件。这时自己可先发制人，抢先开出条件，并以此作为谈判的基础。

（2）避重就轻

谈判的目的是要使双方得到利益上的满足。当谈判出现僵局时，在重要问题上仍然要坚持立场，而在次要利益上可做出适当让步。

（3）原地后退

有一种舞蹈动作，看起来在后退，实际上还在原地，在谈判中也可做出这种无损失让步，让对手感到满足。

**情境任务 6-15**

假如你是一名推销员，经理指示你在谈判中不能在包装等条件上让步，同时要尽量使顾客满意，你将怎么做？

_____

_____

_____

（4）虚设转嫁

当对方实力雄厚时，可以虚设一个后台，也就是为自己找个借口，来拒绝对方，并把责任推到虚设的后台上。例如，向对方讲"我们领导有指示"或"这个不在自己的权限范围内"等。这样，可以将自己的处境转劣为优。如果再能告诉对方，自己可以为对方争取利益时，一定会有更好的效果。

**情境任务 6-16**

请同学们模拟一个推销的场景：客户大幅度砍价，你将以怎样的方法来应对？

_____

_____

_____

## 五、成交阶段的策略

当谈判双方的期望已相当接近时，就会产生结束谈判的愿望。这一阶段的主要目标有三个：①力求尽快达成协议；②尽量保证已取得的利益不丧失；③争取最后的利益收获。为达到这些目标，可以采用以下谈判的策略。

（一）场外交易

场外交易指当谈判进入成交阶段，双方将最后遗留的个别问题的分歧意见放下，东道主一方安排一些旅游、酒宴、娱乐项目，以缓解谈判气氛，争取达成协议的做法。同时要注意谈判对手不同的风俗习惯。

（二）成交迹象判断

成交迹象判断指对手由对一般问题的探讨延伸到对细节问题的探讨；以建议的形式表示他的遗憾；对方对你介绍的商品的使用功能随声附和；谈判小组成员由开始的紧张转向松弛；抓住一切显示成交的机会。

（三）行为策略

行为策略有适时展现对"结束谈判"的积极态度；设法采取不同的方式向对方渗透；采取假定谈判已经顺利达成协议的方式；与对方商量协议的具体内容；以行动表示达成协议；提供一项特别的优惠。

（四）不遗余"利"

不遗余"利"指不忘最后的获得；争取最后的让步；慎重地对待协议谈判的成果。

（五）注意为双方庆贺

在商务谈判即将签约或已经签约的时候，可谓大功告成。此时，不要忘记赞扬对方谈判人员的才干。这样做会使对方在心理上得到平衡和安慰，并感到某种欣慰。相反，如果我们只注意自己高兴，并沾沾自喜，喜形于色或用讥讽的语气和对方交谈，则会自找麻烦。因为如果我方这样做了，对方可能会突然提出其他要求而停止签约等。

（六）慎重地对待协议

谈判的成果是要靠严密的协议来确认和保证的，协议是以法律形式对谈判成果的记录和确认，它们之间应该完全一致，不得有任何误差。因此，将谈判成果转变为协议形式的成果是需要花费一定气力的，不能有任何松懈。所以在签订协议之前，应与对方就全部的谈判内容、交易条件进行最终的确定。在协议上签字时，再将协议的内容与谈判结果一一对照，在确认无误后方可签字。

## 体验活动

活动：模拟谈判

【目的】提高学生的谈判能力。

【步骤】学生六人一组，选一名组长，各小组根据学校情况商议谈判准备和方案，然后小组之间进行谈判对抗。

【要求】模拟谈判中按照以下几个环节进行。

第一部分：开场介绍。

第二部分：背对背演讲。

第三部分：进入正式模拟谈判阶段。

【背景资料】某公司要进行新入职员工的培训，此次培训分春季和秋季两期，每期培训 300 人左右；培训需占用我校的教学场地、教学设备，要求我校教师进行培训授课，请学生分组进行模拟谈判。

我的谈判体会：_____

_____

_____

_____

_____

# 模块三　商务谈判的技巧

## 案例导入

### "将军红"

"水木年华"公司业务员李莉去石材店采购板材，认为橱窗里陈列的"将军红"大理石板材非常不错。她走进商店，开始为买"将军红"打埋伏，说想要黑珍珠石材，"这里有很漂亮的黑色大理石"，老板边说请她看样品。李莉又改口，说想要更厚一点的，老板说也有这样的大理石。到此，李莉决定为那批"将军红"与老板讨价还价。她问了价钱，老板说 300 元。"这太贵了"，李莉开始还价，她出价 200 元。"260 元"，老板说。"谢谢！"李莉边说边朝门口走去，老板怕失去这桩生意，终于以每平方米 210 元的价格将"将军红"卖给了李莉。这笔业务老板赚了近 17%（进价是每平方米 180 元），比预期 15% 的毛利率多了两个百分点。买卖双方都很满意。

【分析】这是一个成功谈判的例子。店老板先高报价，再通过讨价还价确定了客户的心理价位。客户以她能够接受的价格得到了想要的东西，店老板也获得了丰厚的利润。

## 相关知识

### 一、谈判技巧概述

在商业活动中，我们面对的谈判对象多种多样，但我们不能拿出同一种态度对待所有谈判，而要根据谈判对象与谈判结果的重要程度来决定谈判时所采取的态度。

如果谈判对象对企业很重要，如长期合作的大客户，而此次谈判的内容与结果对公司并非很重要，那么就可以抱有让步的心态进行谈判，即在企业没有太大损失与影响的情况下满足对方，这样对于以后的合作会更加有利。

如果谈判对象对企业很重要，而谈判的结果对企业同样重要，那么就保持一种友好合作的心态，尽可能达到双赢，将双方的矛盾转向第三方。如市场区域的划分出现矛盾，那么可以建议双方一起或协助对方去开发新的市场，扩大区域面积，将谈判的对立竞争转化为携手合作。

如果谈判对象对企业不重要，谈判结果对企业也无足轻重，可有可无，那么就可以轻松上阵，不要把太多精力消耗在这样的谈判上，甚至可以取消谈判。如果谈判对象对企业不重要，但谈判结果对企业非常重要，那么就以积极竞争的态度参与谈判，不用考虑谈判对手，完全以最佳谈判结果为导向即可。

### 聪明的老板

某开发公司拟开发一片商业楼盘，办理完相关手续后，按进度需要进入工程设计、规划阶段，公司请来了设计院的设计师，双方在谈到设计费用时产生了矛盾。设计师要求全盘设计完毕后，开发公司支付 200 万元设计费。而开发公司的谈判者只答应支付 150 万元设计费。双方因差 50 万元设计费而争论不休。这时开发公司的老板提出了一个方案，设计师欣然接受。老板说，首先，我方认可您的设计能力与水平，与您这样设计大师级的专家合作是我们的幸运，您要求 200 万元设计费不高。我建议我们首付 50 万元设计费作为定金，然后您开始设计。设计完后，您设计出的如果是精品，房价一定很高，我们会依据房价的上升幅度给您效益奖金，您的收入会远远地超过 200 万元。设计师因而愉快接受，并投入全部身心去设计。果不其然，楼盘一开盘就卖了个好价位，因为这是设计师为自己的利益而呕心沥血的作品。设计师如愿拿到了他应该得到的高额报酬，而开发公司老板则同样获利。

在商务谈判双方相互作用的矛盾中，选择适当的方式、方法是解决问题的重要所在，我们称这种方式、方法为谈判技巧。价格是商务谈判中最核心的部分，谈判双方或多方能否达成一个彼此都可以接受的价格将决定着谈判的成功与否。然而取得双赢谈判的过程是复杂而艰辛的。案例中的老板在适当的时机，分析形势后做出了明智的选择，将设计师的报酬与其设计的作品相挂钩，既激发了设计师的工作动力，又满足了设计师在报酬方面的最初要求。

## 二、认识谈判技巧

### （一）针对性要强

在商务谈判中，双方各自的语言，都是为了表达自己的愿望和要求。因此谈判语言的表达要做到有的放矢。模糊的语言，会让对方疑惑、反感，降低己方威信，成为谈判的障碍。针对不同的商品、谈判内容、谈判场合、谈判对手，要有针对性地使用语言，才能保证谈判的成功。例如，对脾气急躁、性格直爽的谈判对手，运用简短明快的语言可能受欢迎；对慢条斯理的对手，采用春风化雨般的倾心长谈可能效果更好。在谈判中，要充分考虑谈判对手的性格、情绪、习惯、文化背景及需求状况的差异等，恰当地使用针对性的语言。

### （二）表达方式婉转

谈判中应尽量使用委婉的语言，这样易于被对方接受。例如，在否决对方要求时，可以这样说："您说的有一定道理，但实际情况稍微有些出入。"然后再不露痕迹地提出自己的观点。这样做既不会损伤对方的面子，又可以让对方心平气和地认真倾听自己的意见。

### （三）灵活应变

谈判形势的变化是难以预料的，往往会遇到一些意想不到的尴尬事情。这就要求谈判者具有灵活的语言应变能力，与应急手段相联系，巧妙地摆脱困境。当遇到对手逼你立即做出选择时，你若是说"让我想一想""暂时很难决定"之类的话，便会被对方认为缺乏主见，从而在心理上处于劣势。此时你可以看看表，然后有礼貌地告诉对方："真对不起，9 点钟了，我得出去一下，与一个约定的朋友通电话，请稍等 5 分钟。"于是，你便很得体地赢得了 5 分钟的思考时间。

### （四）恰当地使用无声语言

商务谈判中，谈判者通过姿势、手势、眼神、表情等非发音器官来表达的无声语言，往往在谈判过程中发挥重要的作用。在有些特殊的谈判环境里，有时需要沉默，因为恰到好处的沉默可以取得意想不到的良好效果。

## 三、商务谈判的具体技巧

### （一）充分了解谈判对手

知己知彼，百战不殆。在商务谈判中，这一点尤为重要，对对手的了解越多，越能把握谈判的主动权，就好像我们预先知道了招标的底价一样，自然成本最低，成功的概率最高。了解对手时不仅要了解对方的谈判目的、心理底线等，还要了解对方公司的经营情况、行业情况、谈判人员的性格、对方公司的文化、谈判对手的习惯与禁忌等。这样便可以避免很多因文化背景、生活习惯等方面的矛盾，给谈判造成额外的障碍。还有一个非常重要的因素需要了解并掌握，那就是其他竞争对手的情况。例如，一场采购谈判，我们作为供货商，要了解其他可能和我们谈判的采购商进行合作的供货商的情况，还有其他可能和自己合作的其他采购商的情况，这样就可以适时给出较其他供货商略微优惠一点的合作方式，那么将很容易达成协议。如果对手提出更加苛刻的要求，我们也就可以把其他采购商的信息拿出来，让对手知道，我们是知道底细的，同时暗示对方，我们有很多合作的选择。反之，我们作为采购商，也可以采用同样的反向策略。

**情境任务 6-17**

一天，在北京举行关于某进口汽车质量问题的谈判。我方代表首先简单介绍了全国各地对该种汽车损坏情况的反映。对方深知汽车的质量问题是无法回避的，他们采取避重就轻的策略，每讲一句话，都言辞谨慎，看来是经过反复推敲的。当谈到汽车损坏的情况时说："有的车子轮胎炸裂，有的车架偶有裂纹……"我方代表立即予以纠正："先生，车架出现的不仅是裂纹，而是裂缝、断裂，请看——这是我们现场拍的照片。"说着，随手拿出一摞事先准备好的照片递给对方。对方一震，想不到对手竟出这一招，连忙改口："是的，偶有一些裂缝和断裂。"我方紧逼："请不要用'偶有''一些'那样的模糊概念。最好是用比例数字来表达，这样才更准确，更科学。""请原谅，比例数字未做准确统计。"对方以承认自己的疏忽来搪塞。"那么，请看我们统计的比例数字，贵公司可进一步核对。"我方又出示了准备好的统计数字。对方提出异议："不至于损坏到如此程度吧？这是不可理解的。"我方拿出商检证书："这里有商检公证机关的公证结论，还有商检时拍摄的录像，请过目。"最后，在大量证据面前，对方不得不承认他们的汽车质量确有严重问题，签署了赔款协议。

看完上述案例，请分析我方谈判成功的原因所在。

_____

_____

_____

（二）准备多套谈判方案

谈判双方最初各自拿出的方案都是对自己非常有利的，而双方又都希望通过谈判获得更多的利益，因此，谈判结果肯定不会是双方最初拿出的那套方案，而是经过双方协商、妥协、变通后的结果。在双方你推我拉的过程中，谈判者很容易迷失最初的意愿，或被对方带入误区。此时最好的办法就是多准备几套谈判方案，先拿出最有利的方案，没达成协议就拿出其次的方案，还没有达成协议就拿出再次一等的方案。即使我们不主动拿出这些方案，也要做到心中有数，知道向对方的妥协是否偏移了最初自己设定的框架，这样就不会出现谈判结束后，仔细思考才发现，自己的让步已经超过了预计承受的范围。

（三）建立融洽的谈判气氛

在谈判之初，最好先找一些双方观点一致的地方并表述出来，给对方留下一种彼此更像合作伙伴的潜意识。这样接下来的谈判就容易朝着一个达成共识的方向进展，而不是剑拔弩张的对抗。当遇到僵持时也可以拿出双方的共识来增强彼此的信心，化解分歧；也可以向对方提供一些其感兴趣的商业信息，或对一些不是很重要的问题进行简单的探讨，达成共识后双方的心理就会发生奇妙的改变。

（四）语言表述简练

在商务谈判中忌讳语言松散或像拉家常一样的语言方式，尽可能让自己的语言简练。否则，你的关键词语很可能会被淹没在拖拉繁长、毫无意义的语言中。我们接收外来声音或视觉信息的特点是：一开始专注，注意力随着接受信息的增加，会越来越分散，一些无关痛痒的信息会被忽略。因此，谈判时语言要做到简练、针对性强，争取在对方大脑处在最佳信息接收状态时表述清楚自己的信息。如果要表达的是内容很多的信息，如合同书、计划书等，那么应当在讲述或者诵读时语气有高、低、轻、重的变化，如重要的地方提高声音，放慢速度，也可以穿插一些问句，引起对方的主动思考，增加注意力。在重要的谈判前应该进行一下模拟演练，训练语言的表述、突出问题的应对等。在谈判中切忌模糊、啰唆的语言，这样不仅无法有效表达自己的意图，更可能使对方产生疑惑、反感情绪。在这里要明确一点，区分清楚沉稳与拖沓的区别，前者是语言表述虽然缓慢，但字字经过推敲，而这样的语速也有利于对方理解与消化信息内容。在谈判中想靠伶牙俐齿、咄咄逼人的气势压住对方，往往事与愿违，多数结果不会很理想。

**情境任务 6-18**

看下面谈判语言有哪些不妥，请你改编一下。

1）父亲走到孩子房间，说："这地方看起来像个猪窝！"

2）太太对丈夫说："你把我的话当耳边风！你不会学学把碟子放进水池之前，先把剩菜倒掉吗？"

3）一位母亲向孩子吼道："你放的音乐声音太大了，邻居都被吵昏了头！"

4）一位谈判者对对方说："你对这些资料的分析，特别是费用计算的方式全都错了！"

（五）博弈

商务谈判虽然不比政治与军事谈判，但是谈判的本质就是一种博弈、一种对抗，充满了火药味。这个时候双方都很敏感，如果语言过于直率或强势，很容易引起对方的本能对抗意识或招致反感。因此，要在双方遇到分歧时面带笑容，语言委婉地与对手针锋相对，这样，对方就不会启动头脑中本能的敌意，接下来的谈判就不容易陷入僵局。商务谈判中并非张牙舞爪、气势夺人就会占据主动，反倒是喜怒不形于色，情绪不被对方所引导，心思不被对方所洞悉的方式更能克制对手。至柔者长存，至刚者易损，想成为商务谈判的高手，就要做一颗柔软的钉子。

（六）曲线进攻

孙子曰："以迂为直。"克劳塞维斯将军也说过："到达目标的捷径就是那条最曲折的路。"由此可以看出，想达到目的就要迂回前行，否则直接奔向目标，只会引起对方的警觉与对抗。应该通过引导对方的思想，把对方的思维引导到自己的范围内。例如，通过提问的方式，让对方主动替你说出你想听到的答案。反之，越是急切想达到目的，越是可能暴露了自己的意图，被对方所利用。

（七）用耳朵取胜而不是嘴巴

在谈判中我们往往容易陷入一个误区，那就是一种主动进攻的思维意识，总是在不停地想把对方的话压下去，总想多灌输给对方一些自己的思想，以为这样可以占据谈判主动。其实不然，在这种竞争性环境中，你说的话越多，对方会越排斥，能入耳的很少，能入心的更少，而且你的话多了就挤占了总的谈话时间，对方也有一肚子话想说，被压抑下的结果则是很难妥协或达成协议。反之，让对方把想说的都说出来，当他把压抑心底的话都说出来后，就会锐气减退，接下来你再反击，对手已经没有后路了。更为关键的是，善于倾听可以从对方的话语中发现对方的真正意图，甚至是破绽。

（八）控制谈判局势

谈判活动表面看来没有主持人，实则有一个隐形的主持人存在着，不是你就是你的对手。因此，要主动争取把握谈判节奏、方向，甚至是趋势。主持人所应该具备的特质是：语言虽不多，但是招招中的，直击要害；气势虽不凌人，但运筹帷幄，从容不迫，不是用语言把对手逼到悬崖边，而是用语言把对手引领到悬崖边。并且，想做谈判桌上的主持人就要体现出你的公平，即客观地面对问题，尤其在谈判开始时尤为重要，慢慢对手会本能地被你潜移默化地引导，局势将向对你有利的一边倾斜。

（九）避免朝三暮四

**朝 三 暮 四**

春秋时期，宋国有一个饲养猴子的高手。他养了一大群猴子，能理解猴子所表达的思想，猴子也懂得他的心意。这个人家境越来越贫困，已经买不起那么多的食物给猴子吃，于是，打算减少猴子每餐橡子的数量，但又怕猴子不顺从自己，就先欺骗猴子说："给你们早上三个橡子，晚上四个橡子，够吃了吗？"猴子一听，大声地叫嚷，以示反对。过了一会儿，他又说："唉，没办法，早上给你们四个橡子，晚上三个橡子，这该够吃了吧？"猴子们一听，个个手舞足蹈，非常高兴。这个小故事就是大家非常熟悉的成语"朝三暮四"的典故。

在谈判中，"朝三暮四"的现象通常体现在双方在某个重要问题上僵持的时候，一方退后一步，抛出其他小利作为补偿，把僵局打破，并用小利换来大利，或把整个方案调换一下顺序，蒙蔽了我们的思维。乍听起来觉得不可思议，但在实际谈判中经常会出现这样的情况，所以，首先要能跳出像脑筋急转弯一样的思维陷阱，而后要善于施小利、博大利，学会以退为进。在谈判中一个最大的学问就是学会适时地让步，只有这样才可能使谈判顺利进行，毕竟谈判的结果是以双赢为最终目的的。

（十）让步式进攻

在谈判中可以适时提出一两个很高的要求，对方必然无法同意，我们在经历一番讨价还价后可以进行让步，把要求降低或改为其他要求。这些高要求我们本来就没想到会达成协议，即使让步也没损失，但是却可以让对方有一种成就感。这时我们其他的要求，比较起这种高要求就很容易被对方接受，但切忌提出太离谱、过分的要求，否则对方可能觉得我们没有诚意，甚至激怒对方。先抛出高要求也可以有效降低对手对于谈判利益的预期，挫伤对手的锐气。其实，谈判的关键就是达成谈判双方的心理平衡，达成协议的时候就是双方心理都达到平衡点的时候。这时，双方都认为自己在谈判中取得了满意或基本满意的结果，这种满意包括预期的达成、自己获得的利益、谈判对手的让步、自己获得了主动权、谈判时融洽的气氛等。有时谈判中的这种平衡和利益关系并不大，所以，在谈判中可以输掉谈判，只要赢得利益即可。也就是表面上做出让步，失掉一些利益，给对手一种战略上的快感，实则是洒了遍地的芝麻让对手乐颠颠地去捡，自己偷偷抱走对手的西瓜。

（十一）投石问路的语言技巧

投石问路是谈判中常用的一种试探策略。谈判者常常借助提问的方式摸索、了解对方的意图以及某些实际情况。

1）当你作为买主，在讨价还价时，可以提出下列问题：

"假如我们订货的数量加倍，或者减半呢？"

"假如我们和你们签订一年的合同，或者更长时间的合同呢？"

"假如我们减少保证金，你有何想法？"

"假如我们自己提供材料呢？"

"假如我们自己提供工具呢？"

"假如我们要求改变产品的规格呢？"

"假如我们自己提供技术资料呢？"

"假如我们采取分期付款的方式呢？"

2）当你想取得对方的情报，获取所需要的信息时，可以提出下列问题：

"请您告诉我，为什么半个月后才可以发货呢？"

"请问这批货物的出厂价是多少？"

"请问，提货地点在哪里？"

"究竟什么时候才能到货？"

3）当你想引起对方的注意，并引导他的谈话方向时，可以这样提出问题：

"您能否说明一下，这种类型商品的修理方法？"

"如果我们大批订货，贵公司能不能充分供应？"

"你有没有想过要增加生产，扩大一些交易额？"

"请您考虑签订一份三年的合同，好吗？"

4）当你希望对方做出结论时，可以这样提问：

"您想订多少货？"

"您对这种样式感到满意吗？"

"这个问题解决了，我们可以签订协议了吧？"

5）当你想表达自己的某种情绪或思想时，可这样说：

"我们的价格这么低廉，您一定会感到吃惊吧？"（表达炫耀的情绪）

"您是否调查过本公司的财务状况和信用？"（表达自信和自豪的情绪）

"我们曾做过调查，您知道我们发现了什么？"（故弄玄虚，引人注意）

"对于那个建议，您的反应如何？"（引起他人注意，引导对方自己做结论）

其实，每一个提问都是一颗探路的"石子"。你可以通过这样的石子探寻到你想了解的所有问题，包括产品质量、购买数量、付款方式、交货时间等。

## 体验活动

日本某公司向中国某公司购买电石。2019 年是两家公司业务往来的第五个年头。2018 年日方压了中方 30 美元/吨，今年又要压 20 美元/吨，即从 410 美元/吨压到 390 美元/吨。据日方讲，他们已拿到多家报价，有 430 美元/吨，有 370 美元/吨，也有 390 美元/吨。据中方了解，370 美元/吨是个体户报的价，430 美元/吨是生产能力较小的工厂供的货。供货厂的厂长与中方公司的代表共四人组成了谈判小组，由中方公司代表作为主谈。谈判前，工厂厂长与中方公司代表达成了价格共同的意见，工厂可以在 390 美元成交，因为工厂需订单连续生产。公司代表讲，对外不能说，价格水平我会掌握。公司代表又向其主管领导汇报，分析价格形势；主管领导认为价格不取最低，因为我们是大公司，讲质量，讲服务。谈判中可以灵活，但步子要小。若在 400 美元以上拿下则可成交，拿不下时把价格定在 405～410 美元/吨之间，然后主管领导再出面谈。请工厂配合。

中方公司代表将此意见向工厂厂长转达，并达成共识，和工厂厂长一起在谈判桌争取该条件。中方公司代表为主谈，经过交锋，价格仅降了 10 美元/吨，在 400 美元/吨成交，比工厂厂长的成交价高了 10 美元/吨。工厂代表十分满意，日方也满意。

1）怎么评价该谈判结果？

_____

_____

_____

2）该谈判中方在组织与主持上有何经验？

_____

_____

_____

**【分析】**

1）谈判结果基本上应肯定，因为仍处在中高档的价格水平。

2）中方组织上基本成功，主要原因：市场调查较好——有量有性；分工明确——价格由公司代表谈；准备方案到位——有线、有审、有防。

# 模块四　商务谈判的有效沟通

 案例导入

### 最佳谈判手

美国谈判界有一位号称"最佳谈判手"的考温，他非常重视倾听的技巧。有一年夏天，当时他还是一名推销员，他到一家工厂去谈判。他习惯于早到谈判地点，四处走走，跟人聊聊天。这次他和这家工厂的一位领班开始聊天。善于倾听的考温，总有办法让别人讲话，他也真的喜欢听别人讲话，所以不爱讲话的人遇到了考温，也会滔滔不绝起来。而这位领班也是如此，在侃侃而谈之中，他告诉考温："我用过各公司的产品，可是只有你们的产品能通过我们的试验，符合我们的规格和标准。"后来边走边聊时，他又说："嗨！考温先生，你说这次谈判什么时候才能有结论呢？我们厂里的存货快用完了。"考温专心致志地倾听领班讲话，满心欢喜地从这位领班的两句话里获取了极有价值的情报。当他与这家工厂的采购经理面对面地谈判时，从工厂领班漫不经心的讲话里获取的情报帮了他的大忙，他在之后谈判中的成功是自然而然了。

（资料来源：https://www.taodocs.com/p-80508754.html.）

**【分析】** 通过此案例可以看出，在日常生活中，要避免沟通中的愚蠢行为，首先要学会倾听，捕捉细节，这样就可做到事半功倍。

### 相关知识

商务谈判沟通，是指买卖双方为了达成某项协议，与有关方面磋商及会谈过程中彼此加深理解、增进交流所使用的手段和方法。

在商务谈判中如何能有效地进行沟通呢？首先要清楚三个关键词：倾听、善问和巧答。

在商务谈判中，沟通贯穿始终，是谈判的基础。它既是谈判的前奏，也是谈判的必由之路，更是巩固谈判成果必不可少的关键。而沟通最重要的方式是听、问、答。所以，商务谈判沟通的关键是要掌握怎样听、如何问、如何答的技巧。这个技巧就是倾听、善问、巧答，它们不仅贯穿于商务谈判的始终，也贯穿于商务活动的整个过程。

## 一、倾听

（一）商务谈判中实现有效倾听的方法

1）要专心致志、集中精力地听。
2）要通过记笔记来集中精力。
3）要有鉴别地倾听对手发言。
4）要克服先入为主的倾听。
5）要创造良好的谈判环境，使谈判双方能够愉快地交流。

（二）商务谈判倾听中的注意事项

1）不要因轻视对方而抢话或急于反驳而放弃倾听。
2）不要使自己陷入争论。
3）不要为了急于判断问题而耽误倾听。
4）不要回避难以应付的话题。
5）不要逃避交往的责任。
关于倾听的其他内容在第二章模块二中有详细的讲解，此处不再赘述。

## 二、善问

### 机智的提问

据传在某国的教堂里曾发生这么一件事。一天，A教士在做礼拜时忽然觉得烟瘾难熬，便问主教："我祈祷时可以抽烟吗？"主教狠狠地训了他一顿。一会儿，B教士觉得烟瘾难熬，便问主教："我抽烟时可以祈祷吗？"主教笑着答道："当然可以！"

看来对于同一个问题，不同的问法，效果迥异。

（一）提问时机的把握

1）在对方发言完毕之后提问。
2）在对方发言停顿、间歇时提问。
3）在议程规定的论辩时间提问。

4）在自己发言前后提问。

（二）提问的要点

1）预先准备好问题。

2）避免提出那些可能会阻碍对方让步的问题。

3）不强行追问。

4）既不要以法官的态度来询问对方，也不要接连不断地问问题。

5）提出问题后应闭口不言，专心致志地等待对方的回答。

6）要以诚恳的态度来提问。

7）提出问题的句子应尽量简短。

## 情境任务 6-19

假如你的同桌是物流公司的老板，你要向他推销一个有关工作人员的人身意外伤害保险。试想，怎么向这个老板提问？

_____

_____

_____

（三）提问的其他注意事项

在谈判中一般不应提出的问题如下。

1）不应提出带有敌意的问题。

2）不应提出有关对方个人生活、工作方面的问题。

3）不要直接指责对方品质和信誉方面的问题。

4）不要为了表现自己而故意提问。

小故事

### 年　薪

你到一家公司应聘某一职务，希望自己的年薪有 20 万元，而老板最多只能给你 15 万元。老板如果说"要不要随便你"这句话，就有攻击的意味，你可能扭头就走。而实际上老板往往不那样说，而是这样跟你说："给你的薪水，那是非常合理的。不管怎么说，在这个等级里，我只能付给你 10 万～15 万元，你想要多少？"很明显，你会说"15 万元"，而老板又好像不同意，说："13 万元如何？"你继续坚持 15 万元。其结果是老板投降。表面上，你好像占了上风，沾沾自喜；实际上，老板运用了选择式提问的技巧，你自己却放弃了争取 20 万元年薪的机会。

## 三、巧答

回答与提问、倾听一样重要。商务谈判中有问必有答，提问是主动的，回答是被动的。一般来说，回答必须遵循所提的问题。正是这一点，人们普遍觉得回答谈判问题不是一件容易的事。因为不但要根据对方的提问来回答，还要把问题尽可能地说明白、讲清楚，使提问者的问题得到答复。更重要的是，回答代表着一种承诺，所回答的每句话都有责任。这就给回答问题的人带来一定的精神压力。

1）回答问题之前，要给自己留有思考的时间，"三思而后行"。而有些提问者会不断催问，迫使你在对问题没有进行充分思考的情况下仓促作答。

这种情况下，作答者更要沉着，不必顾忌谈判对手的催问，而是转告对方你必须进行认真思考，因而需要时间，或者要求对方把问题复述一遍，如"先生，请您把问题再说一遍好吗"，这样可以为自己赢得思考问题的时间。同时，也可以喝一口茶、整理一下文件，以拖延回答时间。

2）用反问的形式回答异议。

3）要针对提问者的真实心理进行答复。

4）有些问题不必回答。许多谈判专家认为，谈判时针对问题的回答并不一定就是最好的回答。回答问题的要诀在于知道该说什么和不该说什么，而不必考虑所答的是否对题。

### 巧妙的回答

对方问："你们打算购买多少？"如果你考虑先说出订数不利于讲价，那么就可以说"这要根据情况而定，得看你们的优惠条件是什么。"这类回答通常采用比较的语气，如"据我所知……""那要看……而定""至于……就看你怎么看了"。当然，用外交活动中的"无可奉告"一语来拒绝回答，也是回答这类问题的好办法。

5）对不知道的问题不要回答。参加谈判的人并不是全能全知的人。谈判中尽管我们准备得充分，也经常会遇到陌生难解的问题，这时，谈判者切不可为了维护自己的面子强作答复。因为这样不但有可能损害自己利益，而且对自己的面子也是丝毫无补。

有这样一个实例，我国某公司与美国外商谈判合资建厂事宜时，外商提出有税收的请求。中方代表恰好对此不是很有研究，或者说是一知半解，可为了能够谈成，就盲目地答复了，结果使己方陷入被动的局面。

经验和教训一再告诫我们：谈判者对不懂的问题应坦率地告诉对方不能回答，或暂不回答，以避免付出不必要的代价。

6）需回避的问题就要巧妙回避。当对方提出的某个问题很难直接从正面回答，但又不能拒绝回答时，谈判高手往往用避正答偏的办法来回答。即在回答这类问题时，故意避开问题的实质，而将话题引向歧路，借以破解对方的进攻。

例如，对方问："你们准备开价多少？"可以闪烁其词，所答非所问，如产品质量、交货期限等，这样效果会更理想。

7）不要彻底回答所提的问题。

8）适当沉默。

## 四、商务谈判中的说服

谈判中能否说服对方接受自己的观点，是谈判能否成功的一个关键。谈判中的说服，就是综合运用听、问、叙等各种技巧，改变对方的起初想法而心甘情愿地接受己方的意见。在谈判中，说服工作常常贯穿于始终。

（一）取得他人的信任

### 1. 诚恳

在说服他人的时候，最重要的是取得对方的信任。只有对方信任你，才会正确地、友好地理解你的观点和理由。

社会心理学家们认为，信任是对人际沟通的"过滤"。只有对方信任你，才会理解你友好的动机。如果对方不信任你，即使你说服他的动机是友好的，也会经过"不信任"的"过滤器"作用而变成其他的东西。

### 2. 站在他人的角度设身处地地谈问题

要说服对方，就要考虑对方的观点或行为存在的客观理由，即要设身处地地为对方着想。这样，对方就会信任你，说服的效果将会十分明显。

### 3. 创造出良好的"是"的氛围

从谈话一开始，就要创造一个说"是"的气氛，而不要形成一个"否"的气氛。

例如，"我知道你是能够把这件事情做得很好，只是不愿意去做而已"；又如，"你一定会对这个问题感兴趣的"等。

苏格拉底是两千多年前古希腊的哲学家，他以辩论见长，他创立的问答法至今还被世人公认为"最聪明的劝诱法"。其基点是：与人辩论，开始不要讨论分歧的观点，而是着重强调彼此共同的观点，取得一致后，再自然地转向自己的主张。

这一方法的特点是，提出一系列的问题让对方称"是"，同时要避免对方说"不"，进而促使对方发生态度转变。

（二）认同他人的观点

在商务谈判中，"认同"是双方相互理解的有效方法，是人与人之间沟通的有效方式，也是说服他人的一种有效方法。"认同"就是人们把自己的说服对象视为相同的人，寻找双方的共同点。

寻找共同点的方法如下。

1）寻找双方工作上的共同点。例如，共同的职业、共同的追求、共同的目标等。

2）寻找双方在生活方面的共同点。例如，共同的国籍、共同的生活经历、共同的信仰等。

3）寻找双方兴趣、爱好上的共同点。例如，共同喜欢的电视剧、体育比赛、国内外大事等。

4）寻找双方共同熟悉的第三者作为认同的媒介。例如，在同陌生人交往时，想说服他，可以寻找双方共同熟悉的另外一个人，即通过各自与另外一个人的熟悉程度和友好关系，相互之间有了一定的认同，从而便于交谈和说服对方。

**冒失的推销员**

有一个保险公司的推销员，在拜访了一个客户几次后，仍未能说服他。临走时，他说了一句话："我将来会说服你的，老家伙！"对方立刻嚷道："不，你做不到——绝无希望！"后来，尽管这位推销员在近十年的时间持续不断地拜访他，却没有成功。

## 五、在谈判中应避免的言辞

1）极端性的语言。这类语言如"肯定如此""绝对不是那样"，即使自己看法正确，也不要使用这样的词汇。

2）针锋相对的语言。这类语言特别容易引起双方的争论、僵持，造成关系紧张。如"开价五万元，一点也不能少""不用讲了，事情就这样定了"。

3）涉及对方隐私的语言。这类语言如"你们为什么不同意，是不是你们的上司没点头"等。与国外客商谈判尤其要注意这一点。

4）有损对方自尊心的语言。这类语言如"开价就这些，买不起就明讲"。

5）催促对方的语言。这类语言如"请快点考虑""请马上答复"。

6）赌气的语言。它往往言过其实，造成不良后果，如"上次交易你们已经多赚了五万元，这次不能再占便宜了"。

7）言之无物的语言。这类语言如"我还想说……""正像我早些时候所说的……""是真的吗"。许多人有下意识地重复习惯，俗称口头禅，它不利于谈判，应尽量克服。

8）以自我为中心的语言。过多地使用这类语言，会引起对方的反感，达不到说服的效果。这类语言如"你的看法是……""如果我是你的话……"，在必要的情况下，应尽量把"你"变为"您"，一字之差，效果会大不相同。

9）威胁性的语言。这类语言如"你这样做是不给自己留后路""如果你这样做，后果自负"。

10）模棱两可的语言。这类语言如"可能是……""好像……""听说……""似乎……"。

## 六、加强沟通的有效途径

1）记住对方名字。

2）私下接触，包括：①酒席宴请；②娱乐活动；③旅游观光；④家庭拜访；⑤赠送礼物。

### 体验活动

活动一：无领导小组讨论活动体验

【目的】通过活动，体会商务谈判中的有效沟通，加深对知识的理解。

【准备】

1）学生 6～8 人一组，教师选择与小组数量相同的学生作为评委。

2）每个小组发三张 A3 纸、一盒彩色水彩笔、一卷胶带。

【过程】本次活动分六个阶段：

1）开始阶段：教师宣布活动规则及注意事项，并且分发考题。

2）看题思考阶段：阅读题目，独立思考，准备个人发言。这一阶段控制在五分钟。

3）个人发言阶段：学员轮流发言两分钟，初步阐述自己的观点。

4）自由讨论阶段：学生不仅要继续阐明自己的观点，而且要对别人的观点做出反应，小组讨论最后必须达成一致意见。这一阶段的时间控制在 15 分钟，此阶段评委不作任何干预。

5）总结展示阶段：自由讨论结束后，小组选派一名代表做总结发言，总结发言时间控制在三分钟。

6）评委点评阶段：在讨论过程中，评委对学生进行观察并记录。总结发言阶段结束后，评委根据学生的表现打分，并阐明理由。

【小组任务】假如你在一家销售手机的卖场工作，你销售的产品一方面在实体店销售，一方面在淘宝网上销售。圣诞节和元旦节马上快到了，请设计一个"双节"促销活动策划，然后进行展示。

【评分标准】在讨论的过程中，评委对所有参与者进行深入细致地观察，并对现场行为进行记录。记录的信息包括讨论的起始时间、结束时间，小组成员的姓名、角色、座次，整个小组的行为表现及个人行为表现等。在活动过程中，评价者可以根据表 6-2 和表 6-3 进行记录和评分。

表 6-2　观察记录表

| 时间：<br>观察员：<br>　　　　　C（姓名）<br>B（姓名）　　　　　D（姓名）<br><br>A（姓名）　　　　　E（姓名） | 整体行为表现： |
|---|---|
| C（角色） |  |
| B（角色） | D（角色） |
| A（角色） | E（角色） |

表 6-3　评价表

| 测评<br>要素 | 分析能力 | 个人影响力 | 应变<br>能力 | 沟通<br>能力 | 组织协<br>调能力 | 语言表<br>达能力 | 稳定性、<br>举止仪表 | 总分 | 简短<br>评语 |
|---|---|---|---|---|---|---|---|---|---|
| 分值 | 20% | 15% | 15% | 15% | 20% | 10% | 5% | 10 分 |  |
| 观<br>察<br>要<br>点 | 能领会主题，区分出问题的轻重缓急，敏锐地发现事物间的联系，并找到造成问题的原因，适时做出适当结论或对策 | 敢于坚持自己的意见，同时能有效地与他人交流；能根据场上情况及时调整、完善思路，能抓住适当时机积极发言；注意说服技巧的运用；能有效地赢得认可与支持 | 审时度势，思维敏捷，考虑问题周详，并能及时处理各种问题，灵活有效地应对 | 将自己的思想、观点、意见和建议清楚地用语言表达出来；逻辑严密、条理清晰，有一定深度 | 为平息组内纷争，善于寻求大家观点的共同点，推动小组形成统一意见；能灵活找出各种解决问题的途径，对其做出合理的评估 | 能够清晰地表达自己的观点和思路，语言生动、流畅、富有感染力 | 情绪稳定、沉着，穿着打扮自然得体，言谈举止表现出良好的文化素质 |  |  |
| 人员<br>名单 |  |  |  |  |  |  |  |  |  |
| A |  |  |  |  |  |  |  |  |  |
| B |  |  |  |  |  |  |  |  |  |
| C |  |  |  |  |  |  |  |  |  |
| D |  |  |  |  |  |  |  |  |  |
| E |  |  |  |  |  |  |  |  |  |

| 表现最好的人员姓名：<br><br><br>理由： | 打分标准说明：<br>1. 满分是 10 分，请根据个人观点打分，不要与其他考官商量。<br>2. 8 分以上，非常好；6~8 分，较好；4~6 分，较差；4 分以下，很差 |
|---|---|
|  | 考官签名：<br>　　　　　　　　　　　　　　　　　　年　月　日 |

**活动二：社会实践活动体验**

【目的】通过社会实践活动，体会商务谈判中的有效沟通，加深对知识的理解。

【要求】社会实践后按小组展开讨论，每个组推荐完成好的同学，然后在班上交流。

【活动】利用假期去做社会实践，可选择导购员或志愿者，体验与陌生人交流沟通的感受。

# 本 章 总 结

商务谈判过程包括四个阶段：开局阶段、报价阶段、磋商阶段和成交阶段。每个阶段都有鲜明的阶段特点。开局阶段是左右整个谈判格局和前景的重要阶段，良好的开局对谈判双方都非常重要；报价阶段是谈判某一方向另一方提出一定交易条件，并按照这些条件签订交易合同；磋商阶段主要是对价格进行商讨、讨价还价的过程；成交阶段是双方最终缔结协议的阶段。

商务谈判的策略根据不同谈判阶段而有所不同。开局阶段的策略有慎重式开局、进攻式开局、保留式开局、挑剔式开局；报价阶段的策略主要体现在三个方面，即报价的先后、如何报价和怎样对待对方的报价；磋商阶段的策略包括优势条件下的谈判策略、劣势条件下的谈判策略、均势条件下的谈判策略；成交阶段的主要策略有场外交易、成交迹象判断、行为策略、不遗余"利"、注意为双方庆贺及慎重地对待协议。

商务谈判技巧包括充分了解谈判对手、准备多套谈判方案、建立融洽的谈判气氛、语言表述简练、博弈、曲线进攻、用耳朵取胜而不是嘴巴、控制谈判局势、避免朝三暮四、让步式进攻及投石问路的语言技巧等。

# 综 合 练 习

## 一、填空题

1. "知彼知己，百战不殆"体现了商务谈判中_____的重要性。

2. 磋商阶段的防御策略包括先发制人、避重就轻、原地后退和_____。

3. 心理专家指出：当某一最后期限到来时，人们迫于期限的压力，会迫不得已改变自己原先的主张，以求尽快解决问题，应用到谈判策略中称为_____。

4. 商务谈判结束的方式有三种，分别是_____、_____和_____。

5. 对不同脾气性格的谈判对手采用不同的谈判策略体现了认知谈判技巧中的_____要求。

## 二、选择题

1. 现代意义上的沟通，就是人们为着某种交际目的，所进行的信息传递与接收的过程。这种信息可以是（    ）。

    A. 语言信息　　　B. 文字信息　　　C. 态势语言信息　D. 以上都正确

2. 谈判能力要求谈判者要博学多识，具有合理的知识结构，提升各方面的素养，具有（    ）。

    A. 创新性　　　　B. 权威性　　　　C. 综合性　　　　D. 多样性

3. （    ）阶段是双方彼此熟悉和就会谈的目标、计划、进度和参加人员等问题进行讨论，并尽量取得一致意见，以及在此基础上就当次谈判的内容，双方分别发表陈述的阶段。

    A. 事前准备　　　B. 事前了解　　　C. 市场调查　　　D. 开局

4. 很多细节在塑造良好的个人形象中起着至关重要的作用，包括（    ）。

    A. 服饰　　　　　B. 言谈举止　　　C. 仪表　　　　　D. 以上都是

5. 既能获得新的信息又能证实己方以往判断的谈判技巧是（    ）。

    A. 多听少说　　　B. 只听不说　　　C. 有问必答　　　D. 巧提问题

6. 坚定的让步方式的特点是（    ）。

    A. 让步方态度比较果断

    B. 比较机智、灵活，富有变化

    C. 自然、坦率，符合商务谈判人还价的一般规律

    D. 合作为主、竞争为辅、诚中见虚、柔中带刚

7. 在谈判开局时就设法显示自己的实力，这样的谈判开局是（    ）。

    A. 慎重式开局　　　　　　　　　B. 进攻式开局

    C. 保留式开局　　　　　　　　　D. 挑剔式开局

8. 正确的报价方式应该是（    ）。

    A. 确定最低的价格底线　　　　　B. 报价要坚定果断

    C. 报价要有根据　　　　　　　　D. 以上都是

9. 一般情况下，商务谈判中可以公开的观点是（    ）。

    A. 己方的最后谈判期限　　　　　B. 谈判主题

    C. 最优期望目标　　　　　　　　D. 实际期望目标

10. 谈判人员必须具备的首要条件是（    ）。

    A. 遵纪守法，廉洁奉公，忠于国家和组织

    B. 平等互惠的观念

    C. 团队精神

    D. 专业知识扎实

## 三、简答题

1. 商务谈判中具体的技巧有哪些？

2. 谈判中应避免的言辞有哪几种？

### 四、案例分析题

背景材料：英国某财团副总裁率代表团来华考察合资办酒厂的环境和商洽有关事宜，国内某酒厂出面接待安排。第一天洽谈会，英方人员全部西装革履，穿着统一规范出席，而我方代表有穿夹克、布鞋的，有穿牛仔裤、皮鞋的，有的干脆穿着毛衣外套。结果，当天的会谈草草结束后，英方便结束了此次行程。

1. 本次谈判失败的主要原因是什么？
2. 为了避免这种情况的发生，在以后的谈判中应该注意什么？

# 实 训 项 目

**实训项目一**

1. 项目名称

模拟合作谈判。

2. 实训目标

通过活动，学生可掌握本章的重要知识点和技能。

3. 实训内容

模拟合作谈判。

4. 实训要求

1）把学生分成四个小组，成员间分工协作。
2）两组扮演校方，两组扮演企业。小组分别进行调研了解信息和资料准备。

5. 项目背景

某市商业银行要进行新入职员工的培训，培训计划分春季和秋季两期，每期培训100人左右。培训需要占用我校的教学场地、教学设备，要求我校教师承担培训课程。今天，商业银行的代表来学校进行合作谈判，请双方模拟整个谈判过程。

6. 实训步骤

1）请校方准备和布置谈判场地。
2）双方代表落座、介绍认识和寒暄。
3）请双方就合作事项进行谈判。

7．考核形式

1）双方人员、资料和场地等准备情况。

2）模拟谈判学生表现情况。

**实训项目二**

1．项目名称

模拟谈判。

2．实训目标

通过模拟谈判，学生可掌握本章重要知识点和技能。

3．实训内容

模拟销售谈判。

4．实训要求

按下列所给资料，完成销售谈判，通过背景分析设计谈判策略和技巧。

5．项目背景

中国香港的丝绸市场主要是日本、韩国及我国台湾和香港制造商的天下。中国内地生产的丝绸产品由于花色品种和质量等问题，在香港的市场份额大幅度下降，从90%下降到10%左右，企业的生存面临着挑战。为了改变这种不利状况，浙江杭州光华丝绸厂决定以新的产品开辟新的市场，向欧美市场进军。在经过一番周密的市场调研，获取了对市场价格和消费者需求方面的信息之后，该丝绸厂开始小批量地生产各种花色和图案的丝绸产品。产品的图案根据不同文化、习惯和品位设计，力求满足不同层次人群的需求。

在一个凉爽的秋天，美国埃利斯纺织品贸易公司的爱德华·尼古拉来到浙江杭州光华丝绸厂。该厂的范厂长在厂里的样品展览室接待了他。尼古拉自己研究完展览室的样品后，脸上露出满意的神色。这时，他突然转向范厂长，提出他打算预订其中的7种款式，他的报价是每码3.5美元。听到尼古拉的报价，范厂长并没有对他的报价做出正面回答，而是报出了同类产品在意大利、法国和欧洲其他国家以及美国的价格之后，他才报出了5.36美元的价格。

听到这个价格尼古拉大叫起来，他说5.36美元是香港的零售价格，如果以这个价格成交，他的老板一定不会同意。范厂长信心十足地回答说，这个价格的确是香港的零售价格，但是目前香港市场上没有这样的货品。事实上，这个价格是产品的成本价，因为工厂所进的坯绸价格是5美元一码，印染加工费是每码0.36美元。而同类产品在欧洲市场上可以卖到每码30美元。范厂长进一步强调说，因为这是第一次与对方做生意，建立友谊和关系是第一位的，因此他的报价是不赚钱的。

尼古拉不断提高自己的报价，从4美元到4.2美元，再到4.3美元，最后提到4.6

美元。范厂长只是微笑不语，最后他让尼古拉再回去考虑考虑，并说中国有一句俗话叫"买卖不成友谊在"。尼古拉没有多说什么就离开了。三天后，尼古拉发来电传，希望与范厂长再做进一步交谈。

6. 实训步骤

1）学生 5~8 人为一方，其中一方为卖方（浙江杭州光华丝绸厂），另外一方是买方（美国埃利斯纺织品贸易公司）。

2）从谈判的第二阶段开始继续谈判，达成最终协议。

3）谈判尽可能在 60 分钟内完成。

7. 考核形式

1）谈判结束后，上交署名的谈判预案和现场记录。

2）模拟活动中学生的表现情况。

# 第七章
# 商务沟通新理念

📖 **学习导航**

　　沟通不只影响一个人的人际关系，更影响一群人的工作成效。级别越高，花在沟通上的时间也就越多。研究资料表明，管理中有70%的错误是管理者不善沟通所造成的。管理者与员工进行沟通是至关重要的。因为管理者要做出决策就必须从下属那里得到相关的信息，而信息只能通过与下属之间的沟通才能获得；同时，决策要得到实施，又必须与员工进行沟通。

　　非暴力沟通由美国著名的心理学家马歇尔·卢森堡博士提出，它是一种沟通技巧，能使我们警醒自己的谈话方式，避免沟通中隐藏的语言暴力和精神暴力；它更是一种看待世界、看待人性的信念，能使我们与他人保持理解性的关系，促进彼此的幸福和成长。沟通方式是影响工作关系状态的主要因素，非暴力沟通方法可以引导员工树立全新的沟通理念和新型的工作关系，对提升工作关系质量大有裨益。

🖥 **学习目标**

**【知识目标】**

　　1. 了解非暴力沟通的内涵，掌握非暴力沟通四要素。

　　2. 理解并学会使用非暴力沟通的四个核心要素。

　　3. 学会使用非暴力沟通所提倡的倾听、表达愤怒及感激的方式与技巧。

**【能力目标】**

　　1. 能够用非暴力沟通的思维方式及方法，对现实工作中的沟通问题进行分析，并找到解决问题的方法。

　　2. 重新认识工作沟通中存在的问题及现状。

　　3. 反思沟通障碍背后的表象，避免使用"暴力沟通"的方式。

**【素质目标】**

　　1. 用非暴力手段化解人际间的冲突，培养良好的职业素养。

　　2. 培养良好的沟通习惯，与人友好相处。

**学习索引**

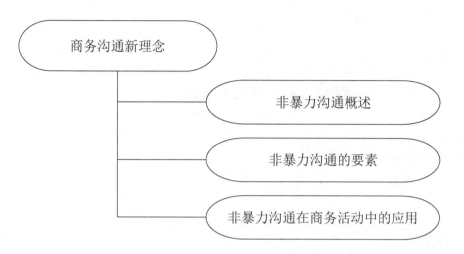

# 模块一　非暴力沟通概述

**案例导入**

**惠普的"走动式的管理"**

惠普公司非常重视为员工创造最佳的沟通氛围，这既增强了员工个人的满意度和成就感，同时也确保了公司能够有效地进行信息沟通。同时，惠普公司通过与客户进行有效沟通，既与客户之间建立了紧密的联系，又为其产品的开发与推广提供了高价值的全面信息。这项政策是惠普公司的一个帮助经理和监督者了解其下属员工和他们正在做的工作，同时使他们自己也更加平易近人的办法。"走动式的管理"是经理同工厂工人一起致力于解决问题的做法，它解决了书面指令难以面面俱到的缺点，使管理者亲自参与、深入实际。

《惠普之道》一书中特别指出，"走动式的管理"虽然听起来简单明了，但做起来却要一些必要的条件。例如，并非每位经理都能轻松自如地做到"走动式的管理"，它必须是经常的、友好的、不特别专注某个问题的，而且是不安排时间表的——但绝不是漫无目标的。由于它的主要目的是要弄清楚人们的思想和意见，这就需要经理虚心倾听。

（资料来源：http://scitech.people.com.cn/n/2015/0818/c1057-27475985.html.）

**【分析】**"走动式的管理"是公司上级（经理）同下级（工厂工人）一起致力于解决问题的做法，它解决了书面指令难以面面俱到的缺点，使管理者亲自参与、深入实际，消除了上下级的沟通障碍，提高沟通效率，也为公司创造了更大的价值。

微课：沟通中的矛盾从哪里来

**相关知识**

## 一、异化的沟通方式

我们每天都在说话，跟亲人、朋友、同事、客户说很多话。可是，我们的语言会无意间伤害到对方，或者被对方的语言伤害。本来彼此都没有恶意，为什么出现伤害呢？因为语言中也有暴力，我们是无意间使用了带有暴力的语言，从而造成了伤害。

异化的沟通方式、不良的沟通行为在我们的工作、生活和学习中非常常见，但经常被我们认为是正常的。其实我们与自己、与他人的关系正在不断地被这种"有毒"的语言所伤害。四种异化的沟通方式如下。

1. 道德评判

> **小贴士**
>
> 　　道德评判是用道德标准来评判人，如果一个人的行为不符合我们的价值观，那他就被看作是不道德的或邪恶的。
>
> ——[美] 马歇尔·卢森堡

在沟通中，非常容易做的事情之一就是给对方下定义。这个定义是符合我们自己的价值观的，但未必就是实情。我们总是以自己的心理预期去判断事物、要求他人，这样就很容易造成所谓的"道德评判"。而正确的沟通方式则应当是表达客观事实。

如今，网络科技得到了空前的发展。但是，当我们在享受科技带来的便捷同时，伴着网络技术发展而生的网络暴力同样也充斥着我们的生活。网络暴力、"键盘侠"、人肉搜索成为新兴热词。其表达形式就是语言评论，在别人的文章、视频、图片下不管青红皂白地妄加评论，完全不管当事人会是什么心情。例如，周海媚女士因在电视剧《香蜜沉沉烬如霜》里饰演了反派"天后"，被部分不理智的网友狂骂，最后宣布永久退出微博。

**情境任务 7-1**

　　公司领导在会议上表扬小张说："我刚刚看了下打卡记录表，小张本周加了三天的班，使某项目报告得以完成，现在对方公司对我们的这个项目报告非常满意。"在场的小明私下里不愉快地想："真是个心机女，本来工作时间就弄完的事儿，还专门加班表现。"

　　请思考：小明的想法是否妥当？他的想法是道德评判吗？

_____

_____

_____

出自个人想法的道德评判常常认为对方所做的事情都是不可理喻的。而事实上根本原因可能是我们没有了解客观事实，只是武断地给人贴上各种标签，它暗含了我们难以被满足的需求。这一系列的评价都会阻碍我们和对方的沟通。

## 情境任务 7-2

将具体行为表现相对应的异化沟通方式填入横线处。

✓ 地铁不让座被骂，用道德批判寒了人心。＿＿＿＿＿＿＿＿

✓ "键盘侠"们在网络上扶起众多老奶奶。＿＿＿＿＿＿＿＿

✓ 别人家的孩子、别人家的老公。＿＿＿＿＿＿＿＿

✓ 你看看小张做事多有效率，再看看你慢吞吞的。＿＿＿＿＿＿

✓ 不关我的事，我不负责这个的。我不知道，不要问我？＿＿＿＿＿

✓ 发生事故，各部门之间"踢皮球"。＿＿＿＿＿＿＿＿

✓ 小学一年级的作业全部让家长批改，还要老师干什么？＿＿＿＿

✓ 发生这样的事，从头到尾都是你的错。＿＿＿＿＿＿＿

✓ 社区 QQ 通知 80 岁老人领补贴。＿＿＿＿＿＿＿＿

### 2. 进行比较

"如果真的想过上悲惨生活，就去和他人做比较。"做比较并不是一种好的沟通方式。比较的方式也是一种评判，无论是比较房子的大小、收入、物质财富还是各种可量化（甚至无法量化的）的事物。工作中、生活中的各种比较存在以下潜在问题。

1）我们大多数时候在比较错误的事情。因为我们总是能很容易地比较那些可以客观量化的事物，我们生活在一个善于外部量化和比较的世界中。

2）我们总用自己的短处与他人的长处相比。把你自己的人生与他人相比永远都是亏本生意，因为总有人"显得"比你更好，而且还过着一种完美的生活。毕竟我们总是把自己最差的地方和对他人最好的假设相比较。

3）比较的游戏永远没有终点。你可以去比较的种类是无限的，可以去比较的人也是无限的。

4）生活不是评级。你与他人如何衡量对比，对你的生活绝对没有任何重要性，也不会带来任何改变。

5）比较会让你把注意力放在错误的人身上。你只能掌控自己的人生。

6）比较夺走了你的快乐。把自己与他人相比总会让你对自己所没有的感到遗憾，而不是让自己享受已经拥有的。

### 3. 回避责任

回避责任的理由如下。

1）受说不清楚的力量的驱使。

2）我们的个人情况、成长历程、自我形象等。

3）其他人的行为。

4）上级的命令。

5）同伴的压力。

6）机构的规章制度及政策。

7）性别角色、社会角色或年龄角色。

8）无法控制的冲动。

**小知识**

当我们根据以下理由行动时，我们是在试图回避责任。

- 受说不清楚的力量的驱使：
  ◇ 为什么不打扫房间？
  ◇ 因为我太忙了。

- 我们的个人情况、成长历程、自我形象等：
  ◇ 为什么喝酒？
  ◇ 因为我是个酒鬼。

- 其他人的行为：
  ◇ 为什么我要打自己的小孩？
  ◇ 因为他跑到街上去了。

- 上级的命令：
  ◇ 为什么欺骗顾客？
  ◇ 因为老板叫我这样做。

- 同伴的压力：
  ◇ 为什么要抽烟？
  ◇ 因为我所有的朋友都抽烟。

- 机构的规章制度及政策：
  ◇ 为什么我要将你停职？
  ◇ 因为你违规了，根据学校规定，我必须这么做。

- 性别角色、社会角色或年龄角色：
  ◇ 为什么我必须做我讨厌的工作？
  ◇ 因为我不仅是一个丈夫，还是一个父亲。

- 无法控制的冲动：
  ◇ 为什么吃巧克力？
  ◇ 因为吃巧克力的冲动征服了我。

**4. 强人所难**

强人所难一般是强者常用的手段，如父母威胁孩子说："快点学习，不然就别睡觉了。"我们可以让孩子好好学习，但威胁、命令会让孩子的心理蒙受很大的伤害，觉得父母像是自己的敌人，只知道惩罚自己。又如，夫妻关系中，妻子觉得丈夫结婚后一点都不浪漫了，于是抱怨说："你不爱我了，你曾经的浪漫哪儿去了？你要是还和以前一样浪漫多好。""和以前一样浪漫"这是个模糊的强人所难的词，因为丈夫未必知道他之前的哪一点在妻子看来是浪漫的。如果妻子表达的是"我希望你每周送我一束花，每天早上出门前能拥抱我"，这样才是有效的沟通。

任何异化的沟通都是因为我们自己内心的需求没有被满足，因此需要通过不恰当的语言去表达。而事实上通过恰当的语言也是可以解决这一切的，只是多年的行为习惯让一些人觉得这种不恰当理所当然。这些人已经无法客观的表述事实，无法诚实地表达自己的感受，更不用说提出自己真实的内心需求了。

沟通是一门功课，避免上述问题只是一个开始。

## 二、工作中的不良沟通

压力让人际沟通出现问题，人在平和、快乐、感到安全的情况下，能够沟通得比较好。当压力增加时，词不达意的不良沟通习惯就会显出来。显然，职场是个让人感到有压力的地方，所以人在工作场合常常有沟通不良的现象。

**小知识**

每个人花五分钟时间与同桌或其他同学彼此分享以下事项。

1) 一天中最让你开心或兴奋的事情。
2) 一天中让你最不高兴或难过的事情。
3) 一件让你生气的事。
4) 主动告诉对方你的一个愿望，而不是强求。

人际沟通是一个复杂的心理和社会过程，在大部分组织中，沟通不畅是其面临的一个基本问题。从人际误解到财政、运营和生产问题，无不与沟通低效有关。而这种沟通不良主要体现在个方面：一个是从上到下的沟通障碍，即从管理者到员工；另一个是从下到上的沟通障碍，即从员工到管理者。

1) 自上而下沟通容易出现信息膨胀效应。传递环节越多，越容易出现膨胀和歪曲。
2) 自下而上的沟通则容易出现信息压缩效应。一般是好消息向上报，坏消息被过滤。结果导致高层不了解下情，做出错误决定。

## 三、我们与暴力沟通

### 公事还是私事

"气死我了！"一回到办公室，杜尚就愤怒地把手里的方案拍到了桌子上。现在网站的竞争越来越大，他手里的这个客户是花了大力气才争取到的，经过了连续半个月的谈判和觥筹交错后，终于在前天凌晨，客户口头上答应了下单，但同时也要求，两天内拿出方案。正在兴头上的杜尚立刻赶回公司，找到了技术部门要求协助此事。他再三叮嘱道："这是个大单，很急的，两天后就要交货，你们快点，要不耽误了事情就不好办了。"谁知两天后，当杜尚到技术部门拿结果时，却被告之这两天活儿太多，还没时间处理他的事情。杜尚和技术部门的同事大吵一顿后，只能回头又向客户再三赔礼道歉。但客户却以他们不守信用为由终止了合作。事后，竹篮打水一场空的杜尚百思不得其解：为什么明明是公司的业务，到了最后，却好像成了他自己的私事一般？

（一）两种沟通陷阱

典型的沟通陷阱有两种，第一个叫作"先入为主的理解"。一位年轻的母亲，她非常渴望能够解答她儿子关于性方面的问题。一天，她终于得到了这个机会。儿子问她："妈妈，我是怎么来的呀？"她尽了全力向儿子解释"人之初"的问题。当她讲完之后，他的儿子极度困惑地问道："我的意思是，我们是坐火车还是坐飞机来这里的呀？"（这家人几个月前刚搬到这里。）

另一个沟通陷阱是"你应该明白我的意思"。人际交往中，尤其是亲密关系中，人们总会认为"你应该明白我的意思"，或者"如果你在乎我就应该明白我的意思"。有时甚至自己什么都不说，也觉着对方应该明白自己的意思。一位年轻人，他的母亲指责他在出门的时候没有按照约定通知她。相反的，这位年轻人坦然地告诉母亲："你那天看到我熨衬衫了呀，你知道如果我熨衬衫就肯定要出门。"不只是亲子关系案例里，我们的生活中也大量充斥着这种对话。在现实生活中，听到攻击性的话语或者与自己观点不一致的说法时，我们的第一反应往往是反驳或者对抗，进而引发各种语言暴力，造成人际交往关系的紧张与对立。任何一种语言暴力，都会给沟通双方造成难以磨灭的心理伤害。

（二）什么是暴力沟通

1. 七种基本的暴力形式

语言表达的"软暴力"有时甚至比身体的攻击还要伤害更大；通常比较习惯的表达方式，如否定、嘲讽、说教、随便打断、肆意评价、不理睬、不回应等言语上都可能为对方带来情感和精神上的创伤；同时，这些无心的、有意的语言暴力让人与人之间变得冷漠、敌视，比肉体的伤害更加令人痛苦。

1）"挖苦式"沟通表达："我生了一个废物，啥都不会干，你看看人家。"

2）"呵斥式"沟通表达：一般表现为简单粗暴，对错误不加分析，一味高声呵斥。

3）"孤立式"沟通表达："像你这样工作效率这么低下，公司里哪个同事愿意与你合作共事啊？"

4）"比较式"沟通表达："这次月度考核绩效怎么这么低，你们团队的小明为什么成绩一直这么好？"

5）"预言式"沟通表达："你再这样下去，整个公司都要被你拖垮！"

6）"结论式"沟通表达："你从没有做对过一件事！"

7）"记账式"沟通表达："你天天这么迟到，是不是不想干了，还是要送你一个闹钟才行啊？！"

**情境任务 7-3**

便利店员工小杨接到调到另一个店铺工作的通知后，以各种理由不服从调动，并在店铺吵闹不已，营运主管当即口头提出辞退。次日小杨擅自离岗不来上班。离职后以公司无故辞退为由，要求支付补偿与赔偿合计两个月工资，否则将申请劳动仲裁。

　　**思考：**如果你是店铺负责人，该如何应对不服从调配的员工？

_____

_____

_____

### 2. 暴力沟通的根源

　　出现暴力沟通的根源在于应对模式，人们忽视彼此的感受与需要，而将冲突归咎于对方，认为是对方的错，不是自己的错。很多暴力沟通发生的根源，都是由于没有用心倾听他人的感受和需要，认为他人不可理解，从而相互责怪和埋怨，才会有冲突，才会有暴力。如果我们愿意用心倾听彼此的感受和需要，用心关心他人的感受和需要，必然可以减少很多冲突和暴力，让爱融入生活。

微课：什么是非暴力沟通

## 四、非暴力沟通概述

**体 会 对 方**

　　有一位女士，她说自己和丈夫每天都在吵架，她感觉自己的婚姻已经走到了崩溃的边缘。心理学家建议她在与丈夫交流的时候，尽量试着去体会对方的感受，说出自己的需求。过了一段时间后，这位女士说，他们夫妻的沟通真的更顺利了，他们不再吵架，感情也慢慢变得像以前一样好——可以说，这种沟通方式挽救了他们的婚姻。

　　非暴力沟通是 nonviolent communication（NVC）一词的中文翻译，又称和谐语言、爱的语言、长颈鹿语言等。非暴力沟通最早是在 20 世纪 60 年代由美国心理学家马歇尔·卢森堡博士正式提出。后来卢森堡博士发展出极具启发性和影响力的和谐语言的原则和方法，依照它来谈话和聆听，不仅可以解决很多争端与冲突，重要的是也通过此方法完成自我沟通、理解他人，感受彼此之间的关爱和尊重。近些年来，国内引进了和谐语言的沟通方式。由于非暴力沟通的巨大影响力，2003 年，联合国教育、科学及文化组织将非暴力沟通列为全球正式教育和非正式教育领域非暴力解决冲突的最佳实践之一。

　　非暴力沟通，需要我们专注于彼此的观察、感受、需要和请求。非暴力沟通可以让我们通过它的模式去更清晰地体会和了解自身的感受与需要，意识到负面情绪产生的真正原因不是他人，而是自己内心的需求没有得到满足。一旦认清了这一点，我们就更容易回归自我，也会学会如何交流和表达，人与人之间的交流也会更加顺畅。另外，通过非暴力沟通，他人也能够认真地体会自我和对方的需要，当一种隐含暴力的表达形式出现时，他会意识到，这可能只是因为对方自身的需求没有得到满足。

 **体验活动**

### 活动一：不良沟通模式测试练习

第一步：分组及测试。

一般可将人群按不良沟通模式分为四组。当工作关系开始紧张时，问他们是倾向于指责、讨好、冷淡，还是打岔。分开之后应该有四组，而人数最少的一组很可能是打岔的人。事实上或许根本没有人愿意到那一组去。主持人要讲清楚，我们不是询问家庭生活或朋友关系，而是职场的沟通。

为了帮助大家了解自己应该属于哪一组，主持人问他们同意下面的哪个语句。

当你与一个同事起冲突时，你的主要倾向是什么？

A．即使关系变得紧张，也一定要让对方清楚明白我的看法。（如果你回答"是"，那么你应该到指责组。）

B．在起冲突时我倾向于让步，即使吃亏也在所不辞。（如果你回答"是"，你就属于讨好组。）

C．我喜欢用幽默、问题，或其他打岔的方法来缓和或结束冲突。（如果你回答"是"，你应该到打岔组。）

D．我倾向于不动感情，只摆出逻辑与合理的观点，然后要求大家不要争吵，冷静下来才能够看得清楚，希望冲突可以自然化解。（如果你回答"是"，那么你应该到冷淡组。）

第二步：请每位学生回答：为什么将自己放在这一组？

请指责组的学生谈谈想法：你的无效沟通方式是指责吗？你有什么未化解的伤害吗？当发生问题时，你认为一定是有人做得不对吗？你倾向于认为世界上所有的事情都有是非之分吗？

请讨好组的学生回答：当发生问题时，你的无效沟通方式是否讨好？你内心有什么样的担心和焦虑使得你如此呢？你觉得自己是擅长社交、随和、使人和睦的人吗？

请冷淡组的学生回答：当发生问题时，你处理人际关系的方式是否冷淡？许多时候情感冷淡引起整个人的退避，也就是离开争执现场。你有这方面的例子吗？你倾向于以清高的态度看指责与讨好的人吗？

请打岔组的学生回答：当你处理人际关系不当或有压力时，你用怎样的方式避免实质性的对话？

### 活动二：观察生活，反思生活

回想一下在我们的生活中，有哪些习惯评价式或先入为主式的语句。换个方式沟通，会不会更好呢？

# 模块二　非暴力沟通的要素

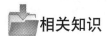 **案例导入**

### 何不食肉糜

有一年发生饥荒，百姓没有粮食吃，只得挖草根、吃树皮，许多百姓因此活活饿死。消息被迅速报到了皇宫中，晋惠帝坐在高高的皇座上听完了大臣的奏报后，大为不解。"善良"的晋惠帝很想为他的子民做点事情，经过冥思苦想后终于想出了一个"解决方案"曰："百姓无粟米充饥，何不食肉糜？"

（资料来源：https://wenda.so.com/q/1411978730721467.）

【分析】这则故事曾成为笑柄，但在生活中其实经常发生。当我们对一些事物没有全面认知或没有亲身经历的时候，很容易对别人的处境或行为妄加评论或提建议。生活中，经常有一些人喜欢评价别人，对别人行为指指点点，而这些言行都是基于自身的角度。这类言行很容易给人造成误解，滋生家庭矛盾、工作矛盾。总是站在自己的角度去跟对方讲道理，无助于解决任何问题。

 **相关知识**

## 一、非暴力沟通的本质

**小贴士**

所有愤怒的核心是需求没有被满足。

——［美］马歇尔·卢森堡

（一）非暴力沟通的目的

非暴力沟通的目的在于希望人们的改变和行动是出于对生命的爱，而不是取决于他的"请求"能否得到满足。这对我们的父母、老师、经理及其他处于管理位置的人来说尤其不容易。非暴力沟通重视每个人的需要，它的目的是帮助我们在诚实、倾听的基础上与人联系。

### 如何说服朋友戒烟

艾伦和卡特是有 30 多年交情的老朋友。卡特每天要抽两包烟。多年来，艾伦想尽一切办法来让卡特戒烟，但都没有成功。在过去的几年，卡特咳嗽得越来越厉害。有一天，艾伦终于忍不住和卡特再一次谈到了戒烟。

艾伦："卡特，这个问题我们已经说过无数次了。不过，我还是想告诉你，我很害怕，你这样抽下去，身体很快就会吃不消。你是我最好的朋友，我不想失去你。请不要认为我又在指责你，我真的没有，我只是很担心。"（在过去，艾伦在劝卡特戒烟时，常常会指责他。）

卡特："我知道你是在关心我。我们已经是老朋友了……"

艾伦：（提出请求）"你愿意戒烟吗？"

卡特："我希望我能做到。"

艾伦：（了解卡特无法做到的原因）"你不想戒烟，是因为你担心自己做不到吗？"

卡特："是的。你知道我已经戒过很多次了，但都没有成功。我想，别人会觉得我很没用。"

艾伦：（猜测卡特会有什么请求）"我没有看轻你。即使你再次戒烟失败，我也不会看不起你。我只是希望你再试一试。"

卡特："谢谢。但又不是只有你一个人……从他们的眼中，我可以看出，他们认为我是个没用的人。"

艾伦：（体会卡特的感受和需要）"如果不是担心别人的看法，你就会愿意再次戒烟，是吗？"

卡特："我不喜欢自己有烟瘾。我不希望自己听任烟瘾的摆布……"

艾伦：（艾伦看着卡特的眼睛，点了点头。艾伦的眼神流露出他对卡特的关心。）

卡特："我的意思是说，我已经不喜欢抽烟了。特别是在公共场合抽烟，我会觉得很不好意思。"

艾伦：（继续体会卡特的感受和需要）"听起来，你很想戒烟，可又担心会失败——你害怕这会影响到你的形象和信心。"

卡特："是的。我想这就是我的意思……你知道，我以前并没有提到这一点。当人们劝我戒烟时，我就会叫他们走开。我是想戒烟，但我不想任何人给我压力。"

艾伦："我不希望你有包袱。我也不知道能否打消你的顾虑，但我会尽力帮助你——只要你愿意。"

卡特："我真的很感激你的关心。但是，如果我现在还做不到，你会介意吗？"

艾伦："当然不会！我只是希望你的健康状况能变好。"（因为艾伦提出的是真诚的请求，而非要求，不论卡特有怎样的反应，他们的关系都不会受影响。）

卡特："谢谢！也许我会再试一次。但请你先不要告诉别人，好吗？"

艾伦："好的。你放心。我不会和任何人说的。"

（二）非暴力沟通的基础

1. 同理心倾听

### 没有同理心的士兵

美国前总统布什手下的国防秘书有一次在伊拉克视察和回答美军士兵的问题。一位军士就缺少装甲车的问题询问国防秘书有何增援计划，情况非常危急。国防秘书却回答，这场战争如何必须按照美国现有的部队来进行，不能按照他们所没有的装备来进行。在场的每一个人，以及后来在电视机前观看新闻的美国人，都对国防秘书如此没有同情心感到极为震惊。他很理性地回答了这个问题，几个月以后就被革除了国防秘书的职位。假如他能对缺少装甲车的问题略表关心和惊愕，人们就不会把他看得那么糟糕了。

同理心思维是建立倾听的基础。同理心即"设身处地理解""感情移入""神入""共感""共情"，泛指心理换位、将心比心。同理心要求设身处地地对他人的情绪和情感的认知性的觉知、把握与理解，主要体现在情绪自控、换位思考、倾听能力及表达尊重等与情商相关的方面。

同理心倾听方式有以下特征：重述字句（只是字句，不是感受）；重整内容，用自己的话总结大意；表达感受，深入了解。捕捉对方通过身体的语言和语调表达出来的感受；重整内容并表达感受；用自己的语言来表达对方的意思和感受。

**小知识**

### 认知偏差之自我中心

"我犯错了，会不会被他们鄙视""今天的演讲说错了话，是不是很丢脸""跟客户说话语气不好，他会不会记住"……这些都属于认知偏差的一种，也就是"自我中心"：我们总以为自己是一切的中心，自己的一言一行，都会被别人注意到。尤其当自己犯了错，总觉得别人看自己的眼光都带着一丝鄙视和揶揄。

同理心倾听就是在洽谈中听者应轻松自然、神情专注，随着对方的情绪变化做出自然的呼应，同时通过一些简短的插话和提问，暗示对方你对他的谈话感兴趣，或启发对方引出对你有利的问题。当对方讲到要点时，要点头表示赞同；当他说笑话时，你的笑声会增添他的兴致；他说得紧张时，你屏住呼吸，能起到强化气氛的效果。

2. 爱与感恩

爱与感恩主导着非暴力生活，这样的生活中充满了尊重、理解、欣赏、慈悲等，将贪婪、憎恨、敌意彻底赶出去。我们必须为自己的行为负责，世界上没有那么多"不得不"的事情，更多的时候"不得不"只是一个看似很完美实则很拙劣的借口。使用非暴力沟通时我们希望人们的改变和行动是出于对生命的爱。爱和感恩是非暴力沟通的灵魂，贯穿始终，是其源泉亦是其终结，是其动机亦是其目的。"如果我们只是想改变别人，以使他们的行动符合我们的利益，那么，非暴力沟通并不是适当的工具"，因为动机错了，目的也会不对。

（三）非暴力沟通的关键假设

当我们的生活基于以下假设，自我联系及与他人的联系的可能性将会增多并变得容易。

1）所有人都有共同的需要。

2）我们的世界提供了足够的资源满足所有人的基本需要。

3）所有的行为都是满足需要的尝试。

4）情感反映了需要是否得到满足。

5）所有人都拥有爱的能力。

6）人类乐于给予。

7）人类通过互助的关系来满足许多需要。

8）选择是内在的。

9）自我联系是通向平静的最直接途径。

## 二、非暴力沟通的三重境界

（一）以"需要"为核心

非暴力沟通以观察、感受、需要和请求为要素，构架语言交流的桥梁。非暴力沟通借助"四要素"，一方面"诚实而清晰地表达自己"，另一方面"尊重而关切地倾听他人"。"需要"位于非暴力沟通过程的核心位置，也是有效沟通、化解冲突的前提。美国心理学家马斯洛将人类需求像金字塔一样从低到高按层次分为五种：生理需求、安全需求、社交需求、尊重需求和自我实现需求。而马歇尔·卢森堡的"非暴力沟通"是在马斯洛需求论的基础上将人类共有的基本需要总结成以下几个方面。

1）身体的需要。包括空气、水、防御措施（免于病菌的威胁）、休息等。

2）自主的需要。包括可以选择自己的梦想和目标，可以选择自己的价值观，自主制定实现梦想、目标的计划。

3）纪念的需要。包括面对梦想的实现、新生命的到来、目标的达成，我们有纪念与庆祝的需要；面对亲人的离去，人生的失落或梦想的破灭，自我有"纪念"的需要。

4）互相依存的需要。包括我们都有被接纳、欣赏、爱、尊重、支持、理解、情感安全等需要。

5）言行一致的需要。包括真诚、创造、自我肯定、自我价值等。

6）玩耍的需要。包括乐趣与欢笑。

面对以上的需要，首先要准确听取他人的需要，给予他人理解；其次了解自己的需要，给予对方反馈。这样的反馈不是妥协，所以"非暴力沟通"更多的是专注于创造条件，让对方了解自己的需要，最终让彼此的需要都满足，真正化解冲突完成彼此的沟通。这也是"非暴力沟通"第一重境界。

（二）以"觉察"来沟通

觉察包括自我觉察与理解他人两个部分。通过自我觉察可以帮助我们看到自己此时此刻的"状态"；而通过了解他人的价值观、文化背景、家庭的结构、与家人互动的模式及个人遗传特质等不同因素交互影响的结果及原因，可以对一个人的情绪、行为、信念等方面有较深的体会。

非暴力沟通首先让我们觉察自己理解他人，从理解对方的需要开始体会对方的感受，用心倾听，而且不但要用耳朵、用眼睛，还需要用心去感受说话者的情绪和感受，达到共情，也就是治愈的第一阶段即同理心的连接。其次，当我们沉浸在悲痛中时，认识受限，无法体会自己的感受和需要。我们觉察自己未被满足时的需要，表达伴随而来的感受，这是治愈的第二阶段即表达悲伤和过去的需要。

所以非暴力沟通以"觉察"来沟通，通过面对自我的感受和需求的同时理解他人、理解自己，于是我们在不知不觉中便处理了愤怒情绪，变得宽容，达成自我与自我、自我与他人的和解，最终完成了自我治愈。

（三）以"爱"为前提

非暴力沟通也被称为"爱的语言"。它重要的应用是培养我们"爱自己"，即自我悦纳，无条件地接纳自己、喜欢自己并肯定自己，从而产生愉悦感和满足感。良好的自我悦纳也可以产生高自尊，我们不再依赖羞愧、内疚来寻求改变，避免自我惩罚。

非暴力沟通可以帮助我们通过体会自己的感受和需求，用自己的力量将爱融入生活，内心产生善意，从而以全新的眼光看待人际关系。所以非暴力沟通最根本的沟通方式就是以"爱"为前提，帮助我们建立"关系"，建立自我与自我、自我与他人、自我与环境的关系，最终建立的是彼此间的理解、尊重与关爱。当我们心存爱意，"关系"就和谐了。

非暴力沟通的核心在于它不仅是一种沟通方式，还是可以学习、可以治愈的一种工具，理解其中的三重境界能帮助我们在任何场合面对任何人都能理解对方，了解自我，充分表达自我，最终能平和而有效地进行沟通。

## 三、非暴力沟通四要素

针对如何控制自己情绪，打破自身的条件反射，以及如何进行非

微课：非暴力沟通
四要素

暴力沟通，与对方建立良好的联系，马歇尔·卢森堡提出以下四点技巧。

（一）观察

**情境任务 7-4**

这几年有一款线上线下都很火的游戏"狼人杀"，游戏中主要由参与者扮演好人和狼人。无论是扮演狼人还是好人，每个人都只知道自己的角色。在游戏开始时，每个人都是通过语言既要达到告诉自己同伴的目的，也要防范对手察觉，往往会通过指责、攻击自己的怀疑对象，使对手露出破绽。如果被攻击者急于辩解自己，那么很快会被敌人察觉，甚至于淘汰出局。这个游戏的关键就是如何应对来自他人莫名的攻击和指责。

思考："狼人杀"游戏带给我们什么沟通启示？如何应对别人的猜疑甚至指责？

_____

_____

_____

我们的世界包含着无穷无尽的过程、变化、差别、层面、功能、关系、问题及复杂性。静态语言与动态的世界并不匹配。观察是人与人交流的关键所在，需要我们能够观察到他人语言背后所隐藏的情绪或者需求。非暴力沟通的第一步是用"观察"代替"评价"。

**小知识**

### 区分观察与评论

1. 有个人经常会在下午睡觉，在雨天不出门。
   - ◇ 观察：他的行为有点懒散。
   - ◇ 评论：他是一个懒惰的人。

2. 孩子有时候做的事，我无法理解，或者他不按照我的吩咐做事情。
   - ◇ 观察：他懂的事情和你不一样。
   - ◇ 评论：他是个愚蠢的孩子。

3. 有个人把食物调配在一起，点火，使用炉子炒菜。
   - ◇ 观察：他在做烹饪这件事情。
   - ◇ 评论：他是个厨师。

职场中经常有这样的场景："小张啊，这里有一张报表，经理马上就要，反正你手里的事也不急，先放一放吧……"如果你是小张，你听到了会不会反感："你凭什么说我手里的事不急？"其实小张手里确实没有什么急的事，但"反正你手里的事也不急"这句话，触发了一个"情绪按钮"，让小张觉得自己被贴了一个"闲人"的标签。这是一种相当普遍的情绪反应，原因在于，"反正你手里的事也不急"并非一个观察，而是一个评价。

观察是基于事实的言论。如果我们的表达言过其实，别人就可能产生逆反心理，而不愿做出友善的回应。将观察和评论混为一谈，别人就会倾向于听到批评，并反驳我们。非暴力沟通提倡在特定的时间和情境中进行观察，并清楚地描述观察结果。

（二）感受

我们总是喜欢隐藏自己内心的真实感受，所以沟通起来才会觉得很困难。我们应该要正确表达自己的感受而不是想法。对此，马歇尔·卢森堡说，你越是留意自己内心的声音，就越能够听到别人的声音。

例如，妻子看到晚归的丈夫是会说"怎么回来这么晚，真让人担心"或者说"回来这么晚，一点儿都不知道人家在担心你"。其实这二者都表达了妻子对丈夫的关心，但是前者是表达自己的感受"担心"，而后者则是想法，是对丈夫晚归的抱怨，抱怨丈夫不懂自己担心。这种不会表达自己感受的例子在生活中数不胜数，大家往往用带有批评性质的语言去表达自己对某件事情的看法，而不是单纯地表达自己的感受。带有批评性质的语言让对方觉得受到了指责，使对方觉得委屈并退缩，造成双方沟通关系的疏远。

非暴力沟通强调，感受的根源在于我们自身。我们的需要和期待，以及对他人言行的看法，导致了我们的感受。我们把愿望说得越清楚，他人也就越可能给出积极的回应。使用以下表达方式时，我们可能就已经忽视了感受与自身的关系。

只提及相关的事情：这件事让我不开心。

只提及他人的行为：你没有把饭吃完，妈妈很失望。

指责他人：我很伤心，因为你说你不爱我。

我们可以通过"我感到……因为我……"这种表达方式来认知感受与自身的关系。例如：你没有把饭吃完，妈妈感到很失望，因为妈妈希望你能健康成长。

 小故事

**车　夫　羊　酙**

春秋时期，郑国讨伐宋国，宋国大将华元带兵出战。开战之前，华元杀羊犒赏士兵，但华元的车夫羊酙没有分到羊羹。当两军交战之时，羊酙直接驾着马车跑到了敌方阵营，导致华元被俘，宋国大败。虽然华元趁机跑回了宋国，但是宋国损失了大量的士兵和战马，羊酙也不得不出逃到了鲁国，并且还留下了骂名。羊酙因为自己的需求得不到满足，同时也不去表达自己的需求与感受，就采取了极端的方式报复华元，使国家及百姓遭受损失。

（三）需要

人之所以会感到难过痛苦，是因为某种需要没有得到满足。没有得到满足的原因是我们没有表达出来。只有说出来，对方才能够明白。这一点往往很难做到，是因为我们不会管理自己的情绪。马歇尔·卢森堡认为每个人的成长有三个阶段，第一阶段是"情感的奴隶"，感觉自己做什么事情都是被迫的，觉得自己为别人牺牲了很多；第二阶段是"面目可憎"，总是推卸责任，让别人很讨厌；第三阶段是"生活的主人"。我们只有成为生活的主人，才能掌控自己的情绪。而正确掌控情绪，才会自然地说出自己的需求。在沟通的时候，我们要把自己的要求说出来，越具体越好。不懂得表达感受可能会在与人沟通的时候遇到困难，也可能在机遇降临前错失机遇。

（四）请求

1. 如何表达请求

1）清楚地告诉对方，我们希望他们做什么（提出的请求越具体越好，含糊不清的意思很难让别人了解到我们到底是想要什么）。此外，使用抽象的语言还会使我们无法深入了解自己。

2）在发言时，我们将自己想要的回应讲得越清楚，就越有可能得到理想的回应。实际生活中较常见的是，我们在说话时，并不知道自己想要什么。表面上，我们是在与人谈话，实际上，更像是自说自话；如果一个人提出明确的请求，却没有提及感受和需要，也有可能导致交流的困难。

**情境任务7-5**

在以下例句中，发言者是否对自己的感受负责，为什么？
1）"你将公司机密文件放在了会议室。太令我失望了。"
2）"你这么说，我很紧张。我需要尊重。"
3）"你来得这么晚，让我很郁闷。"
4）"你无法来吃晚饭，我很难过。我本来想和你好好聊一聊。"
5）"我很伤心。因为你没有做你答应我的事情。"
6）"我很沮丧。我希望我的工作已经取得很大的进展。"
7）"朋友叫我外号让我很难过。"
8）"你得奖了，我很高兴。"
9）"你嗓门那么大，吓死人了。"
10）"你让我搭你的车回家，我很感激。因为我想比孩子们先到家。"

_____

_____

_____

3）由于我们所表达的意思与别人的理解有可能不一致，有时，我们需要请求他人的反馈。我们想了解的内容一般分为三方面：①对此时此刻的感受；②对方正在想什么；③对方是否接受我们的请求。

2. 请求和命令的区别

请求没有得到满足时，提出请求的人如果批评和指责，那就是命令；如果想要利用对方的内疚来达到目的，也是命令；在人们无法满足我们的愿望时，我们是否尊重他们的感受和需要最能体现我们提出的是请求还是命令。如果我们愿意去体会是什么使他们无法说"是"，我们提出的就是请求而非命令。选择通过请求而非命令来表达愿望，并不意味着一旦人们说"不"，我们就不再去满足自己的需要。但它意味着，除非已经充分体会是什么妨碍了他人说"是"，我们就不会试图说服他们。在人们无法满足我们的愿望时，我们是否尊重他们的感受和需要，最能体现我们提出的是请求还是命令。例如，"宝宝，现在放下玩具去做作业好吗？"如果孩子的反应是"不要"。那么妈妈说"再不做就太晚了！"这就是命令。如果说"如果你还想玩一会，那么我希望不要超过10分钟好吗？"这样便毫无压迫和命令。

### 体验活动

测一测：判断下面哪些句子提出了明确的请求。

1）我希望你理解我。

2）请告诉我，我做的所有事中你最满意的一件。

3）我希望你更加自信。

4）不要再喝酒了。

5）请让我成为我自己。

6）关于昨天的会议，请开诚布公地谈一谈你的看法。

7）我希望你能在规定的时间内完成项目任务。

8）我想更好地了解你。

9）我希望你尊重我的隐私。

10）我希望你能经常做晚饭。

## 模块三　非暴力沟通在商务活动中的应用

### 案例导入

#### 派发传单中的沟通

小方派发传单给一位阿姨，阿姨看了一眼单页气愤地说这个是骗人的，然后扔到了地上。

小方：阿姨您好，您将我们的单页扔在了地上，似乎您对理财产品很反感。（观察）

阿姨：你们这些做金融的都一样，骗我们的血汗钱养老钱。我儿子投了二十万元给高利贷公司，结果老板跑了，钱全没了，你们都是骗人的！

小方：看得出您很难过，您希望您手头不多的钱能真正安全有效地改善您的老年生活，而不是打水漂，对吗？（感受、需要）

阿姨：年纪大了，挣不了钱了，就指望能轻松地有些收入。可是能相信谁呢？了解得不多，感觉都靠不住。你们跟高利贷也是一回事吧？

小方：您放心，我们跟他们完全不一样。能请你到那边坐几分钟吗？我给您介绍下我们的理财产品，这是我的名片，您叫我小方吧。（请求）

【分析】清楚地说出自己的观察、感受、需求和请求，用爱交流，一切从感受（真诚的关注）和需要（设身处地为沟通对象着想）出发，才能更好地让自己"被听见"、"被看见"。

## 相关知识

微课：非暴力沟通在职场的应用

人们本可以达成有效的沟通，却会因为理解上的偏差而做出错误的判断。那么如何避免这一问题呢？对于职场来说，非暴力沟通其实是一种持续不断的提醒，提醒我们在沟通过程中，专注于彼此的观察、感受、需要和请求。我们可以去观察和倾听同事、上下级及客户的态度和看法，试图理解问题对于他们而言的意义，并且把握他们内心的衡量准则，真诚地体验对方的感受。如果我们能听到他人的内心，从他人的角度来看问题，察觉出其中更深层次的意义，并且准确地把握他的情绪起伏，那么我们一定能找到与他人正确沟通的方法。

### 一、非暴力沟通策略在职场中的应用

建立成功、高效的团队领导力及良好的人际关系策略对企业来说都是非常重要的。非暴力沟通是一种基于良好关系构建的思考和说话的方式，在缓和紧张和冲突、建立联系及加强协作方面尤其有效。有研究数据显示，合作对现今的商务活动及职场越来越重要。团队的协作越成功，企业盈利能力和员工满意度、员工留职率就随之提升。而且，一个协作良好的团队能创造出集体智慧。这种集体智慧比各部分的智慧总和还强大，能够产出更高质量的决策，不浪费时间和资源。

非暴力沟通理论包含了一系列觉察并描述需要和感受的方法。例如，使用自我连接的方法作为学习的基础，这样就能够帮助沟通双方回到正在经历焦虑反应时的现实工作情境，拥有更多的策略和选择；结合具体沟通技巧，进行有效准备和练习以应对困难的谈话，提出请求，给予和接受有意义和高效的反馈，倾听他人及被倾听，表达感激及听取建议。

## 二、关切地倾听，做到尊重和理解

（一）倾听是沟通的开始

 **小故事**

### 满足客户，有效的外部沟通

惠普公司获得成功的根本，是努力满足顾客的需要。惠普鼓励公司的每个人经常考虑如何使自己的活动围绕为顾客服务这一中心目标，认真地倾听客户的意见。"热忱对待客户"位于惠普公司提出的七个价值观的首位，"倾听客户的意见"也是惠普之道的核心部分。在惠普公司，为顾客服务的思想首先表现为倾听客户意见，并据此提出新的思路和新的技术，在这个基础上开发有用的重要产品。这些新的思路成为开发新产品的基础，而新产品将满足顾客潜在的重要需求。除此以外，惠普公司还提供许多不同种类的产品，以满足不同顾客的需求。

非暴力沟通对倾听的要求会更高，不是应付的听，而是关心、真切地倾听对方内心的倾诉和感受。关心、真切地倾听对方的体会和感受，就能够真实准确地去理解体会对方的感受和需要。在真切地感受和体会对方倾诉的过程中，也能够更好地发现自己最渴望被满足的需要。

（二）爱的表达，做好交流与反馈

职场上，我们担心得罪上司或同事，说话总是小心翼翼；我们害怕说出自己的请求，让我们的处境如履薄冰；我们总是着急说出自己的想法，以为可以博得满堂喝彩。但是，如果我们只是表达自己的感受，别人可能就不清楚我们想要什么。更为常见的是，我们在说话时，并不知道自己想要什么。我们希望有人倾听并了解我们的处境，或者我们期待的是如实的反馈——我们想了解他人的真实想法。当然，有时我们想要的结果是他人采取某种行动。对自己的认识越深刻，表达越清楚，我们就越可能得到称心的回应。

请求反馈能确保对方准确把握我们的意思，如问一句"我的意思清楚吗"，然后对方表个态就足够了。在另一些时候，听到"是的，我明白你的意思"这样的回答，我们并不放心。为了确保对方确实明白我们的意思，我们希望他充分表达他的理解。这样，一旦他的理解与我们的意思有所不同，我们就有机会作适当的补充。当对方给予反馈，我们应表达感激，如果对方不愿反馈，我们应倾听他的感受和需要。

### 惠普之道——营造浓郁的家庭气氛

惠普的创始人在公司内部营造了浓郁的家庭气氛，并在其年轻的企业里也创造了对这种亲密的情感沟通方式的认同感。"野餐"被惠普的创始人认为是"惠普之道"的重要内容之一。在早期，惠普公司每年在帕洛阿尔托地区为所有的雇员及其家属举行一次野餐。这是一项大规模活动，主要由雇员自己计划和进行。比尔·休利特和戴维·帕卡德以及其他高级行政人员负责上菜，从而使他们有机会会见所有的雇员及其家属。这是一项很受欢迎的福利，因此后来惠普公司决定在世界其他地区有惠普人聚居的地方也这样做。此外，惠普公司还采取了包括会见所有雇员及其家属的多种多样的感情交流方式。没有什么东西比亲自的相互沟通更能促进合作和团队精神，更能在雇员之间建立一种信任和理解的气氛了。

## 三、如何克制，面对自己的"愤怒"

### （一）控制愤怒的方法

愤怒是不能消除或避免的，但是我们可以控制它。你可以学着控制你在愤怒时候的反应，包括内心的和外部的。有些人天生就容易发怒，而有些人却相对温和，而有些人的易怒则是他的生存环境和职业塑造出来的。无论是哪种人，都可以学着控制愤怒。对愤怒置之不理是一个很危险的策略，有时候你暂时的压抑只是把怒火存进"银行"而已，随着时间的推移，你不仅最终要把它取出来，还要支付利息。对待愤怒，正确的做法是找到那些让你愤怒的导火索并将它们从你的生活当中赶出去。

### "天之骄子"的烦恼

小原工作以后一直不太顺利，作为名校硕士研究生毕业的他，认为自己工作态度认真、学历高，理应受到老板重视才对，然而事实却刚好相反，老板给他安排的工作多是琐碎的无关紧要的小事。这导致他心情低落，总是抱怨老板对他不公平。专家建议他在做演示的时候给自己录像。他很惊讶地发现，自己每说完一句话就会说一声"OK"——这几乎成了他的口头禅。他这才知道自己的演示有多糟糕。在观看录像之前，他总觉得老板是在故意为难他，所以不把重要的任务交给他。而在看了录像之后，他明白了，老板只不过是不敢把任务交给他。

1. 情境转移法

有五种处理愤怒的方法：一是把怒气压在心里，生闷气；二是把怒气发泄到自己身上，进行自我惩罚；三是无意识地报复发泄；四是发脾气，用很强烈的形式发泄怒气；五是转移注意力来抵消怒气。其中，转移是最积极的处理方式。迅速离开使你发怒的场合，和能谈得来的朋友一起听听音乐、散散步，会使人心情逐渐平复。

2. 理智控制法

当你在动怒时，最好让理智先行一步，你可以自我暗示："别生气，这不值得发火，发火是愚蠢的，解决不了任何问题。"你也可以用理智战胜情感，在自己即将发火的一刻对自己下命令："不要发火！坚持一分钟！一分钟坚持住了，好样的，再坚持一分钟！尝试！"

**EQ 驿站**

### 勿逞一时之气，理智应对愤怒情绪

章武元年（公元 221 年），张飞镇守阆中重镇，惊闻其兄关羽被害，旦夕号泣，血泪衣襟。帐下诸多将领为了劝慰将军，不停地敬酒，没想到张飞酒醉之后，怒气更盛。张飞下令军中，限三日内置办白旗白甲，三军挂孝伐吴。第二天，属下范疆和张达入帐请求宽限时日。张飞大怒，喝道："我急着为二哥报仇，恨不得明天攻打逆贼，你们怎么敢违抗命令？"说完，就让武士将二人绑在树上，鞭打五十，并责令二人明日置办妥当，否则军法处置。范疆和张达被打的满口出血，悲愤异常。范疆说："我二人实情上报，却落得鞭刑及身，明日就得置办妥当，不然就得砍头，这该如何是好？"张达愤恨道："与其他杀我，不如我杀他。"二人密谋一阵，趁张飞夜里大醉，酣睡帐中，各怀利刃偷入帐内，就把张飞给杀了。当夜，二人拿着张飞的首级，逃去东吴了。

【分析】张飞的悲剧虽有其时局因素在，但直接原因便是脾气暴躁，对待手下士兵过于苛责。纵观历史，张飞并非一介莽夫。无论是"义释严颜"还是"计挑张颌"，都能看出张飞实乃粗中有细。但是，在听闻其兄关羽被害后，兄弟之情让张飞异常悲愤，愤怒之下连平日里治军的本事都丢掉了。张飞戎马数十年，不可能不知道他下令三日内置办白旗白甲之事实属刁难。然而，愤怒中的张飞已经没有"义释严颜"的冷静了，他满脑子都想着报仇，丧失了一位正常将领应有的理性。

3. 评价推迟法

怒气来自对"刺激"的评价，这个"刺激"也许是别人的一个眼神，也许是别人的一句讥讽，甚至可能是对别人的一个误解。这事在当时使你"怒不可遏"，可是如果过一个小时、一个星期甚至一个月之后再评论，你或许认为对之发怒"不值得"。

4. 目标升华法

怒气是一种强大的心理能量，用之不当则伤人害己，而使之升华则会变为成就事业的强大动力。

（二）表达愤怒的四个步骤

1）停下来，除了呼吸，什么都别做。
2）想一想是什么想法使我们生气了。
3）体会自己的需要。
4）表达感受和尚未满足的需要。

 小故事

### 柳传志控制脾气的方法

《赢在中国》第一赛季最后的决赛中，主持人王利芬问五位选手："比赛走到现在，你们认为自身性格或者能力中有哪一条是妨碍你们创业的弱项？"周宇答："我发现我有一个很大的缺点，就是当我发现一个人做事不负责任，做事不完美的时候，我的脾气会很大。这会让别人或团队觉得我没有亲切感。我想改正，但我发现好像脾气大的人，本事也很大。我对这点很迷惑，希望评委多多给我指导。"评委柳传志这样回复："企业第一把手的性格非常直接地影响了企业的文化与发展，这是有无数的例证可以证明的。人的性格是可以变的，情商是后天形成的。我在 20 世纪 80 年代创业的时候，也是脾气很大，很急，延续了好几年。90 年代初的时候，有一次，我看见下面一个年轻人跟他的下属发脾气，口气很刺激，引起我很大的反感。后来我问他为什么要这样，他说：'柳总，因为您也有脾气，我觉得这是魅力的表现。'这真是从侧面给我提供了一面镜子，从此以后我就控制自己不再发脾气。人要有高的目标，根据这个目标去改正自己，我想学习能力强的人都能做得到。"

### 情境任务 7-6

### 如何运用非暴力沟通应对客户催货

1. 观察

"每次到现场客户都会问备货/发货进展，我感到客户很着急。"

"每次通电话时客户都会问备货/发货进展。"

（区分观察与评论）

2. 感受

"客户是不是担心 GE（General Electric Company，通用电气公司）不能按其希望的日期发货。"

"客户只关心货期我会很烦恼。"

（体会并说出感受）

3. 需求

客户有什么需求未被满足。

"面对客户催货，我的需求是：被理解和尊重、给予充分的场地准备时间。"

（区分观察与评论）

4. 请求帮助

肯定和倾听客户的需求和感受，提出自己的请求。

（提出请求）

结合上述内容，请思考：你的沟通模式如何，可以怎样改进？

_____

_____

_____

## 体验活动

**活动一：运用非暴力沟通"四要素"对下列句子进行重新改写**

1）人事专员对同事说："你经常没带工牌，再有下次就罚你。"

_____

2）食堂阿姨对同事说："吃不了就别打那么多，浪费！"

_____

3）上级对下级说："这个月考勤你迟到八次，下次再迟到就不要来上班了！"

_____

4）妻子是一位门店销售员，每天上班讲话讲到口干舌燥。丈夫是一位办公室文职人员，每天上班都很少说话。妻子回到家不想说任何话，丈夫回到家想好好和妻子说说话。每天没等丈夫说一句话，妻子就说："别和我说话，我很累。""别吵，我不想说话。"

_____

**活动二：用"选择做"代替"不得不"**

1）生活中是不是常常遇到你觉得不得不做的事情呢？请将它们列在一张纸上。

2）向自己坦白：你做这些事情是因为你选择了做它们；在你所列的每个项目前，加上"我选择做"。

3）通过填写："我选择做_____是因为我想要_____。

（你想要什么呢？比如：为了得到赞同、为了逃避惩罚、不想感到羞愧、为了避免内疚、为了履行职责。当你认真思考完这些问题，就会发现自己行为背后的价值取向。在明白了这是我们自己的选择后，生活将会变得和谐并充满快乐。）

# 本 章 总 结

　　非暴力沟通是切实可行的沟通方式，当我们在沟通交流时，不再局限于他人表达流露出的情绪，懂得观察别人情绪背后隐藏的感受和需求，从而加深人与人之间的理解与联系。同时，也告诉我们自己，在与人交流的时候，应该明确表达自己的感受需求，而不是一味地表达自己情绪。这一沟通方式不仅能够有效指导我们生活，也适用于职场、商场。建立起非暴力沟通习惯，会让职场氛围更融洽、商务活动更有序开展。

# 综 合 练 习

## 一、填空题

1．异化的沟通方式包括_____、进行比较、_____、强人所难。

2．自上而下沟通容易出现信息膨胀效应；自下而上的沟通则容易出现_____效应。

3．马歇尔·卢森堡认为所有愤怒的核心是_____没有被满足。

4．非暴力沟通的四要素包括观察、_____、需要和_____。

5．控制愤怒的方法包括情境转移法、评价推迟法、_____和_____。

## 二、选择题

1．非暴力沟通的创始人是（　　　）。

　　A．马歇尔·卢森堡　　　　　　　　B．海伦·帕尔默

　　C．罗纳德　　　　　　　　　　　　D．丹·格林伯格

2．下面句子中，（　　　）不是在表达自己的感受。

　　A．我觉得你不爱我　　　　　　　　B．你要离开我，我很难过

C. 你能来我真高兴 D. 我喜欢喝咖啡
3. 造成暴力沟通的首要因素是（ ）。
A. 回避责任 B. 强人所难
C. 进行比较 D. 道德评判

## 三、简答题

1. 非暴力沟通的关键假设是什么？
2. 简述表达愤怒的四个步骤。

# 实 训 项 目

**实训项目一**

1. 项目名称

非暴力沟通的运用。

2. 实训目标

学会运用非暴力沟通解决生活、工作中遇到的困扰。

3. 实训内容

请同学们结合自身情况回答下列问题：你是否苦恼如何让家人理解你的想法和选择？你是否不敢向上司（老师或者父母）说出你的担心和顾虑？你是否困扰如何拉近跟下属（同学）之间的距离？学完本章知识，你会怎么解决上述三个问题？

4. 实训要求

1）每位学生结合自身实际，针对任务中提到的三个问题做出解答。
2）学生可以选择小组讨论的方式，也可以选择与同学自由交流的形式。

5. 考核形式

1）如果选择小组讨论的形式，请小组长汇总大家用非暴力解决以上三个问题的方法。（书面或者口头汇报均可。）
2）如果选择学生自由交流的形式，请提交书面解决问题的方法。

**实训项目二**

1. 项目名称

非暴力沟通的应用。

2. 实训目标

通过讨论，学生可掌握本章重要知识点和技能。

3. 项目背景

小李没有完成本职工作，影响了整个项目进度，张主管非常愤怒。但是为了保证项目可以继续进行，张主管决定使用表达愤怒四步法。他自己去到阳台，深呼吸，缓和自己的情绪。然后问自己："什么想法让我生气了？"回答："因为我认为同事不负责任。"再问问自己："那我的什么需要没有被满足？"回答："因为我需要一个有担当的团队，一起进退。"当张主管明白自己的感受和需要之后，于是去找同事沟通。

4. 实训步骤与要求

1）学生分组，一组扮演小李，一组扮演张主管。
2）请各组讨论如何与对方良好沟通解决问题。
3）请各小组推荐一人，演示沟通的过程。

5. 考核形式

1）请学生对演示的表现进行评价和建议。
2）请教师对学生的表现进行总结性评价和建议。

学习资料：期末考试试卷　　学习资料：期末考试答案

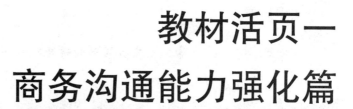

教材活页一
商务沟通能力强化篇

## 知识拓展

### 常见的商务活动宣讲活动——路演

#### 一、路演的定义

路演源自英文 roadshow，是指在公共场所进行演说、演示产品、推介理念，及向他人推广自己的公司、团体、产品、想法的一种方式。

#### 二、路演的目的及功能

通过现场演示的方法，引起目标人群的关注，让他们产生兴趣，最终达成销售目标。路演有两种功能：一是宣传，让更多的人知道自己；二是可以现场销售，增加目标人群的试用机会。

#### 三、路演的主要形式

路演的主要形式是举行推介会。在推介会上，公司向投资者就公司的业绩、产品、发展方向等作详细介绍，充分阐述上市公司的投资价值，让准投资者们深入了解具体情况，并回答机构投资者关心的问题。

随着网络技术的发展，这种传统的路演同时搬到了互联网上，出现了网上路演，即借助互联网的力量来推广。网上路演现已成为上市公司展示自我的重要平台，推广股票发行的重要方式。

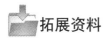

## 拓展资料

### 路演技巧——八分钟经典路演

在路演中，应当如何快速抓住听众的注意力？这里推荐一个经典的公式：八分钟路演＝提出问题＋解决方案。

这个公式非常重要，不管是乔布斯，还是雷军等人，所有的路演大师都是遵循这个公式而进行一场场成功路演的。

在一场八分钟的路演中，路演者只需要做两件事即可：第一件事，告诉听众你的项目是针对什么问题的；第二件事，你提出的解决方案是什么。以室内装修设计为例，路演者必须向听众提出现在装修行业或者设计行业存在的问题。例如，有五大问题，这五大问题要抓住听众的五大痛点，说到他们的心坎里，然后针对这些问题，提出你的解决方案，听众自然买账。

八分钟经典路演要围绕以下四个问题展开：

第一个问题：我们是做什么的。告诉听众，企业是做什么的，这是听众关心的最基本问题。

第二个问题：我们解决了客户的什么问题。企业要告诉听众为客户解决了什么问题。

这个问题必须是企业对整个行业的研究和对消费者的洞察之后得出的结论。

第三个问题：我们如何与众不同。这个问题的关键在于告诉听众，自己的企业与其他同行在哪些方面是不同的，企业的核心竞争力是什么。

第四个问题：和我有什么关系。这是最重要的问题。企业要告诉听众，企业的路演内容与听众有什么关系，听众为什么要关注企业的路演。

（资料来源：http://m.sohu.com/a/161670125_99902416.）

## 拓展活动

**【任务】** 请查找有关"互联网＋"大学生创新创业的有关资料。请和小组同学在以下项目类型中选择一个：

1）"互联网＋"现代农业，包括农林牧渔等。

2）"互联网＋"制造业，包括智能硬件、先进制造、工业自动化、生物医药、节能环保、新材料、军工等。

3）"互联网＋"信息技术服务，包括工具软件、社交网络、媒体门户、企业服务等。

4）"互联网＋"文化创意服务，包括广播影视、设计服务、文化艺术、旅游休闲、艺术品交易、广告会展、动漫娱乐、体育竞技等。

5）"互联网＋"商务服务，包括电子商务、消费生活、金融、财经法务、房产家居、高效物流等。

6）"互联网＋"公共服务，包括教育培训、医疗健康、交通、人力资源服务等。

7）"互联网＋"公益创业，以社会价值为导向的非营利性创业。

（以上项目类型摘自于互联网+大学生创新创业大赛官网。）

学生对所选项目进行充分讨论和论证，还可以找一位教师（或企业人员）做指导，然后参加学校举行的"互联网＋"大学生创新创业比赛活动。具体步骤如下：①选择好合适的项目；②准备路演的资料；③参加学校的"互联网＋"大学生创新创业比赛。

**【目的】** 通过参加比赛活动，提高学生的沟通能力和商业活动能力。

**【要求】**

1）利用课余时间借助现代化多媒体手段，小组分工协作完成。

2）在班级做一次模拟活动，鼓励更多学生参加。

3）未参加的学生观摩活动，并对路演同学提出改进意见。

**【考核】**

1）小组提交路演资料一份。

2）每人提交活动体会报告。

# 教材活页二
# 商务沟通能力提升篇

知识拓展

### 网络沟通工具——微信公众号推广

#### 一、为什么要进行微信公众号推广

从企业与消费者之间的沟通工具角度来看，传统媒体正面临来自新媒体的强大冲击，消费者对传统媒体广告的关注度、忠诚度每况愈下。那么，新媒体环境下企业可以做什么？新媒体环境下怎么做才能保证传播效果？在新的推广载体上又该如何突破？

作为新媒体推广工具之一的微信具有以下优势。

1）庞大的潜在客户数量。截至 2018 年 12 月，我国网民规模达 8.29 亿；我国手机网民规模达 8.17 亿。2019 年第一季度，微信的月活跃用户总数达 11.12 亿。

2）营销方式多元化。微信的多种功能都能成为企业营销的方式，营销信息到达率高，互动性突出。

3）在微信上每一条信息都是以推送通知的形式发送，到达率可以达到 100%。此外无论在哪里，只要你带着手机，就能够很轻松地同你的潜在客户进行很好的互动。

微信公众号是开发者或商家在微信公众平台上申请的应用账号，该账号与 QQ 账号互通。通过公众号，商家可在微信平台上实现和特定群体的文字、图片、语音的全方位沟通、互动。

#### 二、公众号的类型

1）服务号。给企业和组织提供更强大的业务服务与用户管理能力，帮助企业快速实现全新的公众号服务平台。图 1 所示为招商银行信用卡服务号。

图 1　招商银行信用卡服务号

2）订阅号。订阅号为媒体和个人提供一种新的信息传播方式，构建与读者之间更好的沟通管理模式。图 2 所示为央视新闻订阅号。

图 2　央视新闻订阅号

3）企业号。企业号为企业或组织提供移动应用入口，帮助企业建立与员工、上下游供应链及企业应用间的连接。图 3 所示为美的公司企业号。

图 3　美的公司企业号

## 拓展资料

### 公众号内容运营的三个核心问题

#### 1. 推送什么内容

举一个案例，如果你经营一个针对汽车厂商、经销商的汽车微信公众号，汽车厂商、经销商不会只关注汽车的信息，他们更多关注的是如何把汽车卖出去。所以内容上应该多写写国内、国外汽车通过互联网营销的案例，以及在互联网上、微信上最新的汽车广告模式等。也可以写一些融入个人感情的创业故事，汽车厂商、经销商在看这些文章的时候，就会潜移默化地接受你的很多理念和信息。

公众号运营者要清楚地明白自己的受众是谁，他们喜欢什么，然后有针对性地推送这些内容。无论是原创还是转发，内容要有用或者能引发共鸣。最后，公众号运营者要做出差异化的内容运营。

#### 2. 内容怎么产生

（1）非原创的内容有哪些获取渠道

互联网最大的魅力在于可以快速获取大量信息。对于公众号运营者来说，以下渠道是必须关注的。

1）博客：QQ 空间、新浪博客。

2）百科：百度百科、互动百科。

3）文档分享平台：百度文库、豆丁网、新浪微盘等。

4）社交化媒体：微博、微信、知乎、豆瓣等。

5）新闻客户端：网易、新浪、搜狐、腾讯等。

6）竞争对手公众号：如果你关注了 50 个竞争对手的微信公众号，就会有 50 个账号在教你怎样做好微信公众号营销。

（2）原创内容怎么产生

1）每天花一个小时搜集素材。

2）花半个小时思考所搜集素材，寻找可以写的点。

3）动手写，保证坚持每天一篇属于自己的文章。

4）定期回顾总结，每周一次。

#### 3. 内容运营的技巧

（1）做好内容的规划

内容规划非常重要，每个月都要把下一个月的内容规划好。这样就能每天都有内容推送给读者，不用每天都思考今天推送什么内容给读者，明天推送什么内容给读者，这样经营公众号会很轻松。对于读者来说，可以通过持续关注公众号，详细了解一个行业里的专业知识。

（2）内容形式差异化

内容形式差异化表现在语音推送、视频推送。干巴巴的文字内容的推送容易引起读者视觉疲劳，运营者可试着用语音或者视频的展现形式来组织内容，如果能做成互动游戏的形式更好。

（3）内容整合

为提高公众号运营效率，运营者可以招募一些投稿者，从中选取一些优秀的稿件推送。另外，运营者也可以与那些原创作者开展合作。

（4）让订阅者产生依赖

时间依赖：注意推送的时间，每天都要按时推送内容。

内容依赖：可以采用内容分批推送的形式进行推送。

（5）坚持

内容运营是持久战，"三天'粉丝'破万"的这种运营策略不可取。用心经营公众号的运营者在乎的是订阅者的质量，不是数量。

（资料来源：http://www.sohu.com/a/305432856_99945385.）

## 拓展活动

【任务】针对"互联网＋"大学生创新创业项目、自己家乡的农产品项目或者小组自选产品项目进行实训。实训任务内容如下。

任务一：市场分析

收集市场信息，分析企业/产品优劣势，为下一步推广做好准备。

任务二：撰写推广软文

根据特定市场选择要推广的产品，为其书写推广软文并制订详细的推广计划。

任务三：策划网络推广内容

针对不同的推广手段，策划网络推广内容。

要求：明确每天不同的推广内容。推广内容必须符合互联网管理相关法律法规的规定，不得进行虚假宣传、不道德内容推广。

任务四：实施推广

1）每天分时段进行不同内容发布与回访。以扩大微信公众号知名度为目标，实施网络推广手段，并检测推广效果。

2）利用校内资源，组织一次线下推广活动，进一步扩大企业/产品知名度。

【组织形式】

分小组进行，每组 5～7 人，模拟产品项目部，组长为项目部经理。

推广过程中，小组长必须承担起领导责任，不定期召开小组推广工作研讨会（建议每周一次）。另外，要做到会前有准备、会议有记录（包括日期、出席人员、主题、讨论纪要、结论与问题、计划与行动分工。会议记录要保存好供老师检查）、会后有分工和检查。

**【目的】**

掌握微信公众号营销推广方法及技巧，巩固学生对于书面语言沟通、视觉沟通知识的掌握，提高学生运用新媒体沟通工具的能力。

**【要求】**

1）申请注册微信公众号。

2）做好公众号平台的日常维护工作。在三个月内，每周进行一次原创文章的发布并在朋友圈进行推广，还要与订阅者在留言区进行互动。

3）通过微信公众平台的推广，在每篇图文最后标注文章来源并插入公众号的二维码，从而达到引流的效果。

**【考核】**

1. 公众号运营效果检测

1）前期，一个月的时间完成公众号的申请及认证工作，并在各大平台进行宣传和推广，如微博、QQ、微信朋友圈、论坛等。

2）中期，一个月的时间完成原创文章的发布与传播，要求每周发布一篇企业宣传或产品营销有关的原创文章。

3）后期，关注人数达到 100 人以上，阅读次数达到 1000 次，活跃订阅者达到 50 人以上。

4）成功举办一次线下推广活动，提升校园影响力。

2. 小组及个人实训总结

做好小组与个人的开发记录、总结，做好小组内外的交流与互助。各个开发小组及其每个成员可以互相研讨、帮助，但必须独立完成自己承担的开发任务与文档编制任务，不得抄袭他人成果。在项目进行期间，每个小组成员建立个人的开发记录或日志，每个小组由小组长建立项目开发记录本，包括小组会议记录。小组记录本要保存好供老师检查。

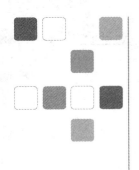

# 教材活页三
# 商务沟通能力续航篇

**知识拓展**

### 组织管理沟通工具——危机沟通

#### 一、危机沟通的含义

危机沟通是指以沟通为手段、以解决危机为目的所进行的一连串化解危机与避免危机的行为和过程。危机沟通可以降低企业危机的冲击，并存在化危机为转机甚至商机的可能。如果不进行危机沟通，则小危机可能变成大危机，对组织造成重创，甚至使组织就此消亡。危机沟通既是一门科学也是一门艺术，"危"中有"机"，组织可以抓住危机处理中的机会部分，降低危机中的危险成分。

#### 二、危机沟通的对象

根据迈克尔·布兰德给出的理论，企业沟通的对象大概涵盖四大方面：被危机所影响的群众和组织、影响企业运营的单位、被卷入危机里的群众或组织、必须被告知的群众和组织。依据此种划分，企业的危机沟通对象其实也就是企业的利益相关者，即投资者、企业员工、工会、政府及社会中介组织、媒体、顾客、供应商、经销商、竞争者等。企业如果不能够与他们进行很好的沟通，必然会产生不同类型的危机。

#### 三、危机沟通的内容

危机沟通包含两个方面的内容：一是危机事件中组织内部的沟通问题；二是组织与社会公众和利益相关者之间的沟通公关。概括来说，企业组织危机沟通的覆盖范围主要有企业内部管理层和员工、直接消费者及客户、产业链上下游利益相关者、政府权威部门和行业组织、新闻媒体和社会公众五类群体。

**拓展资料**

#### 一、企业为什么要进行危机沟通

危机时期，营销的信息沟通功能是维护企业价值。那么，危机降临到一家企业头上的可能性有多大呢？我们要知道，不发生危机的企业是不存在的。一旦企业内部或外部的人认为或者可能认为企业出了问题，一个组织只有两个选择：有备而战或被动应对。反应越慢，造成损失的可能性就越大。在这个媒体资讯发达的时代，媒体受众对坏消息津津乐道。不采取任何措施，任由企业陷入瘫痪是最危险的。

#### 二、如何进行危机沟通

1. 成立危机沟通小组

企业应该选派高层管理者，组成危机沟通小组。最理想的组合是，由企业首席执行官领队，并由公关经理和法律顾问作为助手。如果企业内部的公关经理不具备足够的危机沟通方面的专业知识，可以找一个代理者或者独立的顾问。小组其他成员应该是企业主要部门的负责人。

**2. 选定发言人**

在危机沟通小组里，应该有专门在危机时期代表企业发言的人。首席执行官可以是发言人之一，但不一定是最主要的。有些首席执行官是很出色的经营者，但并不健谈。形象沟通常常和事实沟通一样强有力，因此，沟通技巧是选择发言人的首要标准之一。

**3. 培训发言人**

培训提高发言人在面对媒体时的沟通能力，专门人员发言可以避免产生误会或者使信息被曲解。

## 三、危机沟通战术

针对危机沟通，美国福莱灵克公关咨询公司给出了"3W"和"4R"公式。

**1. "3W"**

"3W"是说在任何一场危机中，沟通者需要尽快知道三件事：①知道了什么（what did we know）；②什么时候知道的（when did we know about it）；③对此做了什么（what did we do about it）。

寻求这些问题的答案和一个组织做出反应之间的时间，将决定这个反应是成功还是失败。如果一个组织对于它面临的危机认识太晚，或是反应太慢，那它就处在一个滑坡上，掌控全局会变得极为困难；如果不能迅速地完成"3W"，它将会无力回天。对于沟通者来说，信息真空是企业最大的敌人，因为总有人会去填充它，或者谣言或者别有用心的竞争对手。

**2. "4R"**

"4R"是指在收集正确的信息以后，组织在这场危机中的四种态度：遗憾（regret）、改革（reform）、赔偿（restitution）、恢复（recovery）。

换句话说，与危机打交道，一个组织要表达遗憾，保证解决措施到位，防止未来相同事件发生并且提供赔偿，直到安全摆脱这场危机。很显然，这并不是一个声明或者一个行动就能取得所有"4R"的。

## 四、危机沟通管理——"8F"

危机沟通时应该遵循以下八大原则。

1）事实（factual）：向公众沟通事实的真相。

2）第一（first）：率先对问题做出反应，最好是第一时间。

3）迅速（fast）：处理危机要果断迅速。

4）坦率（frank）：沟通情况时不要躲躲闪闪，应体现出真诚。

5）感觉（feeling）：与公众分享你的感受。

6）论坛（forum）：公司内部要建立一个最可靠的准确信息来源，获取尽可能全面的信息，以便分析判断。

7）灵活性（flexibility）：对外沟通的内容不是一成不变的，应关注事态的变化，并酌情应变。

8）反馈（feedback）：对外界有关危机的信息做出及时反馈。

 **拓展活动**

**"奔驰车主"哭诉维权**

2019 年 4 月 11 日，"奔驰女车主哭诉维权"的视频在网络上流传后，迅速引发舆论关注。在视频中，一女子表示她在西安利之星奔驰 4S 店首付 20 多万元，购买了一辆奔驰车。岂料，新车还没开出 4S 店院子，就发现车辆发动机存在漏油问题。此后，她多次与 4S 店沟通解决，却被告知无法退款也不能换车，只能按照"汽车三包政策"更换发动机。

那么，事件过程到底是怎样的呢？

3 月 22 日：W 女士付款提车，工作人员回复不能提车，还要做新车检。付款过程最后一步收取了一万多的"金融服务费"。这笔钱不能刷卡也没有发票，只能通过微信转账至一个私人账户。

3 月 27 日：W 女士再次到店提车，确认车况，发现仪表盘提示"下一次加油时，加注 1L 发动机油"。销售员回复"正常"，并告知 W 女士次日把车开到 4S 店。

3 月 28 日：W 女士开车到店，被告知车需要加机油和系统升级，建议 W 女士回家等，晚上把车送回 W 女士家。

3 月 28 日下午：工作人员告知 W 女士发动机漏油，询问是否同意拆发动机，但被 W 女士拒绝。W 女士要求退款或者换车。工作人员答应，告知 W 女士流程会很长（等 3 天），会给予一定精神补偿。

4 月 1 日：W 女士电话询问进度，工作人员告知退款麻烦，询问 W 女士能不能改为换车，在之前的基础上再给予一定补偿。W 女士同意后，被告知 3 天能办妥。

4 月 4 日：工作人员却告知 W 女士不能换车，只能换发动机，并第三次提出赔偿。并告知 W 女士，如果同意，4 月 8 日可以提车。W 女士没同意。

4 月 8 日：工作人员告知 W 女士继续等待，根据国家"三包"规定，就是换发动机。

4 月 9 日：W 女士情绪激动，在 4S 店内坐上了汽车引擎盖，诉说了自己的委屈和无奈。该过程被人拍了视频，传遍全国。

4 月 12 日：W 女士与车企女高管的对话录音被传至网上引起极大反响。W 女士逻辑清晰，"智斗"女高管的形象深得人心。关乎千万百姓和汽车行业命运的"金融服务费"也浮出水面引起各界各部门关注。

4 月 16 日：W 女士及丈夫宣布与 4S 店和解。4S 店被停业整顿。

这次维权控诉引发全国声援，沸沸扬扬的声音不绝于耳。大多数网民认为，因为大企业的傲慢，消费者只能靠"失态"式维权，这是品牌管理最大的失败。

（资料来源：https://finance.sina.com.cn/roll/2019-04-14/doc-ihviqax2464027.shtml.）

【任务】阅读完上述资料，查找网络资源，倾听 W 女士和 4S 店经理的对话录音，完成以下任务。

小组讨论：

1）在对话中，4S 店经理的回答有什么问题？

2）你们认为奔驰公司面对这次事件应该怎样处理？

3）假如你们是奔驰公司的管理者，事情处理完后请策划一则面对媒体的沟通活动，以挽回企业的形象。

4）面对媒体，管理者（发言人）应该怎样沟通，采取哪些措施？

【目的】以热门事件为载体，培养学生认识问题、分析问题和解决问题的能力，提高学生沟通能力、协调能力和管理能力；为学生进一步职业发展奠定基础，也为中高职的学历衔接和提升创造知识条件。

【要求】

1）利用课余时间在网络上查阅和学习危机管理资料。

2）小组人员有职务分配和工作分工。

3）假如你是企业管理者：

① 小组讨论：奔驰公司在与 W 女士处理问题时，应该怎么做才能避免问题不断扩大和发酵给公司造成的负面影响？讨论完成后，各小组在班级进行汇报。

② 情境模拟：班级组织一次事件处理完后的媒体见面会，教师和其他组学生扮演媒体，并对发言人进行提问。

【考核】

1）请各小组提出有效解决问题的方案，教师和学生代表根据小组汇报进行打分。

2）情境模拟：媒体见面会。根据沟通能力、反应能力和解决问题的能力进行打分。

3）教师对有一定协调能力和组织能力的学生进行加分。

# 综合练习参考答案

## 第一章　认识商务沟通

### 一、填空题

1. 语言沟通　非语言沟通
2. 反馈　相互理解
3. 信息接收者　反馈　背景
4. 准确　传达友善的信息
5. 书面信息沟通
6. 洽谈
7. 成见
8. 文化
9. 背景
10. 信函（邮件、文件、报告等）

### 二、选择题

1．C　2．D　3．A　4．D　5．B　6．A　7．C　8．A　9．D

### 三、简答题

1．答：商务沟通的类型包括语言沟通和非语言沟通两类。语言沟通，如开会、做报告等；非语言沟通，如商务活动中的着装、身体的姿势等。

2．答：
1）对质量和客户需要特别重视；
2）现代信息被广泛地应用于商务活动；
3）商务活动呈多元化趋势；
4）讲求团队精神与协作。

许多现代化手段被应用到商务活动中，如电视电话会议、企业使用官方微信进行宣传、电子商务对门店销售的影响等。

### 四、案例分析题

在案例中同样的问题，情境二中的经理的沟通技巧更胜一筹。学生能结合实际展开阐述，观点正确即可。

**情境任务 1-6**

1）①拜；②暴；③辐；④搏；⑤弛；⑥筹；⑦川；⑧粹；⑨度
2）①炒；②充；③零；④具；⑤潢；⑥安；⑦蜡；⑧盒；⑨菠；⑩蛋

## 第二章 一般沟通工具

### 一、填空题

1. 准确 清晰 简洁
2. 交流信息 提高人际交往水平
3. 肯定地点头 及时行动
4. 体态 动作
5. 声音适度 语速适中
6. 语言
7. 历史 地理
8. 无声
9. 静态无声的
10. 一 七 钱

### 二、请把以下手势（姿势）与所隐含的意思进行连线

双腿呈僵硬的姿势→紧张、焦虑
脚和脚尖点地→轻松、无拘束
坐着时腿来回摆动→轻松或悠闲
跺脚→气愤或兴奋
头朝对方略微侧转→表示注意
单手或双手抱头→表示沉思、沮丧或懊恼

### 三、选择题

1. ABC 2. C 3. D 4. B 5. D 6. B 7. D 8. B 9. C

### 四、简答题

1. 答：①倾听可以获取重要的信息；②倾听可以与别人建立良好的人际关系；③倾听是抓住谈话主题的关键；④良好的倾听态度是个人修养水平的集中体现。
2. 答：①表情；②体态；③动作；④服饰。

### 模块二 体验活动

活动一：倾听的体验活动
问答题答案如下。
①否。
②1 小时；（因为闹铃不会认识白天晚上，除非按 24 小时设计）
③是；（任何国家都有 10 月 1 日）
④首先，你得点燃火柴；

⑤男子和女子一生都只有一个生日，其他生日都是生日纪念日；

⑥都不可以；（因为他们还有一口气，是生者。）

⑦不可能，因为那年前个时代的人不可能使用公元前（BC）的标志；

⑧白熊（因为在北极，是北极熊。）

**模块三　体验活动**

活动一：非语言沟通体验活动

1）在活动的开始阶段，甲总是会觉得很恼火，这是甲对于乙的预期和乙的实际能力不一致所导致的。甲认为一般人都应该会穿西服，而乙恰恰是不会穿西服的，两者之间产生落差。

2）对于反应迟钝或能力比较弱的学生来说，教师应该学会调整心态，要将自己的心态调整到与学生相符合的状态上去，千万不能表现出不满或鄙视。这一点应该更多地推广到日常的人际沟通当中去。

在沟通当中，微笑和肯定是非常重要的。要肯定别人做出的成绩，即使是微不足道的成绩，这样可以帮助他们巩固自己的自信心，更快地掌握所要学习的知识。

<h3 style="text-align:center">第三章　商务活动中的沟通工具</h3>

**一、填空题**

1．打电话

2．目标　对象

3．上行沟通　平行沟通

4．下属

5．10:00～11:00

6．怎么做

7．自己

8．记事本

**二、选择题**

1．A　2．C　3．D　4．D　5．D　6．A　7．C　8．B　9．A

**三、简答题**

1．答：①了解客户的基本资料；②整理电话内容；③好的开场白，为职场形象加分；④端正的姿态与清晰明朗的声音；⑤注意适当的语速和语调；⑥不要使用简略语、专用语；⑦养成复述的习惯。

2．答：①建立信任；②建立适当的上行沟通渠道；③培养组织沟通文化；④采用走动管理。

### 四、案例分析题

学生能利用所学知识，并结合实际展开阐述，观点正确即可。

**模块三 体验活动**

活动一：案例分析

1）事情产生的原因有哪些？

要点：①企业营业额下降，以及公司总部针对上海站的人事调动，使上海站全体员工在工作状态上受较大的影响，情绪低落，焦虑易躁，人心惶惶，整体氛围较差，缺乏工作的积极性；②这导致刚刚上任的领导王某在工作上压力较大，急于通过一定的人事及工作模式改革以改善公司现状；③而员工张某对于自身工作产生消极态度，也受其他离职老员工的影响，不满于现任领导王某及工作现状。

2）上级王某有哪些做得不妥当的地方？下级小张有哪些做得不妥当的地方？

王某不妥当的地方表现在：①王某新上任于上海站站长，面对营业额持续下降的现状仍处于束手无策的状态，他欲通过"新官上任三把火"的方式来重整公司业绩。②但从事实来看，他完全忽视了老员工的作用，他本来可以调动老员工的积极性，促进新老员工的融洽以打造更优秀的团队共渡难关，结果却进一步造成了公司内部上下级之间的危机。③王某本身的心理素质并不优秀，面对困境和危机存在焦虑感。当碰到自己不满意的事情时无法理智、冷静处理，言语失礼，行为鲁莽，以至于在事件中发生扑咬员工的现象。④虽然整体来看，王某以公司利益为重，但是在公司管理上独断专行，考虑不够周全，并不利于公司管理的开展与实施。

小张不妥当的地方表现在：①下级小张对于现有工作积极性不高，抱有"倚老卖老"的态度；②他对上海站业绩下降的现象有所麻木，只考虑自身利益，未能以公司利益为重；③小张本身缺乏一定的职业素养，对待上级不尊重，性格急躁，态度较为强硬，尤其是断然拒绝上级王某布置的任务时语气强烈；④在斗殴过程中有挑衅言语等，可见其处事方式极失妥当。

3）你认为在工作中应怎样避免类似的矛盾？上下级沟通中应该注意哪些问题？

要点：①上级传递信息时，注意自己的语气；②在处理问题时，不要情绪化；③多与员工沟通，了解员工需求，拉近感情距离；④下级在公司出现危机状况时，要为企业分担；⑤注意自己与上级沟通的方式与语气；⑥不要主动激化矛盾。

活动二：选派代表完成模拟任务，教师根据各组完成情况进行评价

第一，对各分公司高层管理人员和督察部人员进行培训，加强沟通，转变他们对彼此的看法。

第二，提高督察部人员的沟通能力，转变工作方式。

第三，将较大的矛盾上报集团领导裁决。

## 第四章　网络时代的沟通

### 一、填空题

1. 互联网　传递　交换　分享
2. 霍华德·莱因戈德
3. 开放性
4. 即时通信工具
5. 电子邮件
6. bulletin board system　电子公告板
7. 股价信息
8. 140 字
9. 两

### 二、选择题

1. B　2. B　3. D　4. B　5. C

### 三、简答题

1. 答：交互性、开放性、平等性、虚拟性、效益性。
2. 答：开放题，言之有据即可。

### 四、案例分析题

1. 正确做法：同样用英文写一封回信，解释当天的原委并接受总裁的要求，语气注意要温婉有礼。同时，给自己的顶头上司和人力资源部的高管另外去信说明，坦承自己的错误并道歉。

2. （略）

### 模块三　体验活动

活动二：邮件有哪些不妥之处

语气不好，主要体现在：
当时执行时间是跟各位商量过，各位也有邮件回复点头同意了，才发给客户的。
修改建议：
因为执行时间是跟各位商量过的，各位也有邮件回复点头同意了，才发给客户的。所以，我希望我们大家一起行动起来，把这个项目按时按量地完成。
总结：不要在信件中发泄过多的不满，应着重说明解决问题的方法。

## 第五章　商务谈判前的准备

### 一、填空题

1. 面对面的谈判
2. 口头式谈判　书面式谈判
3. 网上谈判
4. 电话的铃声具有不可抗拒的力量
5. 面对面谈判

### 二、选择题

1. C　2. A　3. D　4. D　5. B　6. C　7. B　8. C　9. A

### 三、简答题

1. 答：①安静、不受干扰；②无窗或看不到窗的位置；③方便回办公场地的地方；④秘书或助理人员可随时召唤到的地方。

2. 答：确定谈判议题、确定谈判目标的原则、制定谈判小结。

### 四、案例分析题

1. 案例中沟通出现的主要障碍在中方负责商务条款的成员无意中评论了的伊斯兰教。
2. 这种障碍导致对方成员的不悦，不愿意与中方合作。
3. 应该为此向对方成员道歉。
4. 中方谈判人员在谈判前应该了解对方的习俗及喜好，做好谈判前的准备，避免类似情况再次发生。正所谓知己知彼，才能百战百胜。

### 情境任务 5-10

1. 首先把你想要表达的内容想好，然后用简练的语言写在一张纸上。
2. 在拨通电话后对方一定会问你许多关于产品或服务的相关问题，因此你需要将可能涉及的问题一一列出来，随后把标准的答案附在后面，所有的回复要求既简单又全面，每一条问题最好只用两句话就可以说清道明。
3. 在接通电话后你要报出自己的姓名及所代表企业的名称，并说明致电的意图。在介绍自己的前三句话时一定要流露出足够的信心和标准的语音语调，语速要适当，做到不急不缓，最终要让对方在繁多的业务电话中明显地感觉到你的与众不同，并且与竞争对手建立出有效的区隔。

## 第六章　商务谈判的过程及技巧

### 一、填空题

1. 充分了解谈判对手

2. 虚设转嫁

3. 最后期限

4. 成交 中止 破裂

5. 针对性要强

## 二、选择题

1. D 2. C 3. D 4. D 5. D 6. B 7. B 8. D 9. B 10. A

## 三、简答题

1. 答：充分了解谈判对手、准备多套谈判方案、建立融洽的谈判气氛、语言表述简练、博弈、曲线进攻、用耳朵取胜而不是嘴巴、控制谈判局势、避免朝三暮四、让步式进攻及投石问路的语言技巧等。

2. 答：极端性的语言、针锋相对的语言、涉及对方隐私的语言、有损对方自尊心的语言、催促对方的语言、赌气的语言、言之无物的语言、以自我为中心的语言、威胁性的语言、模棱两可的语言。

## 四、案例分析题

1. 在谈判的开局阶段，我方没能创造一个良好的、合作的气氛。

2. 为了创造一个良好的、合作的气氛，谈判人员应注意以下几点。

1）谈判前，谈判人员应安静下来再一次设想谈判对手的情况，设想谈判对手是什么样的人。

2）谈判人员应该径直步入会场，以开诚布公、友好的态度出现在对方面前。

3）谈判人员在服饰仪表上，要塑造符合自己身份的形象。

4）在开场阶段，谈判人员最好站立说话，小组成员不必围成一个圆圈，最好是自然地把谈判双方分成若干小组，每组都有各方的一两名成员。

5）行为和说话都要轻松自如，不要慌慌张张。

6）注意手势和触碰行为。双方见面时，谈判人员应毫不迟疑地伸出右手与对方相握。

### 第七章　商务沟通新理念

## 一、填空题

1. 道德评判 回避责任

2. 信息压缩

3. 需求

4. 感受 请求

5. 理智控制法 目标升华法

## 二、选择题

1．A　2．D　3．D

## 三、简答题

1．1）所有人都有共同的需要。

2）我们的世界提供了足够的资源满足所有人的基本需要。

3）所有的行为都是满足需要的尝试。

4）情感反映了需要是否得到满足。

5）所有人都拥有爱的能力。

6）人类乐于给予。

7）人类通过互助的关系来满足许多需要。

8）选择是内在的。

9）自我联系是通向平静的最直接途径。

2．1）停下来，除了呼吸，什么都别做。

2）想一想是什么想法使我们生气了。

3）体会自己的需要。

4）表达感受和尚未满足的需要。

# 参 考 文 献

曹恒山，2010．销售这样说才对[M]．北京：北京大学出版社．

李海光，梁嘉洪，2007．商务沟通[M]．广州：暨南大学出版社．

李居益，2013．我国网络沟通方式的演化研究（1998—2012）[D]．北京：北京林业大学．

马歇尔·卢森堡，2018．非暴力沟通[M]．阮胤华，译．北京：华夏出版社．

尚水利，2009．捷径是弯的[M]．北京：红旗出版社．

舒晓楠，2010．商务与管理沟通[M]．北京：清华大学出版社．

宋建华，2009．口才圣经[M]．北京：中国戏剧出版社．

肖华，2006．商务谈判实训[M]．北京：中国劳动社会保障出版社．

张百章，何伟祥，2004．商务谈判[M]．杭州：浙江大学出版社．

张守刚，2009．商务谈判实训[M]．北京：科学出版社．

张守刚，2010．商务沟通与谈判[M]．北京：人民邮电出版社．

周文根，徐之江，2009．市场营销与策划[M]．杭州：浙江大学出版社．